BIBLIOTHÈQUE UTILE

A TOUS

CALENDRIER

PERPÉTUEL

ou

COLLECTION DE TOUS LES CALENDRIERS

DES ANNÉES PASSÉES ET FUTURES,

OUVRAGE

Destiné à tenir lieu des almanachs et des calendriers usuels
qu'on est dans la nécessité de renouveler chaque année;

PAR

N.-J.-B. MAUGER,

AUTEUR DE DIVERS OUVRAGES.

PRIX : 1 FR. 50 C.

SAINTES,

CHEZ FONTANIER, ÉDITEUR

DE LA BIBLIOTHÈQUE UTILE A TOUS.

1860.

CALENDRIER

PERPÉTUEL

OU

COLLECTION DE TOUS LES CALENDRIERS

DES ANNÉES PASSÉES ET FUTURES.

Cet ouvrage étant ma propriété, je poursuivrai le contrefacteur, et seront réputés comme contrefaits tous les exemplaires non revêtus de ma signature.

CALENDRIER

PERPÉTUEL

OU

COLLECTION DE TOUS LES CALENDRIERS

DES ANNÉES PASSÉES ET FUTURES,

OUVRAGE

Destiné à tenir lieu des almanachs et des calendriers usuels
qu'on est dans la nécessité de renouveler chaque année ;

PAR

N.-J.-B. MAUGER,

AUTEUR DE DIVERS OUVRAGES.

PRIX : **1 FR. 50 C.**

SAINTES,
CHEZ FONTANIER, LIBRAIRE-ÉDITEUR.

1860.

AVERTISSEMENT.

Il y a un livre que tout le monde possède, le riche et le pauvre; que tout le monde lit et consulte, le savant et l'ignorant: ce livre, c'est l'*almanach*, le *calendrier*. Nous ne craignons pas de le dire, l'almanach est devenu un des besoins de notre époque. Vous figurez-vous la France sans almanach, sans calendrier? Grand Dieu! que deviendrait-elle! ne serait-ce pas une véritable calamité publique! Heureusement cette disette d'almanachs n'est pas à craindre. Les approches du 1er janvier de chaque année en voient éclore pour tous les goûts, de tous les genres et de toutes les espèces. Paris en inonde la province, et presque chaque département a le sien. Mais tous ces almanachs offrent le même inconvénient: l'obligation de les renouveler chaque

1*

année, ce qui fait chaque année une nouvelle dépense pour les familles. Or il y aurait pour elles un avantage réel, une économie très-claire, de se procurer un almanach qui ne serait pas entaché du défaut que nous venons de signaler. Eh bien! cet almanach qu'on n'aura jamais besoin de renouveler, qui pourra se transmettre de génération en génération jusqu'à la fin des siècles, nous l'offrons aujourd'hui au public. Nous ne doutons pas que son entrée dans le monde ne soit saluée de nombreuses sympathies; en le publiant, nous rendons un service à nos compatriotes, et nous comptons sur leur reconnaissance.

MAUGER.

CALENDRIER

PERPÉTUEL.

NOTIONS SUR LE CALENDRIER.

Le calendrier est une table où se trouve marqué l'ordre des jours, des semaines, des mois et des fêtes qui arrivent pendant l'année.

Année solaire.

L'année solaire est le temps que le soleil emploie pour faire le tour de l'écliptique d'occident en orient, c'est-à-dire pour faire sa révolution. On compte ce temps en prenant pour point de départ le point équinoxial du printemps, de sorte que l'année solaire se compose du nombre de jours qui s'écoule depuis le départ du soleil du point équinoxial du printemps, jusqu'à son retour au même point. Or, ce temps est de 365 jours 5 heures 49 minutes 51 secondes. Dans le calendrier qui fut rédigé par Jules César, et qu'on appelle, pour cette raison, calendrier *Julien*, on avait supposé que la durée de l'année solaire était exactement de 365 jours 6 heures. Dans cette supposition, ces 6 heures formant un jour au bout de quatre années, on établit que l'année commune serait trois fois de suite de 365 jours, et la quatrième de 366 jours. Le jour intercalaire se plaçait six jours avant les calendes de mars (qui avaient lieu le 5 de ce mois), et on l'appelait *bissexto calendas*, d'où nous avons donné à cette année le nom de *bissextile*. D'après notre manière de compter les jours du mois, ce jour est le 29 février.

Mais l'année de Jules César était trop longue d'environ 11 minutes 10 ou 12 secondes, qui produisent à peu près un jour en 134 ans, ou trois jours en 400 ans. En 1582, les inconvénients résultant de cette erreur devinrent assez manifestes pour que le pape Grégoire **XIII** cherchât à y remédier par une nouvelle reforme : on fut obligé de retrancher 10 jours à l'année civile. Cette suppression eut lieu dans le mois d'octobre 1582 , et le 5 de ce mois fut compté pour le 15; mais, afin qu'une pareille confusion ne se renouvelât plus , on dut retrancher ce qu'il y avait de trop dans l'année julienne , c'est-à-dire un jour sur 134 ans ; à cet effet , on convint qu'à l'avenir trois des années séculaires (qui terminent le siècle) qui , d'après le calendrier julien , devaient être *bissextiles* , seraient *communes* , c'est-à-dire qu'au lieu de 366 jours , elles n'en auraient que 365, et que la 4ᵉ seulement on intercalerait un jour supplémentaire. Ce jour supplémentaire est, comme nous l'avons dit, le 29 février. Le calendrier ainsi réformé a pris le nom de calendrier *grégorien* , et a été généralement adopté , quoique à des époques fort diverses , par tous les catholiques, et même par les protestants. Le calendrier julien n'est plus en usage qu'en Russie et en Grèce; il est aujourd'hui en retard sur le calendrier grégorien de 12 jours.

La réforme grégorienne comprend donc deux parties : l'une est la suppression de 10 jours en 1582, chose une fois faite pour toujours, et dont il n'y aura plus à s'occuper; l'autre, la suppression de trois années bissextiles sur quatre, dont l'effet se fera sentir au retour des années séculaires.

Pour reconnaître si une année proposée est commune ou bissextile, il faut diviser par 4 le nombre exprimé par les deux chiffres à droite du millésime; l'année est bissextile quand la division se fait sans reste. Par exemple, l'année 1859 est la 3ᵉ après une bissextile, parce qu'en divisant 59 par 4, il reste 3. L'an 1860 est bissextile, parce qu'en divisant 60 par 4, il ne reste rien. Il en sera de même des années

1864, 1868, 1872, etc., tandis que les années 1861, 62, 63, 65, 66, 67, etc., seront des années communes.

Pour reconnaître si une année séculaire est commune ou bissextile, on supprime les deux zéros à droite du millésime, et on divise par 4 les deux chiffres exprimant la partie séculaire; l'année est bissextile quand la division se fait sans reste. Par exemple, 1800 n'est pas bissextile, parce que le quart de 18 n'est pas entier; 2000 l'est, car le quart de 20 est 5.

Année lunaire.

L'année *lunaire* commune se compose de 12 mois lunaires ou lunaisons. — On entend par lunaison, le nombre de jours qui s'écoule depuis une nouvelle lune jusqu'à la nouvelle lune suivante. La durée moyenne d'une lunaison est de 29 jours 12 heures 44 minutes environ. On néglige, au moins pour quelque temps, ces 44 minutes, et l'on suppose que chaque lunaison est de 29 jours et demi, et, pour plus de commodité, on fait les mois lunaires de 29 et de 30 jours alternativement. Les mois lunaires de 29 jours sont appelés mois *caves*; ce sont les mois pairs, savoir : février, avril, juin, août, octobre et décembre. Les mois de 30 jours sont appelés mois *pleins*; ce sont les mois impairs, savoir : janvier, mars, mai, juillet, septembre et novembre. — On donne à chaque lune le nom du mois où elle finit, et non pas celui du mois où elle commence; mais c'est là une chose de pure convention.

Les 12 mois lunaires ne composent que 354 jours, et par conséquent l'année lunaire commune est plus courte de 11 jours que l'année solaire. Ces 11 jours produisent, dans une période de 19 ans, 7 mois que l'on appelle *embolismiques* ou intercalaires, c'est-à-dire que, dans l'espace de 19 ans, pour faire coïncider l'année lunaire avec l'année solaire, on attribue 13 mois lunaires à 7 de chacune des années qui composent la période de 19 ans. Ces 7 années sont appelées *embolismiques* parce qu'elles contiennent toutes un mois embolismique. Tous les mois embolismiques ont chacun 30 jours, excepté le 7e ajouté à la 19e année, qui n'en a que 29.

Cycle lunaire ou nombre d'or.

Le cycle *lunaire* est une période de 235 lunaisons, ou 19 ans, à l'expiration desquelles les nouvelles lunes arrivent aux mêmes époques, parce que le soleil et la lune sont de nouveau, par rapport à la terre, dans les mêmes points du ciel que 19 ans auparavant. Des 19 années qui forment la période du cycle lunaire, 12 sont composées de 12 lunaisons, et 7 de 13, provenant, ainsi qu'il a été dit plus haut, des 11 jours d'excédant de l'année solaire de 365 jours sur l'année lunaire de 354. Ces années de 13 lunaisons sont la 3e, la 6e, la 9e, la 11e, la 14e, la 17e et la 19e du cycle.

Le cycle lunaire a été imaginé, 433 ans avant J.-C., par un astronome athénien nommé Méton ; sa découverte fut accueillie avec enthousiasme par les Grecs, et on l'inscrivit au calendrier et même dans les temples en lettres d'or, d'où lui est venue la dénomination de *nombre d'or*.

Le cycle lunaire de 19 ans n'est pas rigoureusement exact ; il est trop long d'une heure et demie environ dans l'espace de 19 ans. Cette erreur, quelque légère qu'elle paraisse, produit un jour en 312 ans et demi. On ne peut donc plus se servir du cycle lunaire pour trouver les jours des nouvelles lunes. On y a substitué les *épactes*, dont on se sert maintenant pour trouver l'âge de la lune ; cependant on a conservé dans le calendrier le nombre d'or, parce qu'il sert à trouver les épactes.

Les années du cycle lunaire se comptent depuis 1 jusqu'à 19 inclusivement, et quand une période est finie, on recommence la suivante, et ainsi de suite.

Pour trouver le rang d'une année quelconque dans la période du cycle lunaire ; en d'autres termes, pour trouver le nombre d'or d'une année proposée, il faut ajouter 1 au nombre qui marque l'année, et diviser la somme par 19. Le reste de la division marque l'année courante du cycle lunaire ou le nombre d'or de l'année proposée. Lorsque le reste est 0, le nombre d'or est 19. — Par exemple, pour trouver le nombre d'or de 1860, j'ajoute 1 à ce nombre, et je divise la somme, 1861, par 19. Le reste 18 de la division est le nombre d'or de 1860.

On ajoute 1 au millésime de l'année parce que l'on croit que le cycle lunaire a commencé une année avant notre ère, c'est-à-dire avant la naissance de J.-C.

Epactes.

L'épacte est un nombre qui indique l'âge de

la lune au 1er janvier de chaque année solaire,
ou, ce qui revient au même, l'épacte d'une
année marque le nombre de jours qui restent
au mois de décembre précédent, après la lunaison qui s'est terminée en ce mois. En un
mot, l'épacte est un nombre qui indique
combien il faut ajouter de jours à l'année lunaire pour égaler l'année solaire.

Si l'on suppose que l'année solaire et l'année
lunaire commencent en même temps, c'est-à-dire
si la nouvelle lune tombe précisément le 1er
janvier, la lune alors n'ayant pas encore de
chiffre pour son âge, l'épacte sera O, et on
l'indiquera au calendrier par ce signe *. Maintenant, comme la différence des deux années
est de 11 jours, l'année suivante, ce n'est plus
au 1er janvier que tombera la nouvelle lune,
mais elle aura lieu 11 jours auparavant ; la
lune aura donc 11 jours. Après deux ans, la
lune, au premier janvier, aura l'âge de deux fois
11 jours ou 22 jours ; après 3 ans, 33 jours ;
mais, la lune se renouvelant au bout de 30

jours, on déduira 30 jours pour un mois lunaire entier, et l'on ne comptera plus que 3 jours; cette année aura alors 13 lunaisons. Après la 4ᵉ année, la lune aura $3 + 11 = 14$ jours; après la 5ᵉ année, 25 jours, etc.; ainsi de suite jusqu'à la 19ᵉ année, après laquelle le cycle recommence.

Par ce qui précède, on voit que l'épacte augmente chaque année de 11 jours jusqu'à ce qu'elle dépasse 30, nombre de jours du mois lunaire; quand elle a atteint ce nombre, on suppose l'intercalation d'un nouveau mois lunaire, ce qui a lieu, ainsi que nous l'avons déjà dit, les 3ᵉ, 6ᵉ, 9ᵉ, 11ᵉ, 14ᵉ, 17ᵉ et 19ᵉ années du cycle lunaire.

De ce qui vient d'être dit, on peut déduire le tableau suivant de correspondance entre les nombres d'or et les épactes; * équivaut à l'épacte 30. Ainsi, après avoir calculé le nombre d'or d'une année, on trouve l'épacte dessous :

Nombre d'or,	1	2	3	4	5	6	7	8	9	10
Epacte,	*	XI	XXII	III	XIV	XXV	VI	XVII	XXVIII	IX

Nombre d'or,	11	12	13	14	15	16	17	18	19
Epacte,	XX	I	XII	XXIII	IV	XV	XXVI	VII	XVIII

En consultant cette table, on voit sous le nombre 18 le chiffre VII ; le premier est le nombre d'or, et le second l'épacte de 1860. — L'épacte d'une année sert depuis le 1ᵉʳ mars jusqu'au 28 février de l'année suivante.

Pour trouver, sans le secours de la table ci-dessus, l'épacte d'une année quelconque, il faut multiplier par 11 le nombre d'or de cette année-là, diminué de 1 unité, et diviser le produit par 30 ; le reste de la division indique l'épacte pour cette année-là. Si, par exemple, le nombre d'or de l'année proposée est 8, multipliez 7 par 11, ce qui donne 77 pour produit ; divisez ce produit par 30, et le reste 17 sera l'épacte demandée, comme la donne la table ci-dessus.

L'épacte d'une année sert à trouver l'âge de la lune pour un jour quelconque donné pendant cette année. Pour cela, il suffit d'ajouter ensemble : 1° l'épacte ; 2° le quantième du mois où l'on est ; 3° le nombre qui se trouve à gauche de ce mois dans le tableau ci-après. Si la somme surpasse 29 ou 30, on en retranche celui de ces deux nombres qui, dans le même tableau, est à droite du mois dont il s'agit, et le reste est le quantième de la lune. Par exemple, pour trouver l'âge de la lune le 20 juin 1860, j'additionne les trois nombres suivants : 7, épacte ; 21, quantième du mois, et 3, nombre qui se trouve à gauche de juin, ce qui me donne 31, qui se réduit à 2, en retranchant de cette somme le nombre 29 qui est à droite du mois de juin. Le 20 juin 1860 est donc le 2ᵉ jour de la lune.

Remarque. Les trois nombres ajoutés ensemble surpassent quelquefois 59 ; dans ce cas, il faut en retrancher 29 plus 30, ou 59.

0 janvier, 30.	1 février, 29.	0 mars, 30.
1 avril, 29.	2 mai , 30.	3 juin , 29.
4 juillet, 30.	5 août, 29.	7 septembre, 30.
7 octobre, 29.	9 novembre, 30.	9 décembre, 29.

Cette manière de calculer ne s'accorde pas *entièrement* avec la nature ; la différence est tantôt de 1 jour, tantôt de 2 et même de 3 , par lesquels les nouvelles lunes et les autres phases peuvent arriver plus tôt que l'indique l'épacte. Cependant on est obligé de se contenter de cette approximation , très-suffisante d'ailleurs pour les besoins ordinaires.

Lettres dominicales.

Dans le calendrier grégorien , chaque jour de la semaine est désigné par une des 7 premières lettres de l'alphabet, A , B , C , D , E , F , G. Ces lettres sont placées vis-à-vis des jours de chaque mois , suivant l'ordre alphabétique , et en recommençant toujours la même série et dans le même ordre. De cette manière, la lettre A répond au 1er janvier, au 8, au 15, au 22 et au 29 du même mois ; la lettre B , au 2, au 9, au 16, au 23 et au 30 ; la lettre C, au 3, au 10, au 17, au 24 et au 31, etc. — Si, par exemple, une année quelconque commence par un dimanche, la lettre A se trouvant vis-à-vis du 1er janvier, elle marquera tous les dimanches pendant cette année , et sera par conséquent la *lettre dominicale* de cette année-là.

La lettre A, qui est placée au 1er janvier, se trouve aussi au 31 décembre , parce que l'année solaire commune est composée de 52 semaines et un jour, et par conséquent, quand l'année commence par un dimanche, elle finit aussi par un dimanche. L'année suivante commence donc par un lundi, et la lettre A, qui marquait le dimanche, marquera le lundi ; B, le mardi; C, le mercredi ; D, le jeudi ; E, le vendredi ; F, le samedi, et enfin G, le dimanche : G sera donc la *lettre dominicale* de cette année. L'année qui viendra après commencera par un mardi, et la lettre dominicale sera F, etc. On voit que les 7 lettres seront successivement dominicales d'année en année, mais dans un ordre rétrograde ; et si toutes les années étaient des années communes (de 365 jours), les lettres dominicales reviendraient dans le même ordre de 7 ans en 7 ans.

Mais comme, dans les années bissextiles, on ajoute un jour à la fin de février, l'ordre des lettres dominicales est interrompu à cette époque, et la lettre dominicale doit être changée, en sorte que si celle qui a servi au commencement de l'année était D, elle devrait être C après le 28 février. Dans les années bissextiles, il y a donc deux lettres dominicales : l'une qui sert pour les mois de janvier et de février, et l'autre pour les autres mois.

Cette interruption occasionnée par les bissextiles est cause que les lettres dominicales ne reviennent pas dans le même ordre de 7 ans en 7 ans. Ce n'est qu'au bout de quatre fois 7 ans, ou 28 ans, qu'elles reparaissent dans le même ordre. — Cette période de 28 ans, qui contient toutes les variétés que les lettres dominicales peuvent subir, s'appelle *cycle solaire* ou *dominical*.

Pour trouver la lettre dominicale d'une année quelconque, il faut d'abord s'assurer si l'année proposée est commune ou bissextile, parce que, dans le premier cas, elle ne doit avoir qu'une seule lettre dominicale, tandis que dans le second elle doit en avoir deux. Après qu'on s'en est assuré, on divise d'abord le nombre qui exprime l'année par 4, puis, en négligeant les fractions, s'il y en a, on ajoute le quotient au nombre proposé, que l'on divise de nouveau par 7, nombre de lettres dominicales. Le reste de la division indique la lettre dominicale, conformément aux tablettes ci-dessous. Lorsque le reste est 0, la lettre dominicale est A, s'il s'agit d'une année commune, et B A, s'il s'agit d'une année bissextile.

Années communes. — Tablette, n° 1er.

A	B	C	D	E	F	G
7	6	5	4	3	2	1

Années bissextiles. — Tablette, n° 2.

AG	GF	FE	ED	DC	CB	BA
1	2	3	4	5	6	7

Par exemple, pour trouver la lettre dominicale de 1859, qui est une année commune, puisque 59 n'est pas exactement divisible par 4, je divise 1859 par 4, et j'ai pour quotient 464 (qui sont les années bissextiles jusqu'à 1859), en négligeant le reste 3 de la division; j'ajoute ce quotient, 464, à 1859, et j'obtiens la somme de 2,323, que je divise de nouveau par 7, ce qui donne 6 pour reste. La tablette n° 1er indique que la lettre dominicale de 1859 est B, qui se trouve au-dessus du chiffre 6.

Maintenant, pour trouver les lettres dominicales de l'année 1860, qui est bissextile, puisque 60 est exactement divisible par 4 , j'opère comme dans l'exemple précédent : 1860 divisé par 4 donne au quotient 465 ; en ajoutant 465 à 1860, j'obtiens 2,325 ; je divise enfin cette somme par 7 ; le reste est 1. Donc les lettres dominicales de 1860 sont A G , marquées au-dessus de 1 dans la tablette n° 2.

Cycle solaire.

Le *cycle solaire*, ainsi qu'il a été dit plus haut, est une période de 28 années , après lesquelles les dimanches et tous les jours de la semaine reviennent dans le même ordre et aux mêmes quantièmes du mois.

Les années du cycle solaire se comptent depuis 1 jusqu'à 28 inclusivement, et quand une période est finie, on recommence la sui- vante, et ainsi de suite. — Pour trouver le rang d'une année quelconque dans le cycle solaire, ou, ce qui revient au même, pour trouver le cycle solaire d'une année quelconque, on ajoute 9 au nombre qui l'exprime, parce qu'on suppose que l'année de la naissance de J.-C. a été la 9ᵉ d'un cycle solaire ; puis on divise la somme par 28, et le reste indique le cycle solaire de l'année proposée. — Par exemple, pour trouver le cycle solaire de 1860, j'ajoute 9 à 1860, ce qui donne 1869, nombre qui, divisé par 28, donne au quotient 66 (nombre de cycles solaires écoulés depuis la naissance de J.-C.), et il reste 21 ; donc le cycle solaire de 1860 sera 21 ; et les lettres dominicales pour cette année seront A G, ce qui se prouve par la tablette suivante :

1 ED	5 GF	9 BA	13 BC	17 FE	21 AG	25 CB
2 C	6 E	10 G	14 B	18 D	22 F	26 A
3 B	7 D	11 F	15 A	19 C	23 E	27 G
4 A	8 C	12 E	16 G	20 B	24 D	28 F

Au moyen de cette tablette, dès qu'on connaît le cycle solaire d'une année quelconque, on trouve de suite la lettre dominicale de cette même année, puisqu'elle se trouve placée immédiatement à côté, et cela sans avoir besoin de faire aucun calcul.

Date de Pâques et des fêtes mobiles.

Les fêtes de l'année, comme tout le monde le sait, se divisent en fêtes *fixes* et en fêtes *mobiles*. Les fêtes *fixes* sont celles qui reviennent tous les ans à la même date, c'est-à-dire dans le même mois et au même quantième. La conséquence de cette fixité de la date est que les fêtes fixes tombent chaque année à un jour différent de la semaine. Ceci résulte de ce que l'année ordinaire se composant de 365 jours, c'est-à-dire de 52 semaines et 1 jour, la même date revient chaque année 1 jour plus tard. Dans les années bissextiles ou de 366 jours, toutes les dates, après le 28 février, sont en retard de deux jours dans la semaine sur celles de l'année précédente.

Les principales fêtes fixes sont : *Noël*, qui se célèbre le 25 décembre ; l'*Assomption*, le 15 août ; la *Toussaint*, le 1ᵉʳ novembre. Les autres fêtes fixes, moins importantes, sont : la *Circoncision*, le 1ᵉʳ janvier ; l'*Épiphanie*, le 6 ; la *Purification*, le 2 février ; l'*Annonciation*, le 25 mars ; la *Nativité*, le 8 septembre ; le *jour des Morts*, le 2 novembre ; la *Conception*, le 8 décembre.

Les fêtes *mobiles*, ainsi que leur nom l'indique, sont celles dont la célébration change d'époque tous les ans. Elles offrent avec les fêtes fixes un contraste qu'il est bon de remarquer : tandis que les fêtes fixes tombent à des jours différents de la semaine, les fêtes mobiles se célèbrent, au contraire, chaque année, les mêmes jours de la semaine. Ainsi, les fêtes fixes sont fixes seulement pour la date, mais variables pour le jour où elles tombent ;

les fêtes mobiles , au contraire , sont variables pour la date, mais fixes pour le jour de la célébration, parce qu'il s'écoule toujours le même nombre de jours de l'une à l'autre.

La principale de toutes les fêtes mobiles est la fête de Pâques ; c'est à la date de cette fête qu'est subordonnée la date de toutes les autres fêtes mobiles ; c'est donc cette date qu'il importe d'abord de déterminer. Or , chacun sait qu'elle offre de très-grandes différences d'une année à l'autre. Ces différences peuvent aller jusqu'à 35 jours, ainsi qu'on le verra plus loin. La cause en est qu'on ne connaît pas la date précise de la mort de Jésus-Christ ; on sait seulement que la résurrection a eu lieu peu de temps après l'équinoxe du printemps, et qu'elle a suivi une pleine lune.

C'est le concile de Nicée qui, s'étant assemblé en l'an 325 pour régler la constitution du culte chrétien, eut à fixer l'époque de la célébration des fêtes , et, en particulier , celle de

Pâques, à laquelle était soumis le retour de toutes les autres fêtes mobiles. On ne connaissait pas plus que pour Pâques la date des grandes fêtes qui suivent, c'est-à-dire celles de l'Ascension et de la Pentecôte ; seulement on savait encore que la première avait eu lieu 40 jours, et la deuxième 50 jours après Pâques, le nom même de *Pentecôte* étant formé d'un mot grec qui veut dire *cinquante*. Il importait donc au concile de bien régler la date de la fête de Pâques, qui amènerait, 40 jours après, la date de l'Ascension, et 50 jours après, celle de la Pentecôte.

Mais comment fixer la fête de Pâques, dont on ne connaissait pas la date ? Pour résoudre la difficulté, en conciliant, autant que possible, la tradition avec les données astronomiques qu'on possédait à cet égard, les Pères du concile décidèrent que, chaque année, *on célébrera la fête de Pâques le dimanche qui suit le jour de la première pleine lune tombant après le 20 mars* (1). Cette pleine lune ne peut donc jamais arriver avant le 21 mars, et la fête de Pâques avant le lendemain, ou le 22 du même mois. Elle peut retarder jusqu'au 25 avril. En effet, lorsque la pleine lune arrive le 21 mars, et que le lendemain est un dimanche, Pâques doit se célébrer le 22 mars; mais lorsque la pleine lune arrive le 20 mars, la pleine lune suivante ne peut avoir lieu que le 18 avril, et s'il se trouvait qu'il fût un dimanche, la célébration de Pâques devrait être remise au dimanche suivant, 25 avril.

La fête de Pâques étant réglée comme nous venons de le dire, la date de toutes les autres fêtes mobiles s'en déduit avec la plus grande facilité.

L'*Ascension* est fixée au jeudi 40ᵉ jour après

(1) Il est important de remarquer que, d'après cette décision, lorsque le jour de la pleine lune est un dimanche, ce n'est pas ce jour, mais bien le dimanche *suivant*, qu'on célèbre la fête de Pâques.

·Pâques, qui tombe entre le 5ᵉ et le 6ᵉ dimanche après cette dernière fête. Dix jours plus tard, est la *Pentecôte*, le 7ᵉ dimanche après Pâques. Le dimanche suivant, 8ᵉ après Pâques, est le dimanche de la *Trinité* ; enfin le jeudi après la Trinité, 2 mois jour pour jour après le samedi saint, vient la *Fête-Dieu*, qu'on célèbre ordinairement le dimanche suivant et dont on fait l'octave 8 jours après.

Les fêtes mobiles qui précèdent Pâques se règlent de même d'après cette fête , mais en remontant. Ainsi , les jours de la semaine qui précède , et qui est· la *semaine sainte* , se nomment le *samedi saint* , le *vendredi saint* , le *jeudi saint*. Le dimanche d'avant est le dimanche des *Rameaux*, et celui qui le précède est le dimanche de la *Passion* , 15 jours avant Pâques.

La première des fêtes mobiles de l'année est la *Septuagésime*, qui est fixée au 9ᵉ dimanche, ou 63ᵉ jour avant Pâques. Le dimanche suivant, ou la *Sexagésime*, est le 8ᵉ avant Pâques. Le dimanche qui vient ensuite est la *Quinquagé-sime*, ou le 7e dimanche avant Pâques. Le mer-credi suivant est le jour des *Cendres*, qui ouvre le carême.

Le premier dimanche de carême est la *Qua-dragésime*, qui est le 6e avant Pâques. Les di-manches suivants jusqu'à la Passion, ou les 2e, 3e et 4e du carême, sont désignés dans le ca-lendrier sous les noms de *Reminescere*, *Oculi*, *Lœtare*. Ces noms, dont plusieurs personnes ignorent la signification, sont simplement le premier mot de l'*Introït* de la messe de chacun de ces dimanches. Il en est de même pour le premier dimanche après Pâques, qui est nommé le dimanche de *Quasimodo*, des deux premiers mots qui commencent l'introït.

Les autres dimanches n'ont pas de nom particulier ; ils portent simplement un numéro indiquant leur rang, d'après telle ou telle fête. Sous ce rapport, les dimanches sont rangés en 5 séries principales.

La première est celle des dimanches après

l'*Epiphanie*; ils sont au nombre de 6. Après viennent les 3 dimanches de la Septuagésime, de la Sexagésime et de la Quinquagésime, qui précèdent le carême; puis les dimanches de carême. Entre Pâques et la Pentecôte, se trouvent les 6 dimanches nommés dimanches après Pâques; enfin, après la Pentecôte, vient une série de 24 dimanches, nommés dimanches après la Pentecôte, et qu'on désigne par le rang qu'ils occupent après cette fête; ce sont eux qui terminent l'*année chrétienne*. On sait que cette année commence à l'*Avent*, qui comprend les 4 dimanches avant Noël, qu'on nomme les 1er, 2e, 3e et 4e dimanches de l'*Avent*.

Il est à remarquer que deux de ces séries ne contiennent pas toujours le même nombre de dimanches : c'est celle des dimanches après l'Épiphanie et celle des dimanches après la Pentecôte. La première peut en contenir moins de 6, et la deuxième plus de 24. Elles sont, du reste, en raison inverse l'une de l'autre, et la cause de cette différence tient à l'époque variable de Pâques. Pour qu'il y ait 6 dimanches après l'Epiphanie, il faut que Pâques tombe à une époque tardive du mois d'avril. A mesure qu'il se rapproche du 20 mars, le nombre des dimanches après l'Épiphanie diminue, et celui des dimanches après la Pentecôte augmente. En pareil cas, on fait, ces derniers dimanches, l'office des dimanches après l'Épiphanie qui ont manqué cette année.

Pour compléter ce que nous venons de dire sur les fêtes mobiles, nous ajouterons que les temps d'abstinence ordonnés par l'Église, indépendamment du carême, sont aussi en partie réglés par la fête de Pâques. Ainsi, les *Quatre-Temps* sont placés aux mercredis, vendredis et samedis qui suivent : 1° les cendres ; 2° la Pentecôte ; 3° le 14 septembre ; 4° le 3e dimanche de l'Avent.

Table pascale universelle.

Il est évident, d'après ce qui a été dit, que le

jour de la célébration de la fête de Pâques est déterminé par la lettre dominicale et l'épacte, et que toutes les fois qu'elles sont les mêmes pour deux ou plusieurs années, la fête de Pâques, et par suite les autres fêtes mobiles seront aussi les mêmes. C'est sur ce principe qu'on forme la *table pascale universelle*. Dans la première colonne à gauche sont les 7 lettres dominicales ; dans une 2e colonne à droite, sont les épactes, et comme chaque lettre dominicale peut être en concurrence avec les 30 épactes possibles, on a mis en regard de chaque lettre dominicale les 30 épactes ; on a calculé ensuite à quel jour tombait la fête de Pâques pour une année qui aurait la lettre dominicale dont il s'agit, et l'une quelconque des épactes. Dans la 3e colonne se trouve la date de la fête de Pâques ; enfin, dans la dernière colonne à droite se trouve le numéro indiquant pour chaque année le calendrier qui lui convient.

Table pascale universelle.

LETTRES DOMINICALES.	ÉPACTES.	PAQUES.	NUMÉROS des CALENDRIERS.
D	23.	22 mars.	1
	22. 21. 20. 19. 18. 17. 16.	29 mars.	8
	15. 14. 13. 12. 11. 10. 9.	5 avril.	15
	8. 7. 6. 5. 4. 3. 2.	12 av.	22
	1. 0. 29. 28. 27. 26. 25. 24.	19 av.	29
E	23. 22.	23 mars.	2
	21. 20. 19. 18. 17. 16. 15.	30 mars.	9
	14. 13. 12. 11. 10. 9. 8.	6 avril.	16
	7. 6. 5. 4. 3. 2. 1.	13 av.	23
	0. 29. 28. 27. 26. 25. 24.	20 av.	30
F	23. 22. 21.	24 mars.	3
	20. 19. 18. 17. 16. 15. 14.	31 mars.	10
	13. 12. 11. 10. 9. 8. 7.	7 avril.	17
	6. 5. 4. 3. 2. 1. 0.	14 av.	24
	29. 28. 27. 26. 25. 24.	21 av.	31
G	23. 22. 21. 20.	25 mars.	4
	19. 18. 17. 16. 15. 14. 13.	1 avril.	11
	12. 11. 10. 9. 8. 7. 6.	8 av.	18
	5. 4. 3. 2. 1. 0. 29.	15 av.	25
	28. 27. 26. 25. 24.	22 av.	32
A	23. 22. 21. 20. 19.	26 mars.	5
	18. 17. 16. 15. 14. 13. 12.	2 avril.	12
	11. 10. 9. 8. 7. 6. 5.	9 av.	19
	4. 3. 2. 1. 0. 29. 28.	16 av.	26
	27. 26. 25. 24.	23 av.	33
B	23. 22. 21. 20. 19. 18.	27 mars.	6
	17. 16. 15. 14. 13. 12. 11.	3 avril.	13
	10. 9. 8. 7. 6. 5. 4.	10 av.	20
	3. 2. 1. 0. 29. 28. 27.	17 av.	27
	26. 25. 24.	24 av.	34
C	23. 22. 21. 20. 19. 18. 17.	28 mars.	7
	16. 15. 14. 13. 12. 11. 10.	4 avril.	14
	9. 8. 7. 6. 5. 4. 3.	11 av.	21
	2. 1. 0. 29. 28. 27. 26.	18 av.	28
	25. 24.	25 av.	35

Usage de la table pascale.

Pour se servir de cette table, il faut d'abord chercher, en suivant les règles que nous avons exposées précédemment, la lettre dominicale et l'épacte de l'année; ensuite, dans la case où se trouve la lettre dominicale de l'année, prendre en face l'épacte, et sur la ligne de l'épacte, dans la 3e colonne, on trouvera la date de la fête de Pâques. Dans la 4e colonne, toujours sur la même ligne, on trouvera le numéro du calendrier qui doit servir pour cette année-là. Au moyen de cette règle, on peut aisément déterminer la date de la fête de Pâques pour une année quelconque proposée, et ainsi que le calendrier qui doit servir pour cette année-là.

Par exemple, pour trouver la date de la fête de Pâques en 1865, et le calendrier qui devra servir cette année, je cherche d'abord la lettre dominicale et l'épacte de cette même année; je trouve que la lettre dominicale est A et l'épacte

3. Je cherche ensuite sur la table la lettre **A**, qui se trouve dans la 5ᵉ case, puis je prends en face l'épacte 3, sur la 4ᵉ ligne, et sur cette ligne, dans la 3ᵉ colonne, je trouve 16 avril pour la date de Pâques, et, dans la 4ᵉ, le nᵒ 26 indiquant que c'est le calendrier portant ce numéro qui doit servir en 1865.

Pour prouver aux amateurs l'exactitude des calculs de la table pascale, nous donnons ci-après une table indiquant pour chaque année, à partir de 1860 jusqu'à la fin du siècle : 1ᵒ la lettre dominicale ; 2ᵒ l'épacte ; 3ᵒ le numéro du calendrier qui doit servir.

Voici cette table :

ANNÉES.	LETTRES DOMINICALES.	EPACTES.	NUMÉROS du CALENDRIER.	ANNÉES.	LETTRES DOMINICALES.	EPACTES.	NUMÉROS du CALENDRIER.
1860	AG	7	18	1880	DC	18	7
61	F	18	10	81	B	30	27
62	E	30	30	82	A	11	19
63	D	11	15	83	G	22	4
64	CB	22	6	84	FE	3	23
1865	A	3	26	1885	D	14	15
66	G	14	11	86	C	25	35
67	F	25	31	87	B	6	20
68	ED	6	22	88	AG	17	11
69	C	17	7	89	F	28	31
1870	B	18	27	1890	E	9	16
71	A	9	19	91	D	20	8
72	GF	20	10	92	CB	1	27
73	E	1	23	93	A	12	12
74	D	12	15	94	GF	23	4
1875	C	23	7	1895	F	4	24
76	BA	4	26	96	ED	15	15
77	G	15	11	97	C	26	28
78	F	26	31	98	B	7	20
79	E	7	23	99	A	18	12

Observations relatives aux trente-cinq calendriers qui suivent.

La fête de Pâques, ainsi qu'on a pu le remarquer à l'inspection de la table pascale, est le 22 mars dans le calendrier n° 1er;

Elle est le 23 dans le calendrier n° 2 ;

Elle est le 24 dans le calendrier n° 3 ;

Et ainsi de suite, en faisant parcourir successivement à cette fête toutes les dates jusqu'au 25 avril, où elle est dans le n° 35. Pâques ne peut arriver qu'à l'une de ces dates, d'après la règle qui détermine cette fête, c'est-à-dire que cette fête doit toujours tomber dans un intervalle de 35 jours, depuis le 22 mars jusqu'au 25 avril, en sorte qu'il n'y a que 35 calendriers possibles, sauf à distinguer celui qui convient à une année proposée, d'après la date que la fête de Pâques y occupe. Cette distinction est facile à faire au moyen de la table pascale.

REMARQUE IMPORTANTE.

Quand l'année est bissextile, on prend les deux mois de janvier et de février dans le calendrier qui suit *immédiatement* celui de cette année. Par exemple, le calendrier n° 18 doit servir pour 1860 ; or, comme cette année est bissextile, on doit prendre janvier et février dans le n° 19.

JANVIER.

1	jeu	Circoncision.
2	ven	s Basile, évêque.
3	sam	ste Geneviève.
4	D	s Tite, évêque.
5	lun	s Siméon, solitaire.
6	mar	Épiphanie.
7	mer	Noces.
8	jeu	s Lucien.
9	ven	s Pierre, évêque.
10	sam	s Paul, ermite.
11	D	s Théodore.
12	lun	s Arcade, martyr.
13	mar	Bap. de J.-C.
14	mer	s Hilaire, docteur.
15	jeu	s Maur, abbé.
16	ven	s Nom de Jésus.
17	sam	s Antoine, abbé.
18	D	*Septuagésime.*
19	lun	s Sulpice, évêque.
20	mar	s Sébastien, m.
21	mer	ste Agnès, v. et m.
22	jeu	s Vincent, martyr.
23	ven	s Fulgence, doc.
24	sam	s Timothée, m.
25	D	*Sexagésime.*
26	lun	s Polycarpe, m.
27	mar	s Jean-Chr , doc.
28	mer	s Julien, évêque.
29	jeu	s François de Sales.
30	ven	ste Bathilde, reine.
31	sam	s Gaud, évêque.

FÉVRIER.

1	D	*Quinquagésime.*
2	lun	Purification.
3	mar	*Mardi-Gras.*
4	mer	*Cendres.*
5	jeu	ste Agathe.
6	ven	s Vaast, évêque.
7	sam	s Jean de Matha, p.
8	D	*Quadragésime.*
9	lun	ste Apolline, vierg.
10	mar	ste Scholastique.
11	mer	s Severin. Q. T.
12	jeu	ste Eulalie.
13	ven	s Lezin.
14	sam	s Valentin, martyr.
15	D	*Reminiscere.*
16	lun	ste Julienne.
17	mar	s Théodule.
18	mer	s Siméon, évêque.
19	jeu	s Gabin.
20	ven	s Eucher.
21	sam	s Pépin.
22	D	*Oculi.*
23	lun	s Damien.
24	mar	s Matthias.
25	mer	s Césaire.
26	jeu	s Nestor.
27	ven	ste Honorine.
28	sam	s Romain.
		s Dosithée.

CALENDRIER N° 1er.

MARS.			AVRIL.		
1	D	*Lætare.*	1	mer	s Hugues, évêque.
2	lun	s Aubin , évêque.	2	jeu	s Franç. de Paule.
3	mar	ste Cunég., imp.	3	ven	s Richard.
4	mer	s Casimir.	4	sam	s Isidore.
5	jeu	s Adrien , martyr.	5	D	s Vincent.
6	ven	ste Colette, vierge.	6	lun	s Sixte.
7	sam	stes Perpét. et Fél.	7	mar	s Epiphane.
8	D	*La Passion.*	8	mer	s Denis, évêque.
9	lun	ste Françoise.	9	jeu	s Grég. de Nysse.
10	mar	Les 40 martyrs.	10	ven	s Macaire, év.
11	mer	s Firmin, abbé.	11	sam	s Godbert.
12	jeu	s Bernard , évêque.	12	D	s Jules.
13	ven	ste Euphrasie.	13	lun	s Justin, martyr.
14	sam	s Lubin, évêque.	14	mar	s Lambert, év.
15	D	*Rameaux.*	15	mer	s Maxime.
16	lun	s Julien, martyr.	16	jeu	s Pair, évêque.
17	mar	s Patrice, évêque.	17	ven	s Anicet.
18	mer	s Alexandre, év.	18	sam	s Cyrille, év. et d.
19	jeu	s Joseph.	19	D	s Vincent.
20	ven	Vendredi saint.	20	lun	s Théotime.
21	sam	Samedi saint.	21	mar	s Anselme, év.
22	D	PAQUES.	22	mer	ste Opportune.
23	lun	s Victorin.	23	jeu	s Georges, mart.
24	mar	s Simon.	24	ven	s Léger.
25	mer	Annonciation.	25	sam	s Marc.
26	jeu	s Théodose, m.	26	D	s Clet, martyr.
27	ven	s Rupert, évêque.	27	lun	*Rogations.*
28	sam	s Gontrand, roi.	28	mar	s Vital, martyr.
29	D	*Quasimodo.*	29	mer	ste Marie Egyp.
30	lun	s. Rieul.	30	jeu	ASCENSION.
31	mar	s. Benjamin, doct.			

MAI.			**JUIN.**	
1	ven	ss Jacq. et Ph., ap.	1	lun	s Jouvin , abbé.
2	sam	s Marcouf, ab.	2	mar	s Pothin , év.
3	D	Inv. de la Ste Croix.	3	mer	ste Clotilde , reine.
4	lun	s Athanase, év.	4	jeu	s Optat.
5	mar	s Pie V, pape.	5	ven	s Boniface.
6	mer	s Jean P. L.	6	sam	s Norbert , év.
7	jeu	s Jean Damascène.	7	4 D	s Lié.
8	ven	s Cénéric, abbé.	8	lun	s Gildard , év.
9	sam	s Grégoire de N.	9	mar	ste Pélagie.
10	D	PENTECÔTE.	10	mer	s Ebremond, abbé.
11	lun	s Mammert, év.	11	jeu	s Barnabé, ap.
12	mar	s Epiphane, év.	12	ven	s Basilide, mart.
13	mer	s Pancr., m. Q. T.	13	sam	s Antoine de Pad.
14	jeu	s Pacôme, abbé	14	5 D	s Ruffin.
15	ven	s Achille.	15	lun	s Modeste.
16	sam	s Braudan , abbé.	16	mar	s Jean-Fr. Regis.
17	1 D	*Trinité.*	17	mer	s Ferréol, martyr.
18	lun	s Claude, év.	18	jeu	ste Marine.
19	mar	s Yves, prêtre.	19	ven	s Gervais, mart.
20	mer	s Bernardin.	20	sam	s Latuin, év.
21	jeu	*Fête-Dieu.*	21	6 D	s Louis de Gonz.
22	ven	ste Julie.	22	lun	s Paulin, év.
23	sam	ste Marie.	23	mar	s Alban, martyr.
24	2 D	ste Susanne.	24	mer	s Jean-Baptiste.
25	lun	s Philippe de N.	25	jeu	s Prosper.
26	mar	s Quadrat.	26	ven	ss Jean et Paul.
27	mer	s Évroult, abbé.	27	sam	s Ladislas, roi.
28	jeu	s Manvieu, év.	28	7 D	s Irénée, évêque.
29	ven	s Maximin.	29	lun	ss Pierre et Paul.
30	sam	s Félix, pape.	30	mar	Com. de St Paul.
31	3 D	ste Pétronille.			

JUILLET.		AOUT.	
1	mer	D. de S. Jean-B.	
2	jeu	Visit. de la Ste V.	
3	ven	s Léonor, év.	
4	sam	O. et T. de St Mart.	
5	8 D	s Sever, év.	
6	lun	Ch. St Pierre.	
7	mar	s Thomas, év.	
8	mer	s Procope, m.	
9	jeu	ste Anatolie, v.	
10	ven	Les 7 fr. et Ste Fél.	
11	sam	s Benoît, ab.	
12	9 D	s Gualbert.	
13	lun	s Anaclet, prêt.	
14	mar	s Bonaventure, év.	
15	mer	s Thomas d'Aquin.	
16	jeu	s Nélier, m.	
17	ven	s Alexis, conf.	
18	sam	s Clair, m.	
19	10D	s Vincent de Paule.	
20	lun	ste Marguerite, v.	
21	mar	s Victor, m.	
22	mer	ste Marie-Mad.	
23	jeu	s Apollinaire, év.	
24	ven	ste Christine.	
25	sam	s Jacques, ap.	
26	11D	s Joac. et Ste Anne.	
27	lun	s Pantaléon.	
28	mar	s Samson, év.	
29	mer	s Lazare.	
30	jeu	s Ignace, pr.	
31	ven	s Germain, év.	

AOUT.		
1	sam	s Pierre ès liens.
2	12D	s Etienne, pape.
3	lun	Inv. de S. Etienne.
4	mar	s Dominique.
5	mer	s Memmie, év.
6	jeu	Transfig. de J.-C.
7	ven	s Victrice, év.
8	sam	s Justin.
9	13D	ste Radég., reine.
10	lun	s Laurent, m.
11	mar	Trans. de la Ste C.
12	mer	s Taurin, év.
13	jeu	s Hippolyte.
14	ven	s Eusèbe.
15	sam	ASSOMPTION.
16	14D	s Roch, conf.
17	lun	s Mammès, m.
18	mar	ste Hélène, veuve.
19	mer	s Rofin, conf.
20	jeu	s Bernard, ab.
21	ven	s Maximien, m.
22	sam	s Symphorien, m.
23	15D	ste Jeanne-Franç.
24	lun	s Barthélemy, ap.
25	mar	s Louis, roi.
26	mer	s Ouen, év.
27	jeu	s Césaire, év.
28	ven	s Augustin, év.
29	sam	s Méderic.
30	16D	s Fiacre, solit.
31	lun	s Ovide.

SEPTEMBRE.			OCTOBRE.	
1	mar	s Gilles, abbé.	1	jeu	s Remi, év.
2	mer	s Antonin, m.	2	ven	ss Anges Gard.
3	jeu	s Grégoire, pape.	3	sam	s Denis Aréop.
4	ven	Les ss. Patriarc.	4 21D	s François d'As.
5	sam	s Victorin.	5	lun	s Placide.
6 17D	s Vincent Ferrier.	6	mar	s Bruno, moine.
7	lun	s Cloud, pr.	7	mer	s Serge, m.
8	mar	Nativité de la V.	8	jeu	s Démètre, m.
9	mer	s Gorgon, m.	9	ven	s Denis, év.
10	jeu	s Aubert.	10	sam	s François de Bor.
11	ven	s Hyacinthe, m.	11 22D	s Nicaise, m.
12	sam	s Sylvain, év.	12	lun	s Florent, m.
13 18D	s Maurille, év.	13	mar	s Edouard.
14	lun	Ex. de la Ste C.	14	mer	s Calixte, pape.
15	mar	s nom de Marie.	15	jeu	ste Thérèse, v.
16	mer	s Corneil., m. Q. T.	16	ven	s Herbland.
17	jeu	s Flocel, m.	17	sam	s Cerbonet.
18	ven	s Senier, év.	18 23D	s Luc, ap.
19	sam	s Janvier, év.	19	lun	s Aquilin, év.
20 19D	s Eustache.	20	mar	s Hilarion, ab.
21	lun	s Lo, év.	21	mer	ste Ursule.
22	mar	s Maurice, m.	22	jeu	s Mellon, év.
23	mer	ste Thècle, v.	23	ven	s Amand, év.
24	jeu	s Lin, év	24	sam	s Magloire, év.
25	ven	s Firmin, év.	25 24D	s Crespin, m.
26	sam	s Cyprien, m.	26	lun	s Fromond.
27 20D	s Côme, m.	27	mar	s Frumence, év.
28	lun	s Céran.	28	mer	ss Simon et Jude.
29	mar	s Michel.	29	jeu	s Narcisse.
30	mer	s Jérôme.	30	ven	s Léon, pape.
			31	sam	s Quentin, m.

NOVEMBRE.

1	25D	TOUSSAINT.
2	lun	Les Trépassés.
3	mar	s Vigor.
4	mer	s Charles B.
5	jeu	s Eustache, m.
6	ven	s Léonard, solit.
7	sam	s Florent.
8	26D	stes Reliques.
9	lun	s Mathurin, pr
10	mar	s Juste.
11	mer	s Martin, év.
12	jeu	s Martin, pape.
13	ven	s Brice, év.
14	sam	s Stanislas K.
15	27D	*Dédicace.*
16	lun	s Edmond, év.
17	mar	s Grégoire Th.
18	mer	s Romphaire.
19	jeu	s Elisabeth.
20	ven	s Bénigne, év.
21	sam	Présentation.
22	28D	ste Cécile, v.
23	lun	s Clément, pape
24	mar	s Jean de la Croix
25	mer	ste Catherine, v.
26	jeu	s Fauste, m.
27	ven	s Odilon, ab.
28	sam	s Valérien.
29	D	*Avent.*
30	lun	s André, ap.

DÉCEMBRE.

1	mar	s Eloi, év.
2	mer	s. Eloque.
3	jeu	s François Xav.
4	ven	ste Barbe, v.
5	sam	s Athanase, m.
6	D	s Nicolas, év.
7	lun	s Ambroise.
8	mar	Conception de la V.
9	mer	ste Gorgonie.
10	jeu	ste Valérie, v.
11	ven	s Damase, pape
12	sam	ste Constance.
13	D	ste Luce, v.
14	lun	s Gatien, év.
15	mar	s Mesmin.
16	mer	s Valentin, m. Q.T.
17	jeu	s Ignace.
18	ven	s Auxence, év.
19	sam	s Némèse, m.
20	D	s Eugène, pr.
21	lun	s Thomas, ap.
22	mar	s Honorat.
23	mer	ste Victoire.
24	jeu	s Delphin.
25	ven	NOEL.
26	sam	s Etienne.
27	D	s Jean, évang.
28	lun	ss Innocents.
29	mar	s Trophime.
30	mer	s Sabin.
31	jeu	s Sylvestre.

JANVIER.	FÉVRIER.
1 mer Circoncision.	1 sam s Ignace, évêque.
2 jeu s Basile, év.	2 D Purification.
3 ven ste Geneviève.	3 lun s Blaise, évêque.
4 sam s Tite, év.	4 mar *Mardi-Gras.*
5 D s Siméon, solit.	5 mer *Cendres.*
6 lun Epiphanie.	6 jeu s Vaast, évêque.
7 mar Noces.	7 ven s Jean de Matha, p.
8 mer s Lucien.	8 sam S. Cœur de Marie.
9 jeu s Pierre, évêque.	9 D *Quadragésime.*
10 ven s Paul, ermite.	10 lun ste Scholastique.
11 sam s Théodore.	11 mar s Séverin.
12 D s. Arcade, martyr.	12 mer ste Eulalie. Q. T.
13 lun Bap. de Jésus-Chr.	13 jeu s Lezin
14 mar s Hilaire, docteur.	14 ven s Valentin, martyr.
15 mer s Maur, abbé.	15 sam s Faustin.
16 jeu s Nom de Jésus.	16 D *Reminiscere.*
17 ven s Antoine, abbé.	17 lun s Théodule.
18 sam s Mélaine, évêque.	18 mar s Simon, évêque.
19 D *Septuagésime.*	19 mer s Gabin.
20 lun s Sébastien, mart.	20 jeu s Eucher.
21 mar ste Agnès, vierge.	21 ven s Pépin.
22 mer s Vincent, martyr.	22 sam ste Isabelle.
23 jeu s Fulgence, doct.	23 D *Oculi.*
24 ven s Timothée, mart.	24 lun s Matthias, apôtre.
25 sam Conv. de St Paul.	25 mar s Césaire.
26 D *Sexagésime.*	26 mer s Nestor.
27 lun s Jean Chris. doc.	27 jeu ste Honorine.
28 mar s Julien, év.	28 ven s Romain.
29 mer s François de Sales.	s Dosithée.
30 jeu ste Bathilde, reine.	
31 ven s Gaud, év.	

	MARS.			AVRIL.
1	sam	s Léon de Carent.	1	mar	s Hugues, évêque.
2	D	*Lætare.*	2	mer	s Franç. de Paule.
3	lun	ste Cunég., imp.	3	jeu	s Richard.
4	mar	s Casimir.	4	ven	s Isidore.
5	mer	s Adrien, martyr.	5	sam	s Vincent.
6	jeu	ste Colette, vierg.	6	D	s Sixte.
7	ven	stes Perpét. et Fél.	7	lun	s Épiphane.
8	sam	s Jean de Dieu, J.	8	mar	s Denis, évêque.
9	D	*Passion.*	9	mer	s Grégoire de N.
10	lun	Les 40 martyrs.	10	jeu	s Macaire, év.
11	mar	s Firmin, abbé.	11	ven	s Godbert.
12	mer	s Bernard, év.	12	sam	s Jules.
13	jeu	ste Euphrasie.	13	D	s Justin, martyr.
14	ven	s Lubin, évêque.	14	lun	s Lambert, évêque.
15	sam	s Longin.	15	mar	s Maxime.
16	D	*Rameaux.*	16	mer	s Pair, évêque.
17	lun	s Patrice, évêque	17	jeu	s Anicet.
18	mar	s Alexandre, év.	18	ven	s Cyrille, évêque.
19	mer	s Joseph..	19	sam	s Vincent.
20	jeu	s Joachim.	20	D	s Théotime.
21	ven	Vendredi saint.	21	lun	s Anselme.
22	sam	s Émile.	22	mar	ste Opportune.
23	D	PAQUES.	23	mer	s Georges, martyr.
24	lun	s Simon.	24	jeu	s Léger.
25	mar	Annonciation.	25	ven	s Marc, évangéliste.
26	mer	s Théodose, mart.	26	sam	s Clet, martyr.
27	jeu	s Rupert, évêque.	27	D	s Frédéric.
28	ven	s Gontran, roi	28	lun	*Rogations.*
29	sam	s Frisque.	29	mar	ste Marie Égypt.
30	D	*Quasimodo.*	30	mer	s Eutrope, év.
31	lun	s Benjamin.			

MAI.			**JUIN.**		
1	jeu	Ascension.	1	3 D	s Jouvin, abbé.
2	ven	s Marcouf, abbé.	2	lun	s Pothin, évêque.
3	sam	Inv. de la Croix.	3	mar	ste Clotilde, reine.
4	D	s Athanase, év.	4	mer	s Optat
5	lun	s Pie V, pape.	5	jeu	s Boniface.
6	mar	s Jean P. L.	6	ven	s Norbert, évêque.
7	mer	s Jean Dam.	7	sam	s Lié.
8	jeu	s Cénéric, abbé.	8	4 D	s Gildard, évêque.
9	ven	s Grégoire de N.	9	lun	ste Pélagie.
10	sam	s Antonin.	10	mar	s Ebremond, abbé.
11	D	Pentecôte.	11	mer	s Barnabé, apôtre.
12	lun	s Epiphane, év.	12	jeu	s Basilide, martyr.
13	mar	s Pancrace, mart.	13	ven	s Antoine de P.
14	mer	s Pacôme. Q. T.	14	sam	s Ruffin.
15	jeu	s Achille.	15	5 D	s Modeste.
16	ven	s Braudan, abbé.	16	lun	s Jean-F. Régis
17	sam	s Jean Nép.	17	mar	s Ferréol, martyr.
18	1 D	*Trinité.*	18	mer	ste Marine.
19	lun	s Yves, prêtre.	19	jeu	s Gervais, martyr.
20	mar	s Bernardin.	20	ven	s Latuin, évêque.
21	mer	s Ortaire, abbé.	21	sam	s Louis de Gonz.
22	jeu	*Fête-Dieu.*	22	6 D	s Paulin, évêque.
23	ven	ste Marie.	23	lun	s Alban, martyr.
24	sam	ste Susanne.	24	mar	s Jean-Baptiste.
25	2 D	s Philippe de N.	25	mer	s Prosper.
26	lun	s Quadrat.	26	jeu	ss Jean et Paul.
27	mar	s Évroult, abbé.	27	ven	s Ladislas, roi.
28	mer	s Manvieu, év.	28	sam	s Irénée, évêque.
29	jeu	s Maximin.	29	7 D	ss Pierre et Paul.
30	ven	s Félix, pape.	30	lun	Com. de St Paul.
31	sam	Ste Pétronille.			

JUILLET.			AOUT.	
1	mar	D. de S. Jean-B.	1	ven	s Pierre ès liens.
2	mer	V. de la Ste Vierg.	2	sam	s Etienne, pape.
3	jeu	s Léonor, év.	3	12ᴅ	Inv. de St Etienne.
4	ven	O. et T. de S. Mart.	4	lun	s Dominique.
5	sam	s Sever, év.	5	mar	s Memmie, év.
6	8 ᴅ	Ch. St Pierre.	6	mer	Transf. de J.-C.
7	lun	s Thomas, év.	7	jeu	s Victrice, év.
8	mar	s Procope, m.	8	ven	s Justin.
9	mer	ste Anatolie, v.	9	sam	ste Radégonde.
10	jeu	Les 7 fr. et Ste Fél.	10	13ᴅ	s Laurent, m.
11	ven	s Benoît, ab.	11	lun	T. de la Ste Cour.
12	sam	s Gualbert.	12	mar	s Taurin, év.
13	9 ᴅ	s Anaclet, pr.	13	mer	s Hippolyte.
14	lun	s Bonaventure, év.	14	jeu	s Eusèbe.
15	mar	s Thom. d'Aquin.	15	ven	ASSOMPTION.
16	mer	s Nélier, m.	16	sam	s Roch, conf.
17	jeu	s Alexis, conf.	17	14ᴅ	s Mammès, m.
18	ven	s Clair, m.	18	lun	ste Hélène.
19	sam	s Vincent de Paule.	19	mar	s Rufin, conf.
20	10ᴅ	ste Marguerite, v.	20	mer	s Bernard, ab.
21	lun	s Victor, m.	21	jeu	s Maximien, m.
22	mar	ste Marie-Mad.	22	ven	s Symphorien.
23	mer	s Apollinaire, év.	23	sam	ste Jeanne-Franç.
24	jeu	ste Christine.	24	15ᴅ	s Barthélemy, ap.
25	ven	s Jacques, ap.	25	lun	s Louis, roi.
26	sam	s Joac. et Ste Anne.	26	mar	s Ouen, év.
27	11ᴅ	s Pantaléon.	27	mer	s Césaire, év.
28	lun	s Samson, év.	28	jeu	s Augustin, év.
29	mar	s Lazare.	29	ven	s Méderic.
30	mer	s Ignace, pr.	30	sam	s Fiacre, solit.
31	jeu	s Germain, év.	31	16ᴅ	s Ovide.

SEPTEMBRE.			OCTOBRE.		
1	lun	s Gilles, ab.	1	mer	s Remi, év.
2	mar	s Antonin, m.	2	jeu	ss Anges Gard.
3	mer	s Grégoire, pape	3	ven	s Denis Aréopag.
4	jeu	ss Patriarches.	4	sam	s François d'Assise.
5	ven	s Victorin.	5	21 D	s Placide.
6	sam	s Vincent Ferrier.	6	lun	s Bruno, moine.
7	17 D	s Cloud, prêt.	7	mar	s Serge, m.
8	lun	Nat. de la Vierge.	8	mer	s Démètre, m.
9	mar	s Gorgon, m	9	jeu	s Denis, év.
10	mer	s Aubert.	10	ven	s François de B.
11	jeu	s Hyacinthe, m.	11	sam	s Nicaise, m
12	ven	s Sylvain, év.	12	22 D	s Florent, m.
13	sam	s Maurille, év.	13	lun	s Edouard.
14	18 D	Ex. de la Ste Croix.	14	mar	s Calixte, pape
15	lun	s Nom de Marie.	15	mer	ste Thérèse, v.
16	mar	s Corneille, m.	16	jeu	s Herbland.
17	mer	s Flocel, m. Q T.	17	ven	s Cerbouet.
18	jeu	s Senier, év.	18	sam	s Luc, ap.
19	ven	s Janvier, év.	19	23 D	s Aquilin, év.
20	sam	s Eustache.	20	lun	s Hilarion, ab.
21	19 D	s Lo, év. de C.	21	mar	ste Ursule
22	lun	s Maurice, m.	22	mer	s Mellon, év.
23	mar	ste Thècle, v.	23	jeu	s Amand, év.
24	mer	s Lin, év.	24	ven	s Magloire, év.
25	jeu	s Firmin, év.	25	sam	s Crespin, m.
26	ven	s Cyprien, m.	26	24 D	s Fromond.
27	sam	s Côme, m.	27	lun	s Frumence, év.
28	20 D	s Céran	28	mar	ss Simon et Jude.
29	lun	s Michel.	29	mer	s Narcisse.
30	mar	s Jérôme.	30	jeu	s Léon, pape.
			31	ven	s Quentin, m.

NOVEMBRE.

1	sam	Toussaint.
2	25D	Les Trépassés.
3	lun	s Vigor.
4	mar	s Charles B.
5	mer	s Eustache, m.
6	jeu	s Léonard, sol.
7	ven	s Florent.
8	sam	stes Reliques.
9	26D	*Dédicace.*
10	lun	s Juste.
11	mar	s Martin, év.
12	mer	s Martin, pape.
13	jeu	s Brice, év.
14	ven	s Stanislas K.
15	sam	s Malo, év.
16	27D	s Edmond, év.
17	lun	s Grégoire Th.
18	mar	s Romphaire, év.
19	mer	ste Elisabeth.
20	jeu	s Bénigne, év.
21	ven	Présentation.
22	sam	ste Cécile, v.
23	28D	s Clément, pape.
24	lun	s Jean de la Croix.
25	mar	ste Catherine, v.
26	mer	s Faust, m.
27	jeu	s Odilon, ab.
28	ven	s Valérien.
29	sam	s Saturnin, év.
30	D	*Avent.*

DÉCEMBRE.

1	lun	s Eloi, év.
2	mar	s Eloque.
3	mer	s François Xavier.
4	jeu	ste Barbe, v.
5	ven	s Athanase, m.
6	sam	s Nicolas, év.
7	D	s Ambroise.
8	lun	Conception.
9	mar	ste Gorgonie.
10	mer	ste Valérie, v.
11	jeu	s Damase, pape.
12	ven	ste Constance.
13	sam	ste Luce, v.
14	D	s Gatien, év.
15	lun	s Nesmin.
16	mar	s Valentin, m.
17	mer	s Ignace. Q. T.
18	jeu	s Auxence, év.
19	ven	s Némèse, m.
20	sam	s Eugène, pr.
21	D	s Thomas, ap
22	lun	s Honorat.
23	mar	ste Victoire.
24	mer	s Delphin.
25	jeu	Noel.
26	ven	s Etienne, m.
27	sam	s Jean, évang.
28	D	ss Innocents.
29	lun	s Trophime.
30	mar	s Sabin.
31	mer	s Sylvestre.

JANVIER.

1	mar	Circoncision.
2	mer	s Basile , évêque.
3	jeu	ste Geneviève.
4	ven	s Tite, évêque.
5	sam	s Siméon , solit.
6	D	Epiphanie.
7	lun	Noces.
8	mar	s Lucien.
9	mer	s Pierre , évêque.
10	jeu	s Paul, ermite.
11	ven	s Théodore.
12	sam	s Arcade, martyr.
13	D	Bapt. de J.-C.
14	lun	s Hilaire, docteur.
15	mar	s Maur, abbé.
16	mer	s Nom de Jésus.
17	jeu	s Antoine, abbé.
18	ven	s Mélaine, évêque.
19	sam	s Sulpice, évêque.
20	D	*Septuagésime.*
21	lun	ste Agnès, vierge.
22	mar	s Vincent, martyr.
23	mer	s Fulgence, doct.
24	jeu	s Timothée, mart.
25	ven	Conv. de St Paul.
26	sam	s Polycarpe.
27	D	*Sexagésime.*
28	lun	s Julien, évêque.
29	mar	s François de Sales.
30	mer	ste Bathilde, reine.
31	jeu	s Gaud, évêque.

FÉVRIER.

1	ven	s Ignace, évêque
2	sam	Purification.
3	D	*Quinquagésime.*
4	lun	ste Jeanne de V.
5	mar	*Mardi-Gras.*
6	mer	*Cendres.*
7	jeu	s Jean de Matha.
8	ven	s Cœur de Marie.
9	sam	ste Apolline, v.
10	D	*Quadragésime.*
11	lun	s Séverin.
12	mar	ste Eulalie.
13	mer	s Lezin. Q. T.
14	jeu	s Valentin, martyr.
15	ven	s Faustin.
16	sam	ste Julienne.
17	D	*Reminiscere.*
18	lun	s Siméon, évêque.
19	mar	s Gabin.
20	mer	s Eucher.
21	jeu	s Pépin.
22	ven	ste Isabelle.
23	sam	s Damien.
24	D	*Oculi.*
25	lun	s Césaire.
26	mar	s Nestor.
27	mer	ste Honorine.
28	jeu	s Romain.
		s Dosithée.

MARS.			AVRIL.	
1	ven	s Léon de Carentan.	1	lun	s Hugues, évêque.
2	sam	s Aubin, évêque.	2	mar	s François de P.
3	D	*Lætare.*	3	mer	s Richard.
4	lun	s Casimir.	4	jeu	s Isidore.
5	mar	s Adrien, martyr.	5	ven	s Vincent.
6	mer	ste Colette, vierge.	6	sam	s Sixte.
7	jeu	stes Perpét. et Féli.	7	D	s Épiphane.
8	ven	s Jean de D. juste.	8	lun	s Denis, évêque.
9	sam	ste Françoise.	9	mar	s Grégoire de N.
10	D	*Passion.*	10	mer	s Macaire, évêque.
11	lun	s Firmin, abbé.	11	jeu	s Godbert.
12	mar	s Bernard, évêque.	12	ven	s Jules.
13	mer	ste Euphrasie.	13	sam	s Justin, martyr.
14	jeu	s Lubin, évêque.	14	D	s Lambert.
15	ven	s Longin.	15	lun	s Maxime.
16	sam	s Julien, martyr.	16	mar	s Pair, évêque.
17	D	*Rameaux.*	17	mer	s Anicet.
18	lun	s Alexandre, év.	18	jeu	s Cyrille, évêque.
19	mar	s Joseph.	19	ven	s Vincent.
20	mer	s Joachim.	20	sam	s Théotime.
21	jeu	s Benoît, abbé.	21	D	s Anselme, évêque.
22	ven	Vendredi saint.	22	lun	ste Opportune.
23	sam	s Victorin.	23	mar	s Georges.
24	D	PAQUES.	24	mer	s Léger.
25	lun	Annonciation.	25	jeu	s Marc, évangél.
26	mar	s Théodose, mart.	26	ven	s Clet, martyr.
27	mer	s Rupert, évêque.	27	sam	s Frédéric.
28	jeu	s Gontran, roi.	28	D	s Vital.
29	ven	s Frisque.	29	lun	*Rogations.*
30	sam	s Rieul.	30	mar	s Eutrope.
31	D	*Quasimodo.*			

	MAI.			JUIN.
1	mer	ss Jacq. et Ph. ap.	1	sam	s Jouvin, abbé.
2	jeu	ASCENSION.	2	3 D	s Pothin, évêque.
3	ven	Inv. de la Ste Cr.	3	lun	ste Clotilde, reine.
4	sam	s Athanase, év.	4	mar	s Optat.
5	D	s Pie V, pape.	5	mer	s Boniface.
6	lun	s Jean P. L.	6	jeu	s Norbert, évêque.
7	mar	s Jean Dam.	7	ven	s Lié.
8	mer	s Cénérie, abbé.	8	sam	s Gildard, évêque.
9	jeu	s Grégoire de N.	9	4 D	ste Pélagie.
10	ven	s Antonin.	10	lun	s Ebremond, abbé.
11	sam	s Mammert, év.	11	mar	s Barnabé, ap.
12	D	PENTECÔTE.	12	mer	s Basilide, martyr.
13	lun	s Pancrace, mart	13	jeu	s Antoine de P.
14	mar	s Pacôme, abbé.	14	ven	s Ruffin.
15	mer	s Achille. Q. T.	15	sam	s Modeste.
16	jeu	s Braudan, abbé.	16	5 D	s Jean-François R.
17	ven	s Jean Nép.	17	lun	s Ferréol, martyr.
18	sam	s Claude, évêque.	18	mar	ste Marine.
19	1 D	*Trinité.*	19	mer	s Gervais, martyr.
20	lun	s Bernardin.	20	jeu	s Latuin, évêque.
21	mar	s Ortaire, abbé.	21	ven	s Louis de Gonz.
22	mer	ste Julie.	22	sam	s Paulin, évêque.
23	jeu	*Fête-Dieu.*	23	6 D	s Alleau, martyr.
24	ven	ste Susanne.	24	lun	s Jean-Baptiste.
25	sam	s Philippe de N.	25	mar	s Prosper.
26	2 D	s Quadrat.	26	mer	ss Jean et Paul.
27	lun	s Évroult, abbé.	27	jeu	s Ladislas, roi.
28	mar	s Manvieu, évêque.	28	ven	s Irénée, évêque.
29	mer	s Maximin.	29	sam	ss Pierre et P. ap.
30	jeu	s Félix, pape.	30	7 D	Com. de St Paul.
31	ven	ste Pétronille.			

JUILLET.			AOUT.		
1	lun	D. de S. Jean-B.	1	jeu	s Pierre ès liens.
2	mar	V. de la ste Vierge	2	ven	s Etienne, pape.
3	mer	s Léonor, év.	3	sam	Inv. de s Etienne.
4	jeu	O. et T. de S. Mart.	4	12D	s Dominique.
5	ven	s Sever, év.	5	lun	s Memmie, év.
6	sam	Ch. s Pierre.	6	mar	Transf. de J.-C.
7	8 D	s Thomas, év.	7	mer	s Victrice, év.
8	lun	s Procope, m.	8	jeu	s Justin.
9	mar	ste Anatolie, v.	9	ven	ste Radégonde.
10	mer	Les 7 fr. et ste Fél.	10	sam	s Laurent, m.
11	jeu	s Benoît, abbé.	11	13D	T. de la ste Croix.
12	ven	s Gualbert.	12	lun	s Taurin, év.
13	sam	s Anaclet, pr.	13	mar	s Hippolyte.
14	9 D	s Bonaventure, év.	14	mer	s Eusèbe.
15	lun	s Thomas d'Aquin.	15	jeu	ASSOMPTION.
16	mar	s Nélier, m.	16	ven	s Roch, conf.
17	mer	s Alexis, conf.	17	sam	s Mammès, m.
18	jeu	s Clair, m.	18	14D	ste Hélène.
19	ven	s Vincent de Paule.	19	lun	s Rufin, conf.
20	sam	ste Marguerite, v.	20	mar	s Bernard, abbé.
21	10D	s Victor, m.	21	mer	s Maximien, m.
22	lun	ste Marie-Mad.	22	jeu	s Symphorien, m.
23	mar	s Apollinaire, év.	23	ven	ste Jeanne-Franç.
24	mer	ste Christine.	24	sam	s Barthélemy, ap.
25	jeu	s Jacques, ap.	25	15D	s Louis, roi.
26	ven	s Joac. et ste Anne.	26	lun	s Ouen, év.
27	sam	s Pantaléon.	27	mar	s Césaire, év.
28	11D	s Samson, év.	28	mer	s Augustin, év.
29	lun	s Lazare.	29	jeu	s Méderic.
30	mar	s Ignace, pr.	30	ven	s Fiacre, solit.
31	mer	s Germain, év.	31	sam	s Ovide.

SEPTEMBRE.

1	16ᴅ	s Gilles, abbé.
2	lun	s Antoine, m.
3	mar	s Grégoire, pape.
4	mer	ss Patriarches.
5	jeu	s Victorin.
6	ven	s Vincent Ferrier.
7	sam	s Cloud, prêtre.
8	17ᴅ	Nativ. de la Vierge.
9	lun	s Gorgon, m.
10	mar	s Aubert
11	mer	s Hyacinthe, m.
12	jeu	s Sylvain, év.
13	ven	s Maurille, év
14	sam	Ex. de la ste Croix.
15	18ᴅ	s Nom de Marie.
16	lun	s Corneille, m.
17	mar	s Flocel, m.
18	mer	s Senier, év. Q. T.
19	jeu	s Janvier, év.
20	ven	s Eustache.
21	sam	s Lo, év. de C.
22	19ᴅ	s Maurice, m.
23	lun	ste Thècle, v.
24	mar	s Lin, év.
25	mer	s Firmin, év.
26	jeu	s Cyprien, m.
27	ven	s Côme, m.
28	sam	s Céran.
29	20ᴅ	s Michel.
30	lun	s Jérôme.

OCTOBRE.

1	mar	s Remi, év.
2	mer	ss Anges Gardiens.
3	jeu	s Denis Aréopagite.
4	ven	s François d'Assise.
5	sam	s Placide.
6	21ᴅ	s Bruno, moine.
7	lun	s Serge, m.
8	mar	s Démètre, m.
9	mer	s Denis, év.
10	jeu	s François de B.
11	ven	s Nicaise, m.
12	sam	s Florent, m
13	22ᴅ	s Edouard.
14	lun	s Calixte, pape.
15	mar	ste Thérèse, v.
16	mer	s Herbland.
17	jeu	s Cerbouet.
18	ven	s Luc, ap.
19	sam	s Aquilin, év.
20	23ᴅ	s Hilarion, ab.
21	lun	ste Ursule.
22	mar	s Mellon, év.
23	mer	s Amand, év.
24	jeu	s Magloire, év.
25	ven	s Crespin, m.
26	sam	s Fromond.
27	24ᴅ	s Frumence, év.
28	lun	ss Simon et Jude.
29	mar	s Narcisse.
30	mer	s Léon, pape.
31	jeu	s Quentin, m.

	NOVEMBRE.			DÉCEMBRE.
1	ven	Toussaint.	1 D	*Avent.*
2	sam	Les Trépassés.	2 lun	s Eloque.
3	25D	s Vigor.	3 mar	s François Xav.
4	lun	s Charles B.	4 mer	ste Barbe, v.
5	mar	s Eustache, m.	5 jeu	s Athanase, m.
6	mer	s Léonard, solit.	6 ven	s Nicolas, év.
7	jeu	s Florent.	7 sam	s Ambroise.
8	ven	stes Reliques.	8 D	Conception.
9	sam	s Mathurin, pr.	9 lun	ste Gorgonie.
10	26D	*Dédicace.*	10 mar	ste Valérie, v.
11	lun	s Martin, év.	11 mer	s Damase, pape.
12	mar	s Martin, pape.	12 jeu	ste Constance.
13	mer	s Brice, év.	13 ven	ste Luce, v.
14	jeu	s Stanislas K.	14 sam	s Gatien, év.
15	ven	s Malo, év.	15 D	s Mesmin.
16	sam	s Edmond, év.	16 lun	s Valentin, m.
17	27D	s Grégoire Th.	17 mar	s Ignace.
18	lun	s Romphaire, év.	18 mer	s Auxence, év. Q. T.
19	mar	ste Elisabeth.	19 jeu	s Némèse, m.
20	mer	s Bénigne, év.	20 ven	s Eugène, prêt.
21	jeu	Présentation.	21 sam	s Thomas, ap.
22	ven	ste Cécile, v.	22 D	s Honorat.
23	sam	s Clément, pape.	23 lun	ste Victoire.
24	28D	s Jean de la Croix.	24 mar	s Delphin.
25	lun	ste Catherine, v.	25 mer	Noel.
26	mar	s Faust, m.	26 jeu	s Étienne, m.
27	mer	s Odilon, ab.	27 ven	s Jean, évang.
28	jeu	s Valérien.	28 sam	ss Innocents.
29	ven	s Saturnin, év.	29 D	s Trophime.
30	sam	s André, ap.	30 lun	s Sabin.
			31 mar	s Sylvestre.

JANVIER.				FÉVRIER.	
1	lun	Circoncision.	1	jeu	s Ignace, év.
2	mar	s Basile, év.	2	ven	Purification.
3	mer	ste Geneviève.	3	sam	s Blaise, év.
4	jeu	s Tite, év.	4	D	*Quinquagésime.*
5	ven	s Siméon, solit.	5	lun	ste Agathe.
6	sam	Epiphanie.	6	mar	*Mardi-Gras.*
7	D	Noces.	7	mer	*Cendres.*
8	lun	s Lucien.	8	jeu	s Cœur de Marie.
9	mar	s Pierre, év.	9	ven	ste Apolline.
10	mer	s Paul, erm.	10	sam	ste Scholastique.
11	jeu	s Théodore.	11	D	*Quadragésime.*
12	ven	s Arcade, m.	12	lun	ste Eulalie.
13	sam	Bap. de J.-C.	13	mar	s Lezin.
14	D	s Hilaire, docteur.	14	mer	s Valentin. Q. T.
15	lun	s Maur, abbé.	15	jeu	s Faustin.
16	mar	s Nom de Jésus.	16	ven	ste Julienne.
17	mer	s Antoine, ab.	17	sam	s Théodule.
18	jeu	s Mélaine, év.	18	D	*Reminiscere.*
19	ven	s Sulpice, év.	19	lun	s Gabin.
20	sam	s Sébastien, m.	20	mar	s Eucher.
21	D	*Septuagésime.*	21	mer	s Pépin.
22	lun	s Vincent, m.	22	jeu	ste Isabelle.
23	mar	s Fulgence, doc.	23	ven	s Damien.
24	mer	s Timothée, m.	24	sam	s Matthias, ap.
25	jeu	Conv. de s Paul.	25	D	*Oculi.*
26	ven	s Polycarpe, m.	26	lun	s Nestor.
27	sam	s Jean Ch., doc.	27	mar	ste Honorine.
28	D	*Sexagésime.*	28	mer	s Romain.
29	lun	s Franç. de S., év.			s Dosithée.
30	mar	ste Bathilde, reine.			
31	mer	s Gaud, év.			

MARS.			AVRIL.		
1	jeu	s Léon de C., év.	1	D	*Quasimodo.*
2	ven	s Aubin, év.	2	lun	s François de Paule.
3	sam	ste Cunégonde.	3	mar	s Richard.
4	D	*Lœtare.*	4	mer	s Isidore.
5	lun	s Adrien.	5	jeu	s Vincent.
6	mar	ste Colette, v.	6	ven	s Sixte.
7	mer	stes Perp. et Félic.	7	sam	s Épiphane.
8	jeu	s Jean de D. juste.	8	D	s Denis, év.
9	ven	ste Françoise.	9	lun	s Grégoire de Nys.
10	sam	Les 40 martyrs.	10	mar	s Macaire, év.
11	D	*Passion.*	11	mer	s Godbert.
12	lun	s Bernard, év.	12	jeu	s Jules.
13	mar	ste Euphrasie.	13	ven	s Justin, m.
14	mer	s Lubin, év.	14	sam	s Lambert, év.
15	jeu	s Longin.	15	D	s Maxime.
16	ven	s Julien, m.	16	lun	s Pair, év.
17	sam	s Patrice, év.	17	mar	s Anicet.
18	D	*Rameaux.*	18	mer	s Cyrille, év.
19	lun	s Joseph.	19	jeu	s Vincent.
20	mar	s Joachim.	20	ven	s Théotime.
21	mer	s Benoît, ab.	21	sam	s Anselme, év.
22	jeu	s Emile.	22	D	ste Opportune.
23	ven	Vendredi saint.	23	lun	s Georges, m.
24	sam	s Simon.	24	mar	s Léger.
25	D	PAQUES.	25	mer	s Marc, évang.
26	lun	s Théodose, m.	26	jeu	s Clet, m.
27	mar	s Rupert, év.	27	ven	s Frédéric.
28	mer	s Gontran, roi.	28	sam	s Vital, m.
29	jeu	s Frisque.	29	D	ste Marie Egypt.
30	ven	s Rieul.	30	lun	*Rogations.*
31	sam	s Benjamin.			

MAI.

1	mar	ss Jacq et Ph., ap.
2	mer	s Marcouf, ab.
3	jeu	Ascension.
4	ven	s Athanase, évêque
5	sam	s Pie V, pape.
6	D	s Jean P. L.
7	lun	s Jean Dam.
8	mar	s Cénéric, abbé.
9	mer	s Grégoire de N.
10	jeu	s Antonin.
11	ven	s Mammert, év.
12	sam	s Epiphane, évêq.
13	D	Pentecôte.
14	lun	s Pacôme, abbé.
15	mar	s Achille.
16	mer	s Braudan, ab. Q.T.
17	jeu	s Jean Nép.
18	ven	s Claude, évêque.
19	sam	s Yves, prêtre
20	1 D	*Trinité.*
21	lun	s Ortaire, abbé
22	mar	ste Julie.
23	mer	ste Marie.
24	jeu	*Fête-Dieu.*
25	ven	s Philippe de N.
26	sam	s Quadrat.
27	2 D	s Evroult, ab.
28	lun	s Manvieu, évêque.
29	mar	s Maximin.
30	mer	s Félix, pape.
31	jeu	ste Pétronille

JUIN.

1	ven	s Jouvin, abbé.
2	sam	s Pothin, évêque.
3	3 D	ste Clotilde, reine.
4	lun	s Optat.
5	mar	s Boniface.
6	mer	s Norbert, évêque.
7	jeu	s Lié.
8	ven	s Gildard, év.
9	sam	ste Pélagie.
10	4 D	s Ebremond, abbé.
11	lun	s Barnabé, apôtre.
12	mar	s Basilide, martyr.
13	mer	s Antoine de P.
14	jeu	s Ruffin
15	ven	s Modeste.
16	sam	s Jean-Franç. Rég.
17	5 D	s Ferréol, martyr.
18	lun	ste Marine.
19	mar	s Gervais, martyr.
20	mer	s Latuin, évêque.
21	jeu	s Louis de G.
22	ven	s Paulin, évêque.
23	sam	s Alban, martyr.
24	6 D	s Jean-Baptiste.
25	lun	s Prosper.
26	mar	ss Jean et Paul.
27	mer	s Ladislas, roi.
28	jeu	s Irénée, évêque.
29	ven	ss Pierre et P., ap.
30	sam	Com de s Paul.

		JUILLET.			AOUT.
1	7 D	D. de St Jean-B.	1	mer	s Pierre ès liens.
2	lun	V. de la Ste Vierg.	2	jeu	s Etienne, pape.
3	mar	s Léonor, évêque.	3	ven	Inv. de St Étienne.
4	mer	O. et T. de St-Mar.	4	sam	s Dominique.
5	jeu	s Sever, évêque.	5	12D	s Memmie, évêque.
6	ven	Ch. St Pierre.	6	lun	Transf. de J.-C.
7	sam	s Thomas, évêque.	7	mar	s Victrice, évêque.
8	8 D	s Procope, martyr.	8	mer	s Justin.
9	lun	ste Anatolie, vierg.	9	jeu	ste Radégonde.
10	mar	Les 7 frè. et ste Fél.	10	ven	s Laurent, martyr.
11	mer	s Benoît, abbé.	11	sam	T. de la Ste Croix.
12	jeu	s Gualbert.	12	13D	s Taurin, évêque.
13	ven	s Anaclet, prêtre.	13	lun	s Hippolyte.
14	sam	s Bonaventure, év.	14	mar	s Eusèbe.
15	9 D	s Thomas d'Aquin.	15	mer	ASSOMPTION.
16	lun	s Hélier, martyr.	16	jeu	s Roch, confesseur.
17	mar	s Alexis, confes.	17	ven	s Mammès, martyr.
18	mer	s Clair, martyr.	18	sam	ste Hélène.
19	jeu	s Vincent de P.	19	14D	s Rufin, confesseur.
20	ven	ste Marguerite, v.	20	lun	s Bernard, abbé.
21	sam	s Victor, martyr.	21	mar	s Maximien, mart:
22	10D	ste Marie-Madel.	22	mer	s Symphorien, m.
23	lun	s Apollinaire, év.	23	jeu	ste Jeanne-Franç.
24	mar	ste Christine.	24	ven	s Barthélemy, ap.
25	mer	s Jacques, apôtre.	25	sam	s Louis, roi.
26	jeu	s Joachim et ste A.	26	15D	s Ouen, évêque.
27	ven	s Pantaléon.	27	lun	s Césaire, évêque.
28	sam	s Samson, évêque.	28	mar	s Augustin, évêq.
29	11D	s Lazare.	29	mer	s Méderic.
30	lun	s Ignace, prêtre.	30	jeu	s Fiacre, solitaire.
31	mar	s Germain, évêq.	31	ven	s Ovide.

SEPTEMBRE.			OCTOBRE.	
1	sam	s Gilles, abbé.	1	lun	s Remi, évêque.
2	16D	s Antonin, martyr.	2	mar	ss Anges Gardiens.
3	lun	s Grégoire, pape.	3	mer	s Denis Aréop.
4	mar	ss Patriarches.	4	jeu	s François d'Assise.
5	mer	s Victorin.	5	ven	s Placide.
6	jeu	s Vincent Ferrier.	6	sam	s Bruno, moine.
7	ven	s Cloud, prêtre.	7	21D	s Serge, martyr.
8	sam	Nat. de la Ste V.	8	lun	s Démètre, mart.
9	17D	s Gorgon, martyr.	9	mar	s Denis, évêque.
10	lun	s Aubert.	10	mer	s François de B.
11	mar	s Hyacinthe, mart.	11	jeu	s Nicaise, martyr.
12	mer	s Sylvin, évêque.	12	ven	s Florent, martyr.
13	jeu	s Maurille, évêque.	13	sam	s Edouard.
14	ven	Ex. de la Ste Croix.	14	22D	s Calixte, pape.
15	sam	s Nom de Marie.	15	lun	ste Thérèse, vierge.
16	18D	s Corneille, martyr.	16	mar	s Herbland.
17	lun	s Flocel, martyr.	17	mer	s Cerbouet.
18	mar	s Senier, évêque.	18	jeu	s Luc, apôtre.
19	mer	s Janvier, év. Q. T.	19	ven	s Aquilin, évêque.
20	jeu	s Eustache.	20	sam	s Hilarion, abbé.
21	ven	s Lo, évêque de C.	21	23D	ste Ursule.
22	sam	s Maurice, martyr.	22	lun	s Mellon, évêque.
23	19D	ste Thècle, vierge.	23	mar	s Amand, évêque.
24	lun	s Lin, évêque.	24	mer	s Magloire, évêque.
25	mar	s Firmin, évêque.	25	jeu	s Crespin, martyr.
26	mer	s Cyprien, martyr.	26	ven	s Fromond.
27	jeu	s Côme, martyr.	27	sam	s Frumence, évêq.
28	ven	s Céran.	28	24D	ss Sim. et Jude, ap.
29	sam	s Michel.	29	lun	s Narcisse.
30	20D	s Jérôme.	30	mar	s Léon, pape.
			31	mer	s Quentin, martyr.

	NOVEMBRE.			DÉCEMBRE.
1	jeu	TOUSSAINT.	1	sam	s Éloi, évêque.
2	ven	Les Trépassés.	2	D	*Avent.*
3	sam	s Vigor.	3	lun	s François Xavier.
4 25D		s Charles B.	4	mar	ste Barbe, vierge.
5	lun	s Eustache, martyr.	5	mer	s Athanase, martyr.
6	mar	s Léonard, solitai.	6	jeu	s Nicolas, évêque.
7	mer	s Florent.	7	ven	s Ambroise.
8	jeu	stes Reliques.	8	sam	Conception
9	ven	s Mathurin, prêtre.	9	D	ste Gorgonie.
10	sam	s Juste.	10	lun	ste Valérie, vierge.
11 26D		*Dédicace.*	11	mar	s Damase, pape.
12	lun	s Martin, pape.	12	mer	ste Constance.
13	mar	s Brice, évêque.	13	jeu	ste Luce, viergé.
14	mer	s Stanislas K.	14	ven	s Gatien, évêque.
15	jeu	s Malo, évêque.	15	sam	s Mesmin.
16	ven	s Edmond, évêque	16	D	s Valentin, martyr.
17	sam	s Grégoire Th.	17	lun	s Ignace.
18 27D		s Romphaire, évêq.	18	mar	s Auxence, évêque.
19	lun	ste Elisabeth.	19	mer	s Némèse, m. Q. T.
20	mar	s Bénigne, évêque.	20	jeu	s Eugène, prêtre.
21	mer	Présentation.	21	ven	s Thomas, apôtre.
22	jeu	ste Cécile, vierge.	22	sam	s Honorat.
23	ven	s Clément, pape.	23	D	ste Victoire.
24	sam	s Jean de la Croix.	24	lun	s Delphin.
25 28D		ste Catherine.	25	mar	NOEL.
26	lun	s Faust, mart.	26	mer	s Etienne, martyr.
27	mar	s Odilon, abbé.	27	jeu	s Jean, évangéliste.
28	mer	s Valérien.	28	ven	ss Innocents.
29	jeu	s Saturnin, évêque.	29	sam	s Trophime.
30	ven	s André, apôtre.	30	D	s Sabin.
			31	lun	s Sylvestre.

JANVIER.

1	D	Circoncision.
2	lun	s Basile, évêque.
3	mar	ste Geneviève.
4	mer	s Tite, évêque.
5	jeu	s Siméon, solitaire.
6	ven	Épiphanie.
7	sam	Noces.
8	D	s Lucien.
9	lun	s Pierre, évêque.
10	mar	s Paul, ermite.
11	mer	s Théodore.
12	jeu	s Arcade, martyr.
13	ven	Bap. de J.-C.
14	sam	s Hilaire, docteur.
15	D	s Maur, abbé.
16	lun	s Nom de Jésus.
17	mar	s Antoine, abbé.
18	mer	s Mélaine, év.
19	jeu	s Sulpice, évêque.
20	ven	s Sébastien, m.
21	sam	ste Agnès, vierge.
22	D	*Septuagésime.*
23	lun	s Fulgence, doc.
24	mar	s Timothée, m.
25	mer	Conv. de St Paul.
26	jeu	s Polycarpe, m.
27	ven	s Jean-Chr., doc.
28	sam	s Julien, évêque.
29	D	*Sexagésime.*
30	lun	ste Bathilde, reine.
31	mar	s Gaud, évêque.

FÉVRIER.

1	mer	s Ignace, év.
2	jeu	Purification.
3	ven	s Blaise, év.
4	sam	ste Jeanne de Val.
5	D	*Quinquagésime.*
6	lun	s Vaast, évêque.
7	mar	*Mardi-Gras.*
8	mer	*Cendres.*
9	jeu	ste Apolline, vierg.
10	ven	ste Scholastique.
11	sam	s Severin.
12	D	*Quadragésime.*
13	lun	s Lezin.
14	mar	s Valentin, martyr.
15	mer	s Faustin. Q. T.
16	jeu	ste Julienne.
17	ven	s Théodule.
18	sam	s Siméon, évêque.
19	D	*Reminiscere.*
20	lun	s Eucher.
21	mar	s Pépin.
22	mer	ste Isabelle.
23	jeu	s Damien.
24	ven	s Matthias, apôtre.
25	sam	s Césaire.
26	D	*Oculi.*
27	lun	ste Honorine.
28	mar	s Romain.
		s Dosithée.

	MARS.			**AVRIL.**
1	mer	s Léon de C., év.	1	sam	s Hugues, évêque.
2	jeu	s Aubin, évêque.	2	D	*Quasimodo.*
3	ven	ste Cunég., imp.	3	lun	s Richard.
4	sam	s Casimir.	4	mar	s Isidore.
5	D	*Lætare.*	5	mer	s Vincent.
6	lun	ste Colette, vierge.	6	jeu	s Sixte.
7	mar	stes Perpét. et Fél.	7	ven	s Epiphane.
8	mer	s Jean de Dieu J.	8	sam	s Denis, évêque.
9	jeu	ste Françoise.	9	D	s Grég. de Nysse.
10	ven	Les 40 martyrs.	10	lun	s Macaire, év.
11	sam	s Firmin, abbé.	11	mar	s Godbert.
12	D	*La Passion.*	12	mer	s Jules.
13	lun	ste Euphrasie.	13	jeu	s Justin, martyr.
14	mar	s Lubin, évêque.	14	ven	s Lambert, év.
15	mer	s Longin.	15	sam	s Maxime.
16	jeu	s Julien, martyr.	16	D	s Pair, évêque.
17	ven	s Patrice, évêque.	17	lun	s Anicet.
18	sam	s Alexandre, év.	18	mar	s Cyrille, évêque.
19	D	*Rameaux.*	19	mer	s Vincent.
20	lun	s Joachim.	20	jeu	s Théotime.
21	mar	s Benoît, abbé.	21	ven	s Anselme, év.
22	mer	s Emile.	22	sam	ste Opportune.
23	jeu	s Victorin.	23	D	s Georges, mart.
24	ven	Vendredi saint.	24	lun	s Léger.
25	sam	Annonciation.	25	mar	s Marc, évang.
26	D	Paques.	26	mer	s Clet, martyr.
27	lun	s Rupert, évêque.	27	jeu	s Frédéric.
28	mar	s Gontran, roi.	28	ven	s Vital, martyr.
29	mer	s Frisque.	29	sam	ste Marie Egyp.
30	jeu	s. Rieul.	30	D	s Eutrope, év.
31	ven	s. Benjamin.			

MAI.

1	lun	*Rogations.*
2	mar	s Marcouf, ab.
3	mer	Inv. de la Ste Croix.
4	jeu	ASCENSION.
5	ven	s Pie V, pape.
6	sam	s Jean P. L.
7	D	s Jean Damascène.
8	lun	s Cénéric, abbé.
9	mar	s Grégoire de N.
10	mer	s Antonin.
11	jeu	s Mammert, év.
12	ven	s Epiphane, év.
13	sam	s Pancrace, m.
14	D	PENTECÔTE.
15	lun	s Achille.
16	mar	s Braudan, abbé.
17	mer	s Jean Nép. Q. T.
18	jeu	s Claude, év.
19	ven	s Yves, prêtre.
20	sam	s Bernardin.
21	1 D	*Trinité.*
22	lun	ste Julie.
23	mar	ste Marie.
24	mer	ste Susanne.
25	jeu	*Fête-Dieu.*
26	ven	s Quadrat.
27	sam	s Évroult, abbé.
28	2 D	s Manvieu, év.
29	lun	s Maximin.
30	mar	s Félix, pape.
31	mer	ste Pétronille.

JUIN.

1	jeu	s Jouvin, abbé.
2	ven	s Pothin, év.
3	sam	ste Clotilde, reine.
4	3 D	s Optat.
5	lun	s Boniface.
6	mar	s Norbert, év.
7	mer	s Lié.
8	jeu	s Gildard, év.
9	ven	ste Pélagie.
10	sam	s Ebremond, abbé.
11	4 D	s Barnabé, ap.
12	lun	s Basilide, mart.
13	mar	s Antoine de Pad.
14	mer	s Ruffin.
15	jeu	s Modeste.
16	ven	s Jean-Fr. Régis.
17	sam	s Ferréol, martyr.
18	5 D	ste Marine.
19	lun	s Gervais, mart.
20	mar	s Latuin, év.
21	mer	s Louis de Gonz.
22	jeu	s Paulin, év.
23	ven	s Alban, martyr.
24	sam	s Jean-Baptiste.
25	6 D	s Prosper.
26	lun	ss Jean et Paul.
27	mar	s Ladislas, roi.
28	mer	s Irénée, évêque.
29	jeu	ss Pierre et Paul.
30	ven	Com. de St Paul.

JUILLET.			AOUT.		
1	sam	D. de S. Jean-B.	1	mar	s Pierre ès liens.
2	7 D	Visit. de la Ste V.	2	mer	s Etienne, pape.
3	lun	s Léonor, év.	3	jeu	Inv. de S. Etienne.
4	mar	O. et T. de St Mart.	4	ven	s Dominique.
5	mer	s Sever, év.	5	sam	s Memmie, év.
6	jeu	Ch. St Pierre.	6	12D	Transfig. de J.-C.
7	ven	s Thomas, év.	7	lun	s Victrice, év.
8	sam	s Procope, m.	8	mar	s Justin
9	8 D	ste Anatolie, v.	9	mer	ste Radégonde.
10	lun	Les 7 fr. et Ste Fél.	10	jeu	s Laurent, m.
11	mar	s Benoît, ab.	11	ven	Trans. de la Ste C.
12	mer	s Gualbert.	12	sam	s Taurin, év.
13	jeu	s Anaclet, prêt.	13	13D	s Hippolyte.
14	ven	s Bonaventure, év.	14	lun	s Eusèbe.
15	sam	s Thomas d'Aquin.	15	mar	ASSOMPTION.
16	9 D	s Hélier, m.	16	mer	s Roch, conf.
17	lun	s Alexis, conf.	17	jeu	s Mammès, m.
18	mar	s Clair, m.	18	ven	ste Hélène.
19	mer	s Vincent de Paule.	19	sam	s Rufin, conf.
20	jeu	ste Marguerite, v.	20	14D	s Bernard, ab.
21	ven	s Victor, m.	21	lun	s Maximien, m.
22	sam	ste Marie-Mad.	22	mar	s Symphorien, m.
23	10D	s Apollinaire, év.	23	mer	ste Jeanne-Franç.
24	lun	ste Christine.	24	jeu	s Barthélemy, ap.
25	mar	s Jacques, ap.	25	ven	s Louis, roi.
26	mer	s Joac. et Ste Anne.	26	sam	s Ouen, év.
27	jeu	s Pantaléon.	27	15D	s Césaire, év.
28	ven	s Samson, év.	28	lun	s Augustin, év.
29	sam	s Lazare.	29	mar	s Médéric.
30	11D	s Ignace, pr.	30	mer	s Fiacre, solit.
31	lun	s Germain, év.	31	jeu	s Ovide.

SEPTEMBRE.			OCTOBRE.		
1	ven	s Gilles, abbé.	1	20D	s Remi, év.
2	sam	s Antonin, m.	2	lun	ss Anges Gard.
3	16D	s Grégoire, pape.	3	mar	s Denis Aréop.
4	lun	ss. Patriarches.	4	mer	s François d'As.
5	mar	s Victorin.	5	jeu	s Placide.
6	mer	s Vincent Ferrier.	6	ven	s Bruno, moine.
7	jeu	s Cloud, pr.	7	sam	s Serge, m.
8	ven	Nativ. de la ste V.	8	21D	s Démètre, m.
9	sam	s Gorgon, m.	9	lun	s Denis, év.
10	17D	s Aubert.	10	mar	s François de Bor.
11	lun	s Hyacinthe, m.	11	mer	s Nicaise, m.
12	mar	s Sylvain, év.	12	jeu	s Florent, m
13	mer	s Maurille, év.	13	ven	s Edouard.
14	jeu	Ex. de la Ste C.	14	sam	s Calixte, pape.
15	ven	s Nom de Marie.	15	22D	ste Thérèse, v.
16	sam	s Corneille, m.	16	lun	s Herbland.
17	18D	s Flocel, m.	17	mar	s Cerbouet.
18	lun	s Senier, év.	18	mer	s Luc, ap.
19	mar	s Janvier, év	19	jeu	s Aquilin, év.
20	mer	s Eustache. Q. T.	20	ven	s Hilarion, ab.
21	jeu	s Lo, év. de C.	21	sam	ste Ursule.
22	ven	s Maurice, m.	22	23D	s Mellon, év.
23	sam	ste Thècle, v.	23	lun	s Amand, év.
24	19D	s Lin, év	24	mar	s Magloire, év.
25	lun	s Firmin, év.	25	mer	s Crespin, m.
26	mar	s Cyprien, m.	26	jeu	s Fromond.
27	mer	s Côme, m.	27	ven	s Frumence, év.
28	jeu	s Céran.	28	sam	ss Simon et Jude.
29	ven	s Michel.	29	24D	s Narcisse.
30	sam	s Jérôme.	30	lun	s Léon, pape.
			31	mar	s Quentin, m.

NOVEMBRE.

1	mer	TOUSSAINT.
2	jeu	Les Trépassés.
3	ven	s Vigor.
4	sam	s Charles B.
5	25D	s Eustache, m.
6	lun	s Léonard, solit.
7	mar	s Florent.
8	mer	stes Reliques.
9	jeu	s Mathurin, pr.
10	ven	s Juste.
11	sam	s Martin, év.
12	26D	*Dédicace.*
13	lun	s Brice, év.
14	mar	s Stanislas K.
15	mer	s Malo, év.
16	jeu	s Edmond, év.
17	ven	s Grégoire Th.
18	sam	s Romphaire, év.
19	27D	ste Elisabeth.
20	lun	s Bénigne, év.
21	mar	Présentation.
22	mer	ste Cécile, v.
23	jeu	s Clément, pape
24	ven	s Jean de la Croix.
25	sam	ste Catherine, v.
26	28D	s Faust, m.
27	lun	s Odilon, ab.
28	mar	s Valérien.
29	mer	s Saturnin, év.
30	jeu	s André, ap.

DÉCEMBRE.

1	ven	s Eloi, év.
2	sam	s. Eloque.
3	D	*Avent.*
4	lun	ste Barbe, v.
5	mar	s Athanase, m.
6	mer	s Nicolas, év.
7	jeu	s Ambroise.
8	ven	Conception de la V.
9	sam	ste Gorgonie.
10	D	ste Valérie, v.
11	lun	s Damase, pape
12	mar	ste Constance.
13	mer	ste Luce, v.
14	jeu	s Gatien, év.
15	ven	s Mesmin.
16	sam	s Valentin, m.
17	D	s Ignace.
18	lun	s Auxence, év.
19	mar	s Némèse, m.
20	mer	s Eugène, pr. Q.T.
21	jeu	s Thomas, ap.
22	ven	s Honorat.
23	sam	ste Victoire.
24	D	s Delphin.
25	lun	NOEL.
26	mar	s Etienne, m.
27	mer	s Jean, évang.
28	jeu	ss Innocents
29	ven	s Trophime.
30	sam	s Sabin.
31	D	s Sylvestre.

JANVIER.			**FÉVRIER.**		
1	sam	Circoncision.	1	mar	s Ignace, évêque.
2	D	s Basile, év.	2	mer	Purification.
3	lun	ste Geneviève.	3	jeu	s Blaise, évêque.
4	mar	s Tite, év.	4	ven	ste Jeanne de Val.
5	mer	s Siméon, solit.	5	sam	ste Agathe.
6	jeu	Epiphanie.	6	D	*Quinquagésime.*
7	ven	Noces.	7	lun	s Jean de Matha, p.
8	sam	s Lucien.	8	mar	*Mardi-Gras.*
9	D	s Pierre, évêque.	9	mer	*Cendres.*
10	lun	s Paul, ermite.	10	jeu	ste Scholastique.
11	mar	s Théodore.	11	ven	s Séverin.
12	mer	s. Arcade, martyr.	12	sam	ste Eulalie.
13	jeu	Bap. de Jésus-Chr.	13	D	*Quadragésime.*
14	ven	s Hilaire, docteur.	14	lun	s Valentin, martyr.
15	sam	s Maur, abbé.	15	mar	s Faustin.
16	D	s Nom de Jésus.	16	mer	ste Julienne. Q. T.
17	lun	s Antoine, abbé.	17	jeu	s Théodule.
18	mar	s Mélaine, évêque.	18	ven	s Siméon, évêque.
19	mer	s Sulpice, év.	19	sam	s Gabin.
20	jeu	s Sébastien, mart.	20	D	*Reminiscere.*
21	ven	ste Agnès, vierge.	21	lun	s Pépin.
22	sam	s Vincent, martyr.	22	mar	ste Isabelle.
23	D	*Septuagésime.*	23	mer	s Damien.
24	lun	s Timothée, mart.	24	jeu	s Matthias, apôtre.
25	mar	Conv. de St Paul.	25	ven	s Césaire.
26	mer	s Polycarpe, év.	26	sam	s Nestor.
27	jeu	s Jean Chris., doc.	27	D	*Oculi.*
28	ven	s Julien, év.	28	lun	s Romain.
29	sam	s François de Sales.			s Dosithée.
30	D	*Sexagésime.*			
31	lun	s Gaud, év.			

MARS.			AVRIL.		
1	mar	s Léon de Carent.	1	ven	s Hugues, évêque.
2	mer	s Aubin, év.	2	sam	s Franç. de Paule.
3	jeu	ste Cunég., imp.	3	D	*Quasimodo.*
4	ven	s Casimir.	4	lun	s Isidore.
5	sam	s Adrien , martyr.	5	mar	s Vincent.
6	D	*Lætare.*	6	mer	s Sixte.
7	lun	stes Perpét. et Fél.	7	jeu	s Épiphane.
8	mar	s Jean de Dieu J.	8	ven	s Denis , évêque.
9	mer	ste Françoise.	9	sam	s Grégoire de N.
10	jeu	Les 40 martyrs.	10	D	s Macaire , év.
11	ven	s Firmin, abbé.	11	lun	s Godbert.
12	sam	s Bernard , év.	12	mar	s Jules.
13	D	*Passion.*	13	mer	s Justin , martyr.
14	lun	s Lubin , évêque.	14	jeu	s Lambert, évêque.
15	mar	s Longin.	15	ven	s Maxime.
16	mer	s Julien, m.	16	sam	s Pair, évêque.
17	jeu	s Patrice, évêque.	17	D	s Anicet.
18	ven	s Alexandre , év.	18	lun	s Cyrille, évêque.
19	sam	s Joseph.	19	mar	s Vincent.
20	D	*Rameaux.*	20	mer	s Théotime.
21	lun	s Benoît, abbé.	21	jeu	s Anselme.
22	mar	s Emile.	22	ven	ste Opportune.
23	mer	s Victorin.	23	sam	s Georges, martyr.
24	jeu	s Simon.	24	D	s Léger.
25	ven	Vendredi saint.	25	lun	s Marc, évangéliste.
26	sam	s Théodose , mart.	26	mar	s Clet , martyr.
27	D	PAQUES.	27	mer	s Frédéric.
28	lun	s Gontran, roi.	28	jeu	s Vital, m.
29	mar	s Frisque.	29	ven	ste Marie Égypt.
30	mer	s Rieul.	30	sam	s Eutrope , év.
31	jeu	s Benjamin.			

MAI.

1	D	ss Jacq. et Ph., ap.
2	lun	*Rogations.*
3	mar	Inv. de la Croix.
4	mer	s Athanase, év.
5	jeu	ASCENSION.
6	ven	s Jean P. L.
7	sam	s Jean Damasc.
8	D	s Généric, abbé.
9	lun	s Grégoire de N.
10	mar	s Antonin.
11	mer	s Mammert, év.
12	jeu	s Epiphane, év.
13	ven	s Pancrace, mart.
14	sam	s Pacôme, abbé
15	D	PENTECÔTE.
16	lun	s Braudan, abbé.
17	mar	s Jean Népom.
18	mer	s Claude, év. Q. T.
19	jeu	s Yves, prêtre.
20	ven	s Bernardin.
21	sam	s Ortaire, abbé.
22	1 D	*Trinité.*
23	lun	ste Marie.
24	mar	ste Susanne.
25	mer	s Philippe de N.
26	jeu	*Fête-Dieu.*
27	ven	s Evroult, abbé.
28	sam	s Manvieu, év.
29	2 D	s Maximin.
30	lun	s Félix, pape.
31	mar	Ste Pétronille.

JUIN.

1	mer	s Jouvin, abbé.
2	jeu	s Pothin, évêque.
3	ven	ste Clotilde, reine.
4	sam	s Optat.
5	3 D	s Boniface.
6	lun	s Norbert, évêque.
7	mar	s Lié.
8	mer	s Gildard, évêque.
9	jeu	ste Pélagie.
10	ven	s Ebremond, abbé.
11	sam	s Barnabé, apôtre.
12	4 D	s Basilide, martyr.
13	lun	s Antoine de P.
14	mar	s Ruffin.
15	mer	s Modeste.
16	jeu	s Jean-F. Régis
17	ven	s Ferréol, martyr.
18	sam	ste Marine.
19	5 D	s Gervais, martyr.
20	lun	s Latuin, évêque.
21	mar	s Louis de Gonz.
22	mer	s Paulin, évêque.
23	jeu	s Alban, martyr.
24	ven	s Jean-Baptiste.
25	sam	s Prosper.
26	6 D	ss Jean et Paul.
27	lun	s Ladislas, roi.
28	mar	s Irénée, évêque.
29	mer	ss Pierre et Paul.
30	jeu	Com. de St Paul.

JUILLET.			AOUT.		
1	ven	D. de S. Jean-B.	1	lun	s Pierre ès liens.
2	sam	V. de la Ste Vierg.	2	mar	s Etienne, pape.
3	7 D	s Léonor, év.	3	mer	Inv. de St Etienne.
4	lun	O. et T. de S. Mart.	4	jeu	s Dominique.
5	mar	s Sever, év.	5	ven	s Memmie, év.
6	mer	Ch. St Pierre.	6	sam	Transf. de J.-C.
7	jeu	s Thomas, év.	7	12D	s Victrice, év.
8	ven	s Procope, m.	8	lun	s Justin.
9	sam	ste Anatolie, v.	9	mar	ste Radégonde.
10	8 D	Les 7 fr. et Ste Fél.	10	mer	s Laurent, m.
11	lun	s Benoît, ab.	11	jeu	T. de la Ste Croix.
12	mar	s Gualbert.	12	ven	s Taurin, év.
13	mer	s Anaclet, pr.	13	sam	s Hippolyte.
14	jeu	s Bonaventure, év.	14	13D	s Eusèbe.
15	ven	s Thom. d'Aquin.	15	lun	ASSOMPTION.
16	sam	s Hélier, m.	16	mar	s Roch, conf.
17	9 D	s Alexis, conf.	17	mer	s Mammès, m.
18	lun	s Clair, m.	18	jeu	ste Hélène.
19	mar	s Vincent de Paule.	19	ven	s Rufin, conf.
20	mer	ste Marguerite, v.	20	sam	s Bernard, ab.
21	jeu	s Victor, m.	21	14D	s Maximien, m.
22	ven	ste Marie-Mad.	22	lun	s Symphorien.
23	sam	s Apollinaire, év.	23	mar	ste Jeanne-Franç.
24	10D	ste Christine.	24	mer	s Barthélemy, ap.
25	lun	s Jacques, ap.	25	jeu	s Louis, roi.
26	mar	s Joac. et Ste Anne.	26	ven	s Ouen, év.
27	mer	s Pantaléon.	27	sam	s Césaire, év.
28	jeu	s Samson, év.	28	15D	s Augustin, év.
29	ven	s Lazare.	29	lun	s Méderic.
30	sam	s Ignace, pr.	30	mar	s Fiacre, solit.
31	11D	s Germain, év.	31	mer	s Ovide.

SEPTEMBRE.		OCTOBRE.	
1	jeu	s Gilles, ab.	1	sam	s Remi, év.
2	ven	s Antonin, m.	2	20D	ss Anges Gard.
3	sam	s Grégoire, pape	3	lun	s Denis Aréopag.
4	16D	ss Patriarches.	4	mar	s François d'Assise.
5	lun	s Victorin.	5	mer	s Placide.
6	mar	s Vincent Ferrier.	6	jeu	s Bruno, moine.
7	mer	s Cloud, prêt.	7	ven	s Serge, m.
8	jeu	Nat. de la Vierge.	8	sam	s Démètre, m.
9	ven	s Gorgon, m.	9	21D	s Denis, év.
10	sam	s Aubert.	10	lun	s François de B.
11	17D	s Hyacinthe, m.	11	mar	s Nicaise, m.
12	lun	s Sylvain, év.	12	mer	s Florent, m.
13	mar	s Maurille, év.	13	jeu	s Edouard.
14	mer	Ex. de la Ste Croix.	14	ven	s Calixte, pape
15	jeu	s Nom de Marie.	15	sam	ste Thérèse, v.
16	ven	s Corneille, m.	16	22D	s Herbland.
17	sam	s Flocel, m.	17	lun	s Cerbouet.
18	18D	s Senier, év.	18	mar	s Luc, ap.
19	lun	s Janvier, év.	19	mer	s Aquilin, év.
20	mar	s Eustache.	20	jeu	s Hilarion, ab.
21	mer	s Lo, év. de C. Q. T.	21	ven	ste Ursule.
22	jeu	s Maurice, m.	22	sam	s Mellon, év.
23	ven	ste Thècle, v.	23	23D	s Amand, év.
24	sam	s Lin, év.	24	lun	s Magloire, év.
25	19D	s Firmin, év.	25	mar	s Crespin, m.
26	lun	s Cyprien, m.	26	mer	s Fromond.
27	mar	s Côme, m.	27	jeu	s Frumence, év.
28	mer	s Céran.	28	ven	ss Simon et Jude.
29	jeu	s Michel.	29	sam	s Narcisse.
30	ven	s Jérôme.	30	24D	s Léon, pape.
			31	lun	s Quentin, m.

NOVEMBRE.			DÉCEMBRE.		
1	mar	Toussaint.	1	jeu	s Eloi, év.
2	mer	Les Trépassés.	2	ven	s Eloque.
3	jeu	s Vigor.	3	sam	s François Xavier.
4	ven	s Charles B.	4	D	ste Barbe, v.
5	sam	s Eustache, m.	5	lun	s Athanase, m.
6	25☽	s Léonard, solit.	6	mar	s Nicolas, év.
7	lun	s Florent.	7	mer	s Ambroise.
8	mar	stes Reliques.	8	jeu	Conception.
9	mer	s Mathurin. pr.	9	ven	ste Gorgonie.
10	jeu	s Juste.	10	sam	ste Valérié, v.
11	ven	s Martin, év.	11	D	s Damase, pape.
12	sam	s Martin, pape.	12	lun	ste Constance.
13	26☽	*Dédicace.*	13	mar	ste Luce, v.
14	lun	s Stanislas K.	14	mer	s Gatien, év. Q. T.
15	mar	s Malo, év.	15	jeu	s Mesmin.
16	mer	s Edmond, év.	16	ven	s Valentin, m.
17	jeu	s Grégoire Th.	17	sam	s Ignace.
18	ven	s Romphaire, év.	18	D	s Auxence, év.
19	sam	ste Elisabeth.	19	lun	s Némèse, m.
20	27☽	s Bénigne, év.	20	mar	s Eugène, pr.
21	lun	Présentation.	21	mer	s Thomas, ap
22	mar	ste Cécile, v.	22	jeu	s Honorat.
23	mer	s Clément, pape.	23	ven	ste Victoire.
24	jeu	s Jean de la Croix.	24	sam	s Delphin.
25	ven	ste Catherine, v.	25	D	Noel.
26	sam	s Faust, m.	26	lun	s Etienne, m.
27	D	*Avent.*	27	mar	s Jean, évang
28	lun	s Valérien.	28	mer	ss Innocents.
29	mar	s Saturnin, év.	29	jeu	s Trophime.
30	mer	s André, ap.	30	ven	s Sabin.
			31	sam	s Sylvestre.

JANVIER.

1	ven	Circoncision.
2	sam	s Basile , évêque.
3	D	ste Geneviève.
4	lun	s Tite , évêque.
5	mar	s Siméon , solit.
6	mer	Epiphanie.
7	jeu	Noces.
8	ven	s Lucien.
9	sam	s Pierre , évêque.
10	D	s Paul, ermite.
11	lun	s Théodore.
12	mar	s Arcade, martyr.
13	mer	Bapt. de J.-C.
14	jeu	s Hilaire, docteur.
15	ven	s Maur, abbé.
16	sam	s Nom de Jésus.
17	D	s Antoine, abbé.
18	lun	s Mélaine, évêque.
19	mar	s Sulpice, évêque.
20	mer	s Sébastien, m.
21	jeu	ste Agnès, vierge.
22	ven	s Vincent, martyr.
23	sam	s Fulgence, doct.
24	D	*Septuagésime.*
25	lun	Conv. de St Paul.
26	mar	s Polycarpe.
27	mer	s Jean Ch., doct.
28	jeu	s Julien, évêque.
29	ven	s François de Sales.
30	sam	ste Bathilde, reine.
31	D	*Sexagésime.*

FÉVRIER.

1	lun	s Ignace, évêque
2	mar	Purification.
3	mer	s Blaise, év.
4	jeu	ste Jeanne de V.
5	ven	ste Agathe
6	sam	s Vaast, évêque.
7	D	*Quinquagésime.*
8	lun	S Cœur de Marie.
9	mar	*Mardi-Gras.*
10	mer	*Cendres.*
11	jeu	s Séverin.
12	ven	ste Eulalie.
13	sam	s Lezin.
14	D	*Quadragésime.*
15	lun	s Faustin.
16	mar	ste Julienne.
17	mer	s Théodule. Q. T.
18	jeu	s Siméon, évêque.
19	ven	s Gabin.
20	sam	s Eucher.
21	D	*Reminiscere.*
22	lun	ste Isabelle.
23	mar	s Damien.
24	mer	s Matthias, ap.
25	jeu	s Césaire.
26	ven	s Nestor.
27	sam	ste Honorine.
28	D	*Oculi.*
		s Dosithée.

MARS.			AVRIL.		
1	lun	s Léon de Carentan.	1	jeu	s Hugues, évêque.
2	mar	s Aubin, évêque.	2	ven	s François de P.
3	mer	ste Cunégonde.	3	sam	s Richard.
4	jeu	s Casimir.	4	D	*Quasimodo.*
5	ven	s Adrien, martyr.	5	lun	s Vincent.
6	sam	ste Colette, vierge.	6	mar	s Sixte.
7	D	*Lætare.*	7	mer	s Épiphane.
8	lun	s Jean de D. juste.	8	jeu	s Denis, évêque.
9	mar	ste Françoise.	9	ven	s Grégoire de N.
10	mer	Les 40 martyrs.	10	sam	s Macaire, évêque.
11	jeu	s Firmin, abbé.	11	D	s Godbert.
12	ven	s Bernard, évêque.	12	lun	s Jules.
13	sam	ste Euphrasie.	13	mar	s Justin, martyr.
14	D	*Passion.*	14	mer	s Lambert.
15	lun	s Longin.	15	jeu	s Maxime.
16	mar	s Julien, martyr.	16	ven	s Pair, évêque.
17	mer	s Patrice, év.	17	sam	s Anicet.
18	jeu	s Alexandre, év.	18	D	s Cyrille, évêque.
19	ven	s Joseph.	19	lun	s Vincent.
20	sam	s Joachim.	20	mar	s Théotime.
21	D	*Rameaux.*	21	mer	s Anselme, évêque.
22	lun	s Emile.	22	jeu	ste Opportune.
23	mar	s Victorin.	23	ven	s Georges.
24	mer	s Simon.	24	sam	s Léger.
25	jeu	Annonciation.	25	D	s Marc, évangél.
26	ven	Vendredi saint.	26	lun	s Clet, martyr.
27	sam	s Rupert, évêque.	27	mar	s Frédéric.
28	D	PAQUES.	28	mer	s Vital, m.
29	lun	s Frisque.	29	jeu	ste Marie Egypt.
30	mar	s Rieul.	30	ven	s Eutrope, év.
31	mer	s Benjamin.			

MAI.

1	sam	ss Jacq. et Ph. ap.
2	D	s Marcouf, abbé.
3	lun	*Rogations*.
4	mar	s Athanase, év.
5	mer	s Pie V, pape.
6	jeu	ASCENSION.
7	ven	s Jean Dam.
8	sam	s Cénérie, abbé.
9	D	s Grégoire de N.
10	lun	s Antonin.
11	mar	s Mammert, év.
12	mer	s Épiphane, év.
13	jeu	s Pancrace, mart
14	ven	s Pacôme, abbé.
15	sam	s Achille.
16	D	PENTECÔTE.
17	lun	s Jean Nép.
18	mar	s Claude, évêque.
19	mer	s Yves, pr. Q. T.
20	jeu	s Bernardin.
21	ven	s Ortaire, abbé.
22	sam	ste Julie.
23	1 D	*Trinité*.
24	lun	ste Susanne.
25	mar	s Philippe de N.
26	mer	s Quadrat.
27	jeu	*Fête-Dieu*.
28	ven	s Manvieu, évêque.
29	sam	s Maximin.
30	2 D	s Félix, pape.
31	lun	ste Pétronille.

JUIN.

1	mar	s Jouvin, abbé.
2	mer	s Pothin, évêque.
3	jeu	ste Clotilde, reine.
4	ven	s Optat.
5	sam	s Boniface.
6	3 D	s Norbert, évêque.
7	lun	s Lié.
8	mar	s Gildard, évêque.
9	mer	ste Pélagie.
10	jeu	s Ebremond, abbé.
11	ven	s Barnabé, ap.
12	sam	s Basilide, martyr.
13	4 D	s Antoine de P.
14	lun	s Ruffin.
15	mar	s Modeste.
16	mer	s Jean-François R.
17	jeu	s Ferréol, martyr.
18	ven	ste Marine.
19	sam	s Gervais, martyr.
20	5 D	s Latuin, évêque.
21	lun	s Louis de Gonz.
22	mar	s Paulin, évêque.
23	mer	s Alleau, martyr.
24	jeu	s Jean-Baptiste.
25	ven	s Prosper.
26	sam	ss Jean et Paul.
27	6 D	s Ladislas, roi.
28	lun	s Irénée, évêque.
29	mar	ss Pierre et P. ap.
30	mer	Com. de St Paul.

	JUILLET.			AOUT.
1	jeu	D. de S. Jean-B.	1	11D	s Pierre ès liens.
2	ven	V. de la ste Vierge	2	lun	s Etienne, pape.
3	sam	s Léonor, év.	3	mar	Inv. de s Etienne.
4	7 D	O. et T. de S. Mart.	4	mer	s Dominique.
5	lun	s Sever, év.	5	jeu	s Memmie, év.
6	mar	Ch. S. Pierre.	6	ven	Transf. de J.-C.
7	mer	s Thomas, év.	7	sam	s Victrice, év.
8	jeu	s Procope, m.	8	12D	s Justin.
9	ven	ste Anatolie, v.	9	lun	ste Radégonde.
10	sam	Les 7 fr. et ste Fél.	10	mar	s Laurent, m.
11	8 D	s Benoît, abbé.	11	mer	T. de la ste Croix.
12	lun	s Gualbert.	12	jeu	s Taurin, év.
13	mar	s Anaclet, pr.	13	ven	s Hippolyte.
14	mer	s Bonaventure, év.	14	sam	s Eusèbe.
15	jeu	s Thomas d'Aquin.	15	13D	ASSOMPTION.
16	ven	s Hélier, m.	16	lun	s Roch, conf.
17	sam	s Alexis, conf.	17	mar	s Mammès, m.
18	9 D	s Clair, m.	18	mer	ste Hélène.
19	lun	s Vincent de Paule.	19	jeu	s Rufin, conf.
20	mar	ste Marguerite, v.	20	ven	s Bernard, abbé.
21	mer	s Victor, m.	21	sam	s Maximien, m.
22	jeu	ste Marie-Mad.	22	14D	s Symphorien, m.
23	ven	s Apollinaire, év.	23	lun	ste Jeanne-Franç.
24	sam	ste Christine.	24	mar	s Barthélemy, ap.
25	10D	s Jacques, ap.	25	mer	s Louis, roi.
26	lun	s Joac. et ste Anne.	26	jeu	s Ouen, év.
27	mar	s Pantaléon.	27	ven	s Césaire, év.
28	mer	s Samson, év.	28	sam	s Augustin, év.
29	jeu	s Lazare.	29	15D	s Méderic.
30	ven	s Ignace, pr.	30	lun	s Fiacre, solit.
31	sam	s Germain, év.	31	mar	s Ovide.

SEPTEMBRE.

1|mer|s Gilles, abbé.
2|jeu|s Antoine, m.
3|ven|s Grégoire, pape.
4|sam|ss Patriarches.
5|16D|s Victorin.
6|lun|s Vincent Ferrier.
7|mar|s Cloud, prêtre.
8|mer|Nativ. de la Vierge.
9|jeu|s Gorgon, m.
10|ven|s Aubert.
11|sam|s Hyacinthe, m.
12|17D|s Sylvain, év.
13|lun|s Maurille, év.
14|mar|Ex. de la ste Croix.
15|mer|s N. de Marie. Q. T.
16|jeu|s Corneille, m.
17|ven|s Flocel, m.
18|sam|s Senier, év.
19|18D|s Janvier, év.
20|lun|s Eustache.
21|mar|s Lo, év. de C.
22|mer|s Maurice, m.
23|jeu|ste Thècle, v.
24|ven|s Lin, év.
25|sam|s Firmin, év.
26|19D|s Cyprien, m.
27|lun|s Côme, m.
28|mar|s Céran.
29|mer|s Michel.
30|jeu|s Jérôme.

OCTOBRE.

1|ven|s Remi, év.
2|sam|ss Anges Gardiens.
3|20D|s Denis Aréopagite.
4|lun|s François d'Assise.
5|mar|s Placide.
6|mer|s Bruno, moine.
7|jeu|s Serge, m.
8|ven|s Démètre, m.
9|sam|s Denis, év.
10|21D|s François de B.
11|lun|s Nicaise, m.
12|mar|s Florent, m
13|mer|s Edouard.
14|jeu|s Calixte, pape.
15|ven|ste Thérèse, v.
16|sam|s Herbland.
17|22D|s Cerbouet.
18|lun|s Luc, ap.
19|mar|s Aquilin, év.
20|mer|s Hilarion, ab.
21|jeu|ste Ursule.
22|ven|s Mellon, év.
23|sam|s Amand, év.
24|23D|s Magloire, év.
25|lun|s Crespin, m.
26|mar|s Fromond.
27|mer|s Frumence, év.
28|jeu|ss Simon et Jude.
29|ven|s Narcisse.
30|sam|s Léon, pape.
31|24D|s Quentin, m.

NOVEMBRE.				DÉCEMBRE.		
1	lun	Toussaint.		1	mer	s Eloi , év.
2	mar	Les Trépassés.		2	jeu	s Eloque.
3	mer	s Vigor.		3	ven	s François Xav.
4	jeu	s Charles B.		4	sam	ste Barbe, v.
5	ven	s Eustache, m.		5	D	s Athanase, m.
6	sam	s Léonard, solit.		6	lun	s Nicolas, év.
7	25 D	s Florent.		7	mar	s Ambroise.
8	lun	stes Reliques.		8	mer	Conception.
9	mar	s Mathurin, pr.		9	jeu	ste Gorgonie.
10	mer	s Juste.		10	ven	ste Valérie, v.
11	jeu	s Martin, év.		11	sam	s Damase, pape.
12	ven	s Martin, pape.		12	D	ste Constance.
13	sam	s Brice, év.		13	lun	ste Luce, v.
14	26 D	*Dédicace.*		14	mar	s Gatien, év.
15	lun	s Malo, év.		15	mer	s Mesmin. Q. T.
16	mar	s Edmond, év.		16	jeu	s Valentin, m.
17	mer	s Grégoire Th.		17	ven	s Ignace.
18	jeu	s Romphaire, év.		18	sam	s Auxence, év.
19	ven	ste Elisabeth.		19	D	s Némèse, m.
20	sam	s Bénigne, év.		20	lun	s Eugène, prêt.
21	27 D	Présentation.		21	mar	s Thomas, ap.
22	lun	ste Cécile, v.		22	mer	s Honorat.
23	mar	s Clément, pape.		23	jeu	ste Victoire.
24	mer	s Jean de la Croix.		24	ven	s Delphin.
25	jeu	ste Catherine, v.		25	sam	Noel.
26	ven	s Faust, m.		26	D	s Etienne, m.
27	sam	s Odilon, ab.		27	lun	s Jean, évang.
28	D	*Avent.*		28	mar	ss Innocents.
29	lun	s Saturnin, év.		29	mer	s Trophime.
30	mar	s André, ap.		30	jeu	s Sabin.
				31	ven	s Sylvestre.

JANVIER.

1	jeu	Circoncision.
2	ven	s Basile, év.
3	sam	ste Geneviève.
4	D	s Tite, év.
5	lun	s Siméon, solit.
6	mar	Epiphanie.
7	mer	Noces.
8	jeu	s Lucien.
9	ven	s Pierre, év.
10	sam	s Paul, erm.
11	D	s Théodore.
12	lun	s Arcade, m.
13	mar	Bap. de J.-C.
14	mer	s Hilaire, docteur.
15	jeu	s Maur, abbé.
16	ven	s Nom de Jésus.
17	sam	s Antoine, ab.
18	D	s Mélaine, év.
19	lun	s Sulpice, év.
20	mar	s Sébastien, m.
21	mer	ste Agnès, vierge
22	jeu	s Vincent, m.
23	ven	s Fulgence, doc.
24	sam	s Timothée, m.
25	D	*Septuagésime.*
26	lun	s Polycarpe, m.
27	mar	s Jean Ch., doc.
28	mer	s Julien, évêque.
29	jeu	s Franç. de S., év.
30	ven	ste Bathilde, reine.
31	sam	s Gaud, év.

FÉVRIER.

1	D	*Sexagésime.*
2	lun	Purification.
3	mar	s Blaise, év.
4	mer	ste Jeanne de Val.
5	jeu	ste Agathe.
6	ven	s Vaast, évêque.
7	sam	s Jean de Matha, p.
8	D	*Quinquagésime.*
9	lun	ste Apolline.
10	mar	*Mardi-Gras.*
11	mer	*Cendres.*
12	jeu	ste Eulalie.
13	ven	s Lezin.
14	sam	s Valentin, m.
15	D	*Quadragésime.*
16	lun	ste Julienne.
17	mar	s Théodule.
18	mer	s Siméon, év. Q. T.
19	jeu	s Gabin.
20	ven	s Eucher.
21	sam	s Pépin.
22	D	*Reminiscere.*
23	lun	s Damien.
24	mar	s Matthias, ap.
25	mer	s Césaire.
26	jeu	s Nestor.
27	ven	ste Honorine.
28	sam	s Romain.
		s Dosithée.

	MARS.			AVRIL.
1	D	*Oculi.*	1	mer	s Hugues, év.
2	lun	s Aubin, év.	2	jeu	s François de Paule.
3	mar	ste Cunégonde.	3	ven	s Richard.
4	mer	s Casimir.	4	sam	s Isidore.
5	jeu	s Adrien, martyr.	5	D	*Quasimodo.*
6	ven	ste Colette, v.	6	lun	s Sixte.
7	sam	stes Perp. et Félic.	7	mar	s Épiphane.
8	D	*Lætare.*	8	mer	s Denis, év.
9	lun	ste Françoise.	9	jeu	s Grégoire de Nys.
10	mar	Les 40 martyrs.	10	ven	s Macaire, év.
11	mer	s Firmin, abbé.	11	sam	s Godbert.
12	jeu	s Bernard, év.	12	D	s Jules.
13	ven	ste Euphrasie.	13	lun	s Justin, m.
14	sam	s Lubin, év.	14	mar	s Lambert, év.
15	D	*Passion.*	15	mer	s Maxime.
16	lun	s Julien, m.	16	jeu	s Pair, év.
17	mar	s Patrice, év.	17	ven	s Anicet.
18	mer	s Alexandre.	18	sam	s Cyrille, év.
19	jeu	s Joseph.	19	D	s Vincent.
20	ven	s Joachim.	20	lun	s Théotime.
21	sam	s Benoît, ab.	21	mar	s Anselme, év.
22	D	*Rameaux.*	22	mer	ste Opportune.
23	lun	s Victorin.	23	jeu	s Georges, m.
24	mar	s Simon.	24	ven	s Léger.
25	mer	Annonciation.	25	sam	s Marc, évang.
26	jeu	s Théodose, m.	26	D	s Clet, m.
27	ven	Vendredi saint.	27	lun	s Frédéric.
28	sam	s Gontran, roi.	28	mar	s Vital, m.
29	D	Pâques.	29	mer	ste Marie Egypt.
30	lun	s Rieul.	30	jeu	s Eutrope, év.
31	mar	s Benjamin.			

		MAI.				**JUIN.**
1	ven	ss Jacq et Ph., ap.	1	lun	s Jouvin, abbé.
2	sam	s Marcouf, ab.	2	mar	s Pothin, évêque.
3	D	Inv. de la Ste Cr.	3	mer	ste Clotilde, reine.
4	lun	*Rogations.*	4	jeu	s Optat.
5	mar	s Pie V, pape.	5	ven	s Boniface.
6	mer	s Jean P. L.	6	sam	s Norbert, évêque.
7	jeu	ASCENSION.	7	3 D	s Lié.
8	ven	s Cénéric, abbé.	8	lun	s Gildard, év.
9	sam	s Grégoire de N.	9	mar	ste Pélagie
10	D	s Antonin	10	mer	s Ebremond, abbé.
11	lun	s Mammert, év.	11	jeu	s Barnabé, apôtre.
12	mar	s Epiphane, évêq	12	ven	s Basilide, martyr.
13	mer	s Pancrace, m.	13	sam	s Antoine de P.
14	jeu	s Pacôme, abbé.	14	4 D	s Ruffin
15	ven	s Achille.	15	lun	s Modeste
16	sam	s Braudan, ab.	16	mar	s Jean-Franç. Rég.
17	D	PENTECÔTE.	17	mer	s Ferréol, martyr.
18	lun	s Claude, évêque.	18	jeu	ste Marine.
19	mar	s Yves, prêtre	19	ven	s Gervais, martyr.
20	mer	s Bernardin. Q. T.	20	sam	s Latuin, évêque.
21	jeu	s Ortaire, abbé.	21	5 D	s Louis de G.
22	ven	ste Julie	22	lun	s Paulin, évêque.
23	sam	ste Marie.	23	mar	s Alban, martyr.
24	1 D	*Trinité*	24	mer	s Jean-Baptiste.
25	lun	s Philippe de N.	25	jeu	s Prosper
26	mar	s Quadrat.	26	ven	ss Jean et Paul
27	mer	s Évroult, ab.	27	sam	s Ladislas, roi.
28	jeu	*Fête-Dieu.*	28	6 D	s Irénée, évêque.
29	ven	s Maximin.	29	lun	ss Pierre et P., ap.
30	sam	s Félix, pape.	30	mar	Com. de s Paul.
31	2 D	ste Pétronille			

	JUILLET.			AOUT.
1	mer	D. de St Jean-B.	1	sam	s Pierre ès liens.
2	jeu	V. de la Ste Vierg.	2	11 D	s Etienne, pape.
3	ven	s Léonor, évêque.	3	lun	Inv. de St Etienne.
4	sam	O. et T. de St-Mar.	4	mar	s Dominique.
5	7 D	s Sever, évêque.	5	mer	s Memmie, évêque.
6	lun	Ch. St Pierre.	6	jeu	Transf. de J.-C
7	mar	s Thomas, évêque.	7	ven	s Victrice, évêque.
8	mer	s Procope, martyr.	8	sam	s Justin.
9	jeu	ste Anatolie, vierg.	9	12 D	ste Radégonde.
10	ven	Les 7 frè. et ste Fél.	10	lun	s Laurent, martyr.
11	sam	s Benoît, abbé.	11	mar	T. de la Ste Croix.
12	8 D	s Gualbert.	12	mer	s Taurin, évêque.
13	lun	s Anaclet, prêtre.	13	jeu	s Hippolyte.
14	mar	s Bonaventure, év.	14	ven	s Eusèbe.
15	mer	s Thomas d'Aquin.	15	sam	ASSOMPTION.
16	jeu	s Hélier, martyr.	16	13 D	s Roch, confesseur.
17	ven	s Alexis, confes	17	lun	s Mammès, martyr.
18	sam	s Clair, martyr.	18	mar	ste Hélène.
19	9 D	s Vincent de P.	19	mer	s Rufin, confesseur.
20	lun	ste Marguerite, v.	20	jeu	s Bernard, abbé.
21	mar	s Victor, martyr.	21	ven	s Maximien, mart:
22	mer	ste Marie-Madel.	22	sam	s Symphorien, m.
23	jeu	s Apollinaire, év.	23	14 D	ste Jeanne-Franç.
24	ven	ste Christine.	24	lun	s Barthélemy, ap.
25	sam	s Jacques, apôtre.	25	mar	s Louis, roi.
26	10 D	s Joachim et ste A.	26	mer	s Ouen, évêque.
27	lun	s Pantaléon.	27	jeu	s Césaire, évêque.
28	mar	s Samson, évêque.	28	ven	s Augustin, évêq.
29	mer	s Lazare.	29	sam	s Méderic.
30	jeu	s Ignace, prêtre.	30	15 D	s Fiacre, solitaire.
31	ven	s Germain, évêq.	31	lun	s Ovide.

SEPTEMBRE.			OCTOBRE.		
1	mar	s Gilles, abbé.	1	jeu	s Remi, évêque.
2	mer	s Antonin, martyr.	2	ven	ss Anges Gardiens.
3	jeu	s Grégoire, pape.	3	sam	s Denis Aréop.
4	ven	ss Patriarches.	4	20 D	s François d'Assise.
5	sam	s Victorin.	5	lun	s Placide.
6	16 D	s Vincent Ferrier.	6	mar	s Bruno, moine.
7	lun	s Cloud, prêtre.	7	mer	s Serge, martyr.
8	mar	Nat. de la Ste V.	8	jeu	s Démètre, mart.
9	mer	s Gorgon, martyr.	9	ven	s Denis, évêque.
10	jeu	s Aubert.	10	sam	s François de B.
11	ven	s Hyacinthe, mart.	11	21 D	s Nicaise, martyr.
12	sam	s Sylvain, évêque.	12	lun	s Florent, martyr.
13	17 D	s Maurille, évêque.	13	mar	s Edouard.
14	lun	Ex. de la Ste Croix.	14	mer	s Calixte, pape.
15	mar	s Nom de Marie.	15	jeu	ste Thérèse, vierge.
16	mer	s Corneille, m. Q.T.	16	ven	s Herbland.
17	jeu	s Flocel, martyr.	17	sam	s Cerbouet.
18	ven	s Senier, évêque.	18	22 D	s Luc, apôtre.
19	sam	s Janvier, év.	19	lun	s Aquilin, évêque.
20	18 D	s Eustache.	20	mar	s Hilarion, abbé.
21	lun	s Lo, évêque de C.	21	mer	ste Ursule.
22	mar	s Maurice, martyr.	22	jeu	s Mellon, évêque.
23	mer	ste Thècle, vierge.	23	ven	s Amand, évêque.
24	jeu	s Lin, évêque.	24	sam	s Magloire, évêque.
25	ven	s Firmin, évêque.	25	23 D	s Crespin, martyr.
26	sam	s Cyprien, martyr.	26	lun	s Fromond.
27	19 D	s Côme, martyr.	27	mar	s Frumence, évêq.
28	lun	s Céran.	28	mer	ss Sim. et Jude, ap.
29	mar	s Michel.	29	jeu	s Narcisse.
30	mer	s Jérôme.	30	ven	s Léon, pape.
			31	sam	s Quentin, martyr.

8*

NOVEMBRE.			DÉCEMBRE.		
1	24D	Toussaint	1	mar	s Éloi, évêque.
2	lun	Les Trépassés.	2	mer	s Éloque.
3	mar	s Vigor.	3	jeu	s François Xavier.
4	mer	s Charles B.	4	ven	ste Barbe, vierge.
5	jeu	s Eustache, martyr.	5	sam	s Athanase, martyr.
6	ven	s Léonard, solitai.	6	D	s Nicolas, évêque.
7	sam	s Florent.	7	lun	s Ambroise.
8	25D	stes Reliques.	8	mar	Conception
9	lun	s Mathurin, prêtre	9	mer	ste Gorgonie.
10	mar	s Juste.	10	jeu	ste Valérie, vierge.
11	mer	s Martin, év.	11	ven	s Damase, pape.
12	jeu	s Martin, pape.	12	sam	ste Constance.
13	ven	s Brice, évêque.	13	D	ste Luce, vierge.
14	sam	s Stanislas K.	14	lun	s Gatien, évêque.
15	26D	*Dédicace.*	15	mar	s Mesmin.
16	lun	s Edmond, évêque.	16	mer	s Valentin, m. Q.T.
17	mar	s Grégoire Th.	17	jeu	s Ignace.
18	mer	s Romphaire, évêq.	18	ven	s Auxence, évêque.
19	jeu	ste Elisabeth.	19	sam	s Némèse, m.
20	ven	s Bénigne, évêque.	20	D	s Eugène, prêtre.
21	sam	Présentation.	21	lun	s Thomas, apôtre.
22	27D	ste Cécile, vierge.	22	mar	s Honorat.
23	lun	s Clément, pape.	23	mer	ste Victoire.
24	mar	s Jean de la Croix.	24	jeu	s Delphin.
25	mer	ste Catherine.	25	ven	Noel.
26	jeu	s Faust, mart.	26	sam	s Etienne, martyr.
27	ven	s Odilon, abbé.	27	D	s Jean, évangéliste.
28	sam	s Valérien.	28	lun	ss Innocents.
29	D	*Avent.*	29	mar	s Trophime.
30	lun	s André, apôtre.	30	mer	s Sabin.
			31	jeu	s Sylvestre.

JANVIER.

1	mer	Circoncision.
2	jeu	s Basile, évêque.
3	ven	ste Geneviève.
4	sam	s Tite, évêque.
5	D	s Siméon, solitaire.
6	lun	Épiphanie.
7	mar	Noces.
8	mer	s Lucien.
9	jeu	s Pierre, évêque.
10	ven	s Paul, ermite.
11	sam	s Théodore.
12	D	s Arcade, martyr.
13	lun	Bap. de J.-C.
14	mar	s Hilaire, docteur.
15	mer	s Maur, abbé.
16	jeu	s Nom de Jésus.
17	ven	s Antoine, abbé.
18	sam	s Mélaine, év.
19	D	s Sulpice, évêque.
20	lun	s Sébastien, m.
21	mar	ste Agnès, vierge.
22	mer	s Vincent, martyr.
23	jeu	s Fulgence, doc.
24	ven	s Timothée, m.
25	sam	Conv. de St Paul.
26	D	Septuagésime.
27	lun	s Jean-Chr , doc.
28	mar	s Julien, évêque.
29	mer	s François de Sales.
30	jeu	ste Bathilde, reine.
31	ven	s Gaud, évêque.

FÉVRIER.

1	sam	s Ignace, év.
2	D	Sexagésime.
3	lun	s Blaise, év.
4	mar	ste Jeanne de Val.
5	mer	ste Agathe.
6	jeu	s Vaast, évêque.
7	ven	s Jean de Matha.
8	sam	S. Cœur de Marie.
9	D	Quinquagésime.
10	lun	ste Scholastique.
11	mar	Mardi-Gras.
12	mer	Cendres.
13	jeu	s Lezin.
14	ven	s Valentin, martyr.
15	sam	s Faustin.
16	D	Quadragésime.
17	lun	s Théodule.
18	mar	s Siméon, évêque.
19	mer	s Gabin. Q. T.
20	jeu	s Eucher.
21	ven	s Pépin.
22	sam	ste Isabelle.
23	D	Reminiscere.
24	lun	s Matthias, apôtre.
25	mar	s Césaire.
26	mer	s Nestor.
27	jeu	ste Honorine.
28	ven	s Romain.
		s Dosithée.

MARS.			AVRIL.		
1	sam	s Léon de C., év.	1	mar	s Hugues, évêque.
2	D	*Oculi.*	2	mer	s Franç. de Paule.
3	lun	ste Cunég., imp.	3	jeu	s Richard.
4	mar	s Casimir.	4	ven	s Isidore.
5	mer	s Adrien, m.	5	sam	s Vincent.
6	jeu	ste Colette, vierge.	6	D	*Quasimodo.*
7	ven	stes Perpét. et Fél.	7	lun	s Epiphane.
8	sam	s Jean de Dieu J.	8	mar	s Denis, évêque.
9	D	*Lætare.*	9	mer	s Grég. de Nysse.
10	lun	Les 40 martyrs.	10	jeu	s Macaire, év.
11	mar	s Firmin, abbé.	11	ven	s Godbert.
12	mer	s Bernard, évêque.	12	sam	s Jules.
13	jeu	ste Euphrasie.	13	D	s Justin, martyr.
14	ven	s Lubin, évêque.	14	lun	s Lambert, év.
15	sam	s Longin.	15	mar	s Maxime.
16	D	*La Passion.*	16	mer	s Pair, évêque.
17	lun	s Patrice, évêque.	17	jeu	s Anicet.
18	mar	s Alexandre, év.	18	ven	s Cyrille, évêque.
19	mer	s Joseph.	19	sam	s Vincent.
20	jeu	s Joachim.	20	D	s Théotime.
21	ven	s Benoît, abbé.	21	lun	s Anselme, év.
22	sam	s Emile.	22	mar	ste Opportune.
23	D	*Rameaux.*	23	mer	s Georges, mart.
24	lun	s Simon.	24	jeu	s Léger.
25	mar	Annonciation.	25	ven	s Marc, évang.
26	mer	s Théodose, m.	26	sam	s Clet, martyr.
27	jeu	s Rupert, évêque.	27	D	s Frédéric.
28	ven	Vendredi saint.	28	lun	s Vital, martyr.
29	sam	s Frisque.	29	mar	ste Marie Egyp.
30	D	PAQUES.	30	mer	s Eutrope, év.
31	lun	s Benjamin.			

MAI.		JUIN.	
1	jeu	ss Jacq. et Ph., ap.	1	2 D	s Jouvin, abbé.
2	ven	s Marcouf, ab.	2	lun	s Pothin, év.
3	sam	Inv. de la Ste Croix.	3	mar	ste Clotilde, reine.
4	D	s Athanase, évêque	4	mer	s Optat.
5	lun	*Rogations*.	5	jeu	s Boniface.
6	mar	s Jean P. L.	6	ven	s Norbert, év.
7	mer	s Jean Damascène.	7	sam	s Lié.
8	jeu	ASCENSION.	8	3 D	s Gildard, év.
9	ven	s Grégoire de N.	9	lun	ste Pélagie.
10	sam	s Antonin.	10	mar	s Ebremond, abbé.
11	D	s Mammert, év.	11	mer	s Barnabé, ap.
12	lun	s Epiphane, év.	12	jeu	s Basilide, mart.
13	mar	s Pancrace, m.	13	ven	s Antoine de Pad.
14	mer	s Pacôme, abbé.	14	sam	s Ruffin.
15	jeu	s Achille.	15	4 D	s Modeste.
16	ven	s Braudan, abbé.	16	lun	s Jean-Fr. Régis.
17	sam	s Jean Népom	17	mar	s Ferréol, martyr.
18	D	PENTECÔTE.	18	mer	ste Marine.
19	lun	s Yves, prêtre.	19	jeu	s Gervais, mart.
20	mar	s Bernardin.	20	ven	s Latuin, év.
21	mer	s Ortaire, ab.Q. T.	21	sam	s Louis de Gonz.
22	jeu	ste Julie.	22	5 D	s Paulin, év.
23	ven	ste Marie.	23	lun	s Alban, martyr.
24	sam	ste Susanne.	24	mar	s Jean-Baptiste.
25	1 D	*Trinité*.	25	mer	s Prosper.
26	lun	s Quadrat.	26	jeu	ss Jean et Paul.
27	mar	s Évroult, abbé.	27	ven	s Ladislas, roi.
28	mer	s Manvieu, év.	28	sam	s Irénée, évêque.
29	jeu	*Fête-Dieu*.	29	6 D	ss Pierre et Paul.
30	ven	s Félix, pape.	30	lun	Com. de St Paul.
31	sam	ste Pétronille.			

JUILLET.			AOUT.		
1	mar	D. de S. Jean-B.	1	ven	s Pierre ès liens.
2	mer	Visit. de la Ste V.	2	sam	s Etienne, pape.
3	jeu	s Léonor, év.	3	11 D	Inv. de S. Etienne.
4	ven	O. et T. de St Mart.	4	lun	s Dominique.
5	sam	s Sever, év.	5	mar	s Memmie, év.
6	7 D	Ch. St Pierre.	6	mer	Transfig. de J.-C.
7	lun	s Thomas, év.	7	jeu	s Victrice, év.
8	mar	s Procope, m.	8	ven	s Justin.
9	mer	ste Anatolie, v.	9	sam	ste Radégonde.
10	jeu	Les 7 fr. et Ste Fél.	10	12 D	s Laurent, m.
11	ven	s Benoît, ab.	11	lun	Trans. de la Ste C.
12	sam	s Gualbert.	12	mar	s Taurin, év.
13	8 D	s Anaclet, prêt.	13	mer	s Hippolyte.
14	lun	s Bonaventure, év.	14	jeu	s Eusèbe.
15	mar	s Thomas d'Aquin.	15	ven	ASSOMPTION.
16	mer	s Hélier, m.	16	sam	s Roch, conf.
17	jeu	s Alexis, conf.	17	13 D	s Mammès, m.
18	ven	s Clair, m.	18	lun	ste Hélène.
19	sam	s Vincent de Paule.	19	mar	s Rufin, conf.
20	9 D	ste Marguerite, v.	20	mer	s Bernard, ab.
21	lun	s Victor, m.	21	jeu	s Maximien, m.
22	mar	ste Marie-Mad.	22	ven	s Symphorien, m.
23	mer	s Apollinaire, év.	23	sam	ste Jeanne-Franç.
24	jeu	ste Christine.	24	14 D	s Barthélemy, ap.
25	ven	s Jacques, ap.	25	lun	s Louis, roi.
26	sam	s Joac. et Ste Anne.	26	mar	s Ouen, év.
27	10 D	s Pantaléon.	27	mer	s Césaire, év.
28	lun	s Samson, év.	28	jeu	s Augustin, év.
29	mar	s Lazare.	29	ven	s Méderic.
30	mer	s Ignace, pr.	30	sam	s Fiacre, solit.
31	jeu	s Germain, év.	31	15 D	s Ovide.

SEPTEMBRE.		
1	lun	s Gilles, abbé.
2	mar	s Antonin, m.
3	mer	s Grégoire, pape.
4	jeu	ss. Patriarches.
5	ven	s Victorin.
6	sam	s Vincent Ferrier.
7	16D	s Cloud, pr.
8	lun	Nativ. de la ste V
9	mar	s Gorgon, m.
10	mer	s Aubert.
11	jeu	s Hyacinthe, m.
12	ven	s Sylvain, év.
13	sam	s Maurille, év.
14	17D	Ex. de la Ste C.
15	lun	s Nom de Marie.
16	mar	s Corneille, m.
17	mer	s Flocel, m. Q. T.
18	jeu	s Senier, év.
19	ven	s Janvier, év.
20	sam	s Eustache.
21	18D	s Lo, év. de C.
22	lun	s Maurice, m.
23	mar	ste Thècle, v.
24	mer	s Lin. év.
25	jeu	s Firmin, év.
26	ven	s Cyprien, m.
27	sam	s Côme, m.
28	19D	s Céran
29	lun	s Michel.
30	mar	s Jérôme.

OCTOBRE.		
1	mer	s Remi, év.
2	jeu	ss Anges Gard.
3	ven	s Denis Aréop.
4	sam	s François d'As.
5	20D	s Placide.
6	lun	s Bruno, moine.
7	mar	s Serge, m.
8	mer	s Démètre, m.
9	jeu	s Denis, év.
10	ven	s François de Bor.
11	sam	s Nicaise, m.
12	21D	s Florent, m.
13	lun	s Edouard.
14	mar	s Calixte, pape.
15	mer	ste Thérèse, v.
16	jeu	s Herbland.
17	ven	s Cerbouet.
18	sam	s Luc, ap.
19	22D	s Aquilin, év.
20	lun	s Hilarion, ab.
21	mar	ste Ursule.
22	mer	s Mellon, év.
23	jeu	s Amand, év.
24	ven	s Magloire, év.
25	sam	s Crespin, m.
26	23D	s Fromond.
27	lun	s Frumence, év.
28	mar	ss Simon et Jude.
29	mer	s Narcisse.
30	jeu	s Léon, pape.
31	ven	s Quentin, m.

	NOVEMBRE.			DÉCEMBRE.	
1	sam	Toussaint.	1	lun	s Eloi, év.
2	24D	Les Trépassés.	2	mar	s Eloque.
3	lun	s Vigor.	3	mer	s François Xav.
4	mar	s Charles B.	4	jeu	ste Barbe, v.
5	mer	s Eustache, m.	5	ven	s Athanase, m.
6	jeu	s Léonard, solit.	6	sam	s Nicolas, év.
7	ven	s Florent.	7	D	s Ambroise.
8	sam	stes Reliques.	8	lun	Conception de la V.
9	25D	*Dédicace.*	9	mar	ste Gorgonie.
10	lun	s Juste.	10	mer	ste Valérie, v.
11	mar	s Martin, év.	11	jeu	s Damase, pape
12	mer	s Martin, pape.	12	ven	ste Constance.
13	jeu	s Brice, év.	13	sam	ste Luce, v.
14	ven	s Stanislas K.	14	D	s Gatien, év.
15	sam	s Maio, év.	15	lun	s Mesmin.
16	26D	s Edmond, év.	16	mar	s Valentin, m.
17	lun	s Grégoire Th	17	mer	s Ignace. Q. T
18	mar	s Romphaire, év.	18	jeu	s Auxence, év.
19	mer	ste Elisabeth.	19	ven	s Némèse, m.
20	jeu	s Bénigne, év.	20	sam	s Eugène, pr.
21	ven	Présentation.	21	D	s Thomas, ap.
22	sam	ste Cécile, v.	22	lun	s Honorat.
23	27D	s Clément, pape.	23	mar	ste Victoire.
24	lun	s Jean de la Croix.	24	mer	s Delphin.
25	mar	ste Catherine, v.	25	jeu	Noel.
26	mer	s Faust, m.	26	ven	s Etienne, m.
27	jeu	s Odilon, ab.	27	sam	s Jean, évang.
28	ven	s Valérien.	28	D	ss Innocents
29	sam	s Saturnin, év.	29	lun	s Trophime.
30	D	*Avent.*	30	mar	s Sabin.
			31	mer	s Sylvestre.

JANVIER.

1	mar	Circoncision.
2	mer	s Basile , év.
3	jeu	ste Geneviève.
4	ven	s Tite , év.
5	sam	s Siméon, solit.
6	D	Epiphanie.
7	lun	Noces.
8	mar	s Lucien.
9	mer	s Pierre , évêque.
10	jeu	s Paul , ermite.
11	ven	s Théodore.
12	sam	s. Arcade , martyr.
13	D	Bap. de Jésus-Chr.
14	lun	s Hilaire , docteur.
15	mar	s Maur, abbé.
16	mer	s Nom de Jésus.
17	jeu	s Antoine , abbé.
18	ven	s Mélaine , évêque.
19	sam	s Sulpice , év.
20	D	s Sébastien , mart.
21	lun	ste Agnès , vierge.
22	mar	s Vincent , martyr.
23	mer	s Fulgence , doct.
24	jeu	s Timothée , mart.
25	ven	Conv. de St Paul.
26	sam	s Polycarpe , év.
27	D	*Septuagésime.*
28	lun	s Julien , év.
29	mar	s François de Sales.
30	mer	ste Bathilde, reine.
31	jeu	s Gaud , év.

FÉVRIER.

1	ven	s Ignace , évêque.
2	sam	Purification.
3	D	*Sexagésime.*
4	lun	ste Jeanne de Val
5	mar	ste Agathe.
6	mer	s Vaast, év.
7	jeu	s Jean de Matha, p.
8	ven	S. Cœur de Marie.
9	sam	ste Apolline , v.
10	D	*Quinquagésime.*
11	lun	s Séverin.
12	mar	*Mardi-Gras.*
13	mer	*Cendres.*
14	jeu	s Valentin , martyr.
15	ven	s Faustin.
16	sam	ste Julienne.
17	D	*Quadragésime.*
18	lun	s Siméon , évêque.
19	mar	s Gabin.
20	mer	s Eucher. Q. T.
21	jeu	s Pépin.
22	ven	ste Isabelle.
23	sam	s Damien.
24	D	*Reminiscere.*
25	lun	s Césaire.
26	mar	s Nestor.
27	mer	ste Honorine.
28	jeu	s Romain.
		s Dosithée.

	MARS.			AVRIL.	
1	ven	s Léon de Car., év.	1	lun	s Hugues, évêque.
2	sam	s Aubin, év.	2	mar	s Franç. de Paule.
3	D	*Oculi.*	3	mer	s Richard.
4	lun	s Casimir.	4	jeu	s Isidore.
5	mar	s Adrien, martyr.	5	ven	s Vincent.
6	mer	ste Colette, vierg.	6	sam	s Sixte.
7	jeu	stes Perpét. et Fél.	7	D	*Quasimodo.*
8	ven	s Jean de Dieu J.	8	lun	s Denis, évêque.
9	sam	ste Françoise.	9	mar	s Grégoire de N.
10	D	*Lætare.*	10	mer	s Macaire, év.
11	lun	s Firmin, abbé.	11	jeu	s Godbert.
12	mar	s Bernard, év.	12	ven	s Jules.
13	mer	ste Euphrasie.	13	sam	s Justin, martyr.
14	jeu	s Lubin, évêque.	14	D	s Lambert, évêque.
15	ven	s Longin.	15	lun	s Maxime.
16	sam	s Julien, m.	16	mar	s Pair, évêque.
17	D	*Passion.*	17	mer	s Anicet.
18	lun	s Alexandre, év.	18	jeu	s Cyrille, évêque.
19	mar	s Joseph.	19	ven	s Vincent.
20	mer	s Joachim.	20	sam	s Théotime.
21	jeu	s Benoît, abbé.	21	D	s Anselme.
22	ven	s Emile.	22	lun	ste Opportune.
23	sam	s Victorin.	23	mar	s Georges, martyr.
24	D	*Rameaux.*	24	mer	s Léger.
25	lun	Annonciation.	25	jeu	s Marc, évangéliste.
26	mar	s Théodose, mart.	26	ven	s Clet, martyr.
27	mer	s Rupert, évêque.	27	sam	s Frédéric.
28	jeu	s Gontran, roi.	28	D	s Vital, m.
29	ven	Vendredi saint.	29	lun	ste Marie Égypt.
30	sam	s Rieul.	30	mar	s Eutrope, év.
31	D	PAQUES.			

MAI.			JUIN.		
1	mer	ss Jacq. et Ph., ap.	1	sam	s Jouvin, abbé.
2	jeu	s Marcouf, abbé.	2	2 D	s Pothin, évêque.
3	ven	Inv. de la Ste Croix.	3	lun	ste Clotilde, reine.
4	sam	s Athanase, év.	4	mar	s Optat.
5	D	s Pie V, pape.	5	mer	s Boniface.
6	lun	*Rogations.*	6	jeu	s Norbert, évêque.
7	mar	s Jean Damasc.	7	ven	s Lié.
8	mer	s Cénéric, abbé.	8	sam	s Gildard, évêque.
9	jeu	ASCENSION.	9	3 D	ste Pélagie.
10	ven	s Antonin.	10	lun	s Ebremond, abbé.
11	sam	s Mammert, év	11	mar	s Barnabé, apôtre.
12	D	s Epiphane, év.	12	mer	s Basilide, martyr.
13	lun	s Pancrace, mart.	13	jeu	s Antoine de P.
14	mar	s Pacôme, abbé	14	ven	s Ruffin.
15	mer	s Achille.	15	sam	s Modeste.
16	jeu	s Braudan, abbé.	16	4 D	s Jean-F. Régis
17	ven	s Jean Népom.	17	lun	s Ferréol, martyr.
18	sam	s Claude, év.	18	mar	ste Marine.
19	D	PENTECÔTE.	19	mer	s Gervais, martyr.
20	lun	s Bernardin.	20	jeu	s Latuin, évêque.
21	mar	s Ortaire, abbé.	21	ven	s Louis de Gonz.
22	mer	ste Julie. Q. T.	22	sam	s Paulin, évêque.
23	jeu	ste Marie.	23	5 D	s Alban, martyr.
24	ven	ste Susanne.	24	lun	s Jean-Baptiste.
25	sam	s Philippe de N.	25	mar	s Prosper.
26	1 D	*Trinité.*	26	mer	ss Jean et Paul.
27	lun	s Evroult, abbé.	27	jeu	s Ladislas, roi.
28	mar	s Manvieu, év.	28	ven	s Irénée, évêque.
29	mer	s Maximin.	29	sam	ss Pierre et Paul.
30	jeu	*Fête-Dieu.*	30	6 D	Com. de St. Paul.
31	ven	Ste Pétronille.			

	JUILLET.			AOUT.	
1	lun	D. de S. Jean-B.	1	jeu	s Pierre ès liens.
2	mar	V. de la Ste Vierg.	2	ven	s Etienne, pape.
3	mer	s Léonor, év.	3	sam	Inv. de St Etienne.
4	jeu	O. et T. de S. Mart.	4	11ᴅ	s Dominique.
5	ven	s Sever, év.	5	lun	s Memmie, év.
6	sam	Ch. St Pierre.	6	mar	Transf. de J.-C.
7	7 ᴅ	s Thomas, év.	7	mer	s Victrice, év.
8	lun	s Procope, m.	8	jeu	s Justin.
9	mar	te Anatolie, v.	9	ven	ste Radégonde.
10	mer	Les 7 fr. et Ste Fél.	10	sam	s Laurent, m.
11	jeu	s Benoît, ab.	11	12ᴅ	T. de la Ste Croix.
12	ven	s Gualbert.	12	lun	s Taurin, év.
13	sam	s Anaclet, pr.	13	mar	s Hippolyte.
14	8 ᴅ	s Bonaventure, év.	14	mer	s Eusèbe.
15	lun	s Thom. d'Aquin.	15	jeu	ASSOMPTION.
16	mar	s Hélier, m.	16	ven.	s Roch, conf.
17	mer	s Alexis, conf.	17	sam	s Mammès, m.
18	jeu	s Clair, m.	18	13ᴅ	ste Hélène.
19	ven	s Vincent de Paule.	19	lun	s Rufin, conf.
20	sam	ste Marguerite, v.	20	mar	s Bernard, ab.
21	9 ᴅ	s Victor, m.	21	mer	s Maximien, m.
22	lun	ste Marie-Mad.	22	jeu	s Symphorien.
23	mar	s Apollinaire, év.	23	ven	ste Jeanne-Franç.
24	mer	ste Christine.	24	sam	s Barthélemy, ap.
25	jeu	s Jacques, ap.	25	14ᴅ	s Louis, roi.
26	ven	s Joac. et Ste Anne.	26	lun	s Ouen, év.
27	sam	s Pantaléon.	27	mar	s Césaire, év.
28	10ᴅ	s Samson, év.	28	mer	s Augustin, év.
29	lun	s Lazare.	29	jeu	s Méderic.
30	mar	s Ignace, pr.	30	ven	s Fiacre, solit.
31	mer	s Germain, év.	31	sam	s Ovide.

	SEPTEMBRE.			**OCTOBRE.**
1	15D	s Gilles, ab.	1	mar	s Remi, év.
2	lun	s Antonin, m.	2	mer	ss Anges Gard.·
3	mar	s Grégoire, pape	3	jeu	s Denis Aréopag.
4	mer	ss Patriarches.	4	ven	s François d'Assise.
5	jeu	s Victorin.	5	sam	s Placide.
6	ven	s Vincent Ferrier.	6	20D	s Bruno, moine.
7	sam	s Cloud, prêt.	7	lun	s Serge, m. ·
8	16D	Nat. de la ste Vier.	8	mar	s Démètre, m.
9	lun	s Gorgon, m	9	mer	s Denis, év.
10	mar	s Aubert.	10	jeu	s François de B.
11	mer	s Hyacinthe, m.	11	ven	s Nicaise, m.
12	jeu	s Sylvain, év.	12	sam	s Florent, m.
13	ven	s Maurille, év.	13	21D	s Edouard.
14	sam	Ex. de la Ste Croix.	14	lun	s Calixte, pape
15	17D	s Nom de Marie.	15	mar	ste Thérèse, v.
16	lun	s Corneille, m.	16	mer	s Herbland.
17	mar	s Flocel, m.	17	jeu	s Cerbouet.
18	mer	s Senier, év. Q. T.	18	ven	s Luc, ap.
19	jeu	s Janvier, év.	19	sam	s Aquilin, év.
20	ven	s Eustache.	20	22D	s Hilarion, ab.
21	sam	s Lo, év. de C.	21	lun	ste Ursule.
22	18D	s Maurice, m.	22	mar	s Mellon, év.
23	lun	ste Thècle, v.	23	mer	s Amand, év.
24	mar	s Lin, év.	24	jeu	s Magloire, év.
25	mer	s Firmin, év.	25	ven	s Crespin, m.
26	jeu	s Cyprien, m.	26	sam	s Fromond.
27	ven	s Côme, m.	27	23D	s Frumence, év.
28	sam	s Céran.	28	lun	ss Simon et Jude.
29	19D	s Michel.	29	mar	s Narcisse.
30	lun	s Jérôme.	30	mer	s Léon, pape.
			31	jeu	s Quentin, m.

NOVEMBRE.

1	ven	Toussaint
2	sam	Les Trépassés.
3	24D	s Vigor.
4	lun	s Charles B.
5	mar	s Eustache, m.
6	mer	s Léonard, solit.
7	jeu	s Florent.
8	ven	stes Reliques.
9	sam	s Mathurin, pr.
10	25D	*Dédicace.*
11	lun	s Martin, év.
12	mar	s Martin, pape.
13	mer	s Brice, év.
14	jeu	s Stanislas K.
15	ven	s Malo, év.
16	sam	s Edmond, év.
17	26D	s Grégoire Th.
18	lun	s Romphaire, év.
19	mar	ste Elisabeth.
20	mer	s Bénigne, év.
21	jeu	Présentation.
22	ven	ste Cécile, v.
23	sam	s Clément, pape.
24	27D	s Jean de la Croix.
25	lun	ste Catherine, v.
26	mar	s Faust, m
27	mer	s Odilon, ab.
28	jeu	s Valérien.
29	ven	s Saturnin, év.
30	sam	s André, ap.

DÉCEMBRE.

1	D	*Avent.*
2	lun	s Eloque.
3	mar	s François Xavier.
4	mer	ste Barbe, v.
5	jeu	s Athanase, m.
6	ven	s Nicolas, év.
7	sam	s Ambroise.
8	D	Conception.
9	lun	ste Gorgonie.
10	mar	ste Valérie, v.
11	mer	s Damase, pape.
12	jeu	ste Constance.
13	ven	ste Luce, v.
14	sam	s Gatien, év.
15	D	s Mesmin.
16	lun	s Valentin, m.
17	mar	s Ignace.
18	mer	s Auxence, év. Q.T
19	jeu	s Némèse, m.
20	ven	s Eugène, pr.
21	sam	s Thomas, ap
22	D	s Honorat.
23	lun	ste Victoire.
24	mar	s Delphin.
25	mer	Noel.
26	jeu	s Etienne, m.
27	ven	s Jean, évang
28	sam	ss Innocents.
29	D	s Trophime.
30	lun	s Sabin.
31	mar	s Sylvestre.

JANVIER.

1	lun	Circoncision.
2	mar	s Basile , évêque.
3	mer	ste Geneviève.
4	jeu	s Tite , évêque.
5	ven	s Siméon , solit.
6	sam	Epiphanie.
7	D	Noces.
8	lun	s Lucien.
9	mar	s Pierre , évêque.
10	mer	s Paul , ermite.
11	jeu	s Théodore.
12	ven	s Arcade, martyr.
13	sam	Bapt. de J.-C.
14	D	s Hilaire, docteur.
15	lun	s Maur, abbé.
16	mar	s Nom de Jésus.
17	mer	s Antoine, abbé.
18	jeu	s Mélaine , évêque.
19	ven	s Sulpice, évêque.
20	sam	s Sébastien, m.
21	D	ste Agnès, vierge.
22	lun	s Vincent, martyr.
23	mar	s Fulgence, doct.
24	mer	s Timothée, mart.
25	jeu	Conv. de St Paul
26	ven	s Polycarpe.
27	sam	s Jean Ch., doct.
28	D	*Septuagésime.*
29	lun	s François de Sales.
30	mar	ste Bathilde, reine.
31	mer	s Gaud, évêque.

FÉVRIER.

1	jeu	s Ignace, évêque.
2	ven	Purification.
3	sam	s Blaise, év.
4	D	*Sexagésime.*
5	lun	ste Agathe
6	mar	s Vaast , évêque.
7	mer	s Jean de Matha.
8	jeu	S. Cœur de Marie.
9	ven	ste Apolline, vierg.
10	sam	ste Scholastique.
11	D	*Quinquagésime.*
12	lun	ste Eulalie.
13	mar	*Mardi-Gras.*
14	mer	*Cendres.*
15	jeu	s Faustin.
16	ven	ste Julienne.
17	sam	s Théodule.
18	D	*Quadragésime.*
19	lun	s Gabin.
20	mar	s Eucher.
21	mer	s Pépin. Q. T.
22	jeu	ste Isabelle.
23	ven	s Damien.
24	sam	s Matthias , ap.
25	D	*Reminiscere.*
26	lun	s Nestor.
27	mar	ste Honorine.
28	mer	s Romain.
		s Dosithée.

	MARS.			AVRIL.
1	jeu	s Léon de C., év.	1	D	Paques.
2	ven	s Aubin, évêque.	2	lun	s François de P.
3	sam	ste Cunégonde.	3	mar	s Richard.
4	D	*Oculi.*	4	mer	s Isidore.
5	lun	s Adrien, martyr.	5	jeu	s Vincent.
6	mar	ste Colette, vierge.	6	ven	s Sixte.
7	mer	stes Perpét. et Féli.	7	sam	s Épiphane.
8	jeu	s Jean de D. juste.	8	D	*Quasimodo.*
9	ven	ste Françoise.	9	lun	s Grégoire de N.
10	sam	Les 40 martyrs.	10	mar	s Macaire, évêque.
11	D	*Lætare.*	11	mer	s Godbert.
12	lun	s Bernard, évêque.	12	jeu	s Jules.
13	mar	ste Euphrasie.	13	ven	s Justin, martyr.
14	mer	s Lubin, évêque.	14	sam	s Lambert.
15	jeu	s Longin.	15	D	s Maxime.
16	ven	s Julien, martyr.	16	lun	s Pair, évêque.
17	sam	s Patrice, év.	17	mar	s Anicet.
18	D	*Passion.*	18	mer	s Cyrille, évêque.
19	lun	s Joseph.	19	jeu	s Vincent.
20	mar	s Joachim.	20	ven	s Théotime.
21	mer	s Benoît, abbé.	21	sam	s Anselme, évêque.
22	jeu	s Emile.	22	D	ste Opportune.
23	ven	s Victorin.	23	lun	s Georges.
24	sam	s Simon.	24	mar	s Léger.
25	D	*Rameaux.*	25	mer	s Marc, évangél.
26	lun	s Théodose, mart.	26	jeu	s Clet, martyr.
27	mar	s Rupert, évêque.	27	ven	s Frédéric.
28	mer	s Gontran, roi.	28	sam	s Vital, m.
29	jeu	s Frisque.	29	D	ste Marie Egypt.
30	ven	Vendredi saint.	30	lun	s Eutrope, év.
31	sam	s Benjamin.			

	MAI.			**JUIN.**
1	mar	ss Jacq. et Ph. ap.	1	ven	s Jouvin, abbé.
2	mer	s Marcouf, abbé.	2	sam	s Pothin, évêque.
3	jeu	Inv. de la Ste Croix.	3 2 D		ste Clotilde, reine.
4	ven	s Athanase, év.	4	lun	s Optat.
5	sam	s Pie V, pape.	5	mar	s Boniface.
6	D	s Jean P. L.	6	mer	s Norbert, évêque.
7	lun	*Rogations.*	7	jeu	s Lié.
8	mar	s Cénéric, abbé.	8	ven	s Gildard, évêque.
9	mer	s Grégoire de N.	9	sam	ste Pélagie.
10	jeu	ASCENSION.	10 3 D		s Ebremond, abbé.
11	ven	s Mammert, év.	11	lun	s Barnabé, ap.
12	sam	s Epiphane, év.	12	mar	s Basilide, martyr.
13	D	s Pancrace, mart	13	mer	s Antoine de P.
14	lun	s Pacôme, abbé.	14	jeu	s Ruffin.
15	mar	s Achille.	15	ven	s Modeste.
16	mer	s Braudan, abbé.	16	sam	s Jean-François R.
17	jeu	s Jean Nép.	17 4 D		s Ferréol, martyr.
18	ven	s Claude, évêque.	18	lun	ste Marine.
19	sam	s Yves, pr	19	mar	s Gervais, martyr.
20	D	PENTECÔTE.	20	mer	s Latuin, évêque.
21	lun	s Ortaire, abbé.	21	jeu	s Louis de Gonz.
22	mar	ste Julie.	22	ven	s Paulin, évêque.
23	mer	ste Marie. Q. T.	23	sam	s Alban, martyr.
24	jeu	ste Susanne.	24 5 D		s Jean-Baptiste.
25	ven	s Philippe de N.	25	lun	s Prosper.
26	sam	s Quadrat.	26	mar	ss Jean et Paul.
27 1 D		*Trinité.*	27	mer	s Ladislas, roi.
28	lun	s Manvieu, évêque.	28	jeu	s Irénée, évêque.
29	mar	s Maximin.	29	ven	ss Pierre et P. ap.
30	mer	s Félix, pape.	30	sam	Com. de St Paul.
31	jeu	*Fête-Dieu.*			

	JUILLET.			AOUT.	
1	6 D	D. de S. Jean-B.	1	mer	s Pierre ès liens.
2	lun	V. de la ste Vierge.	2	jeu	s Etienne, pape.
3	mar	s Léonor, év.	3	ven	Inv. de s Etienne.
4	mer	O. et T. de S. Mart.	4	sam	s Dominique.
5	jeu	s Sever, év.	5	11 D	s Memmie, év.
6	ven	Ch. S. Pierre.	6	lun	Transf. de J.-C.
7	sam	s Thomas, év.	7	mar	s Victrice, év.
8	7 D	s Procope, m.	8	mer	s Justin.
9	lun	ste Anatolie, v.	9	jeu	ste Radégonde.
10	mar	Les 7 fr. et ste Fél.	10	ven	s Laurent, m.
11	mer	s Benoît, abbé.	11	sam	T. de la ste Croix.
12	jeu	s Gualbert.	12	12 D	s Taurin, év.
13	ven	s Anaclet, pr.	13	lun	s Hippolyte.
14	sam	s Bonaventure, év.	14	mar	s Eusèbe.
15	8 D	s Thomas d'Aquin.	15	mer	ASSOMPTION.
16	lun	s Hélier, m.	16	jeu	s Roch, conf.
17	mar	s Alexis, conf.	17	ven	s Mammès, m.
18	mer	s Clair, m.	18	sam	ste Hélène.
19	jeu	s Vincent de Paule.	19	13 D	s Rufin, conf.
20	ven	ste Marguerite, v.	20	lun	s Bernard, abbé.
21	sam	s Victor, m.	21	mar	s Maximien, m.
22	9 D	ste Marie-Mad.	22	mer	s Symphorien, m.
23	lun	s Apollinaire, év.	23	jeu	ste Jeanne-Franç.
24	mar	ste Christine.	24	ven	s Barthélemy, ap.
25	mer	s Jacques, ap.	25	sam	s Louis, roi.
26	jeu	s Joac. et ste Anne.	26	14 D	s Ouen, év.
27	ven	s Pantaléon.	27	lun	s Césaire, év.
28	sam	s Samson, év.	28	mar	s Augustin, év.
29	10 D	s Lazare.	29	mer	s Méderic.
30	lun	s Ignace, pr.	30	jeu	s Fiacre, solit.
31	mar	s Germain, év.	31	ven	s Ovide.

SEPTEMBRE.		OCTOBRE.	
1 sam	s Gilles, abbé.	1 lun	s Remi, év.
2 15D	s Antoine, m.	2 mar	ss Anges Gardiens.
3 lun	s Grégoire, pape.	3 mer	s Denis Aréopagite.
4 mar	ss Patriarches.	4 jeu	s François d'Assise.
5 mer	s Victorin.	5 ven	s Placide.
6 jeu	s Vincent Ferrier.	6 sam	s Bruno, moine.
7 ven	s Cloud, prêtre.	7 20D	s Serge, m.
8 sam	Nativ. de la ste V.	8 lun	s Démètre, m.
9 16D	s Gorgon, m.	9 mar	s Denis, év.
10 lun	s Aubert.	10 mer	s François de B.
11 mar	s Hyacinthe, m.	11 jeu	s Nicaise, m.
12 mer	s Sylvain, év.	12 ven	s Florent, m.
13 jeu	s Maurille, év.	13 sam	s Edouard.
14 ven	Ex. de la ste Croix.	14 21D	s Calixte, pape.
15 sam	s Nom de Marie	15 lun	ste Thérèse, v.
16 17D	s Corneille, m.	16 mar	s Herbland.
17 lun	s Flocel, m.	17 mer	s Cerbouet.
18 mar	s Senier, év.	18 jeu	s Luc, ap.
19 mer	s Janvier, év. Q.T.	19 ven	s Aquilin, év.
20 jeu	s Eustache.	20 sam	s Hilarion, ab.
21 ven	s Lo, év. de C.	21 22D	ste Ursule.
22 sam	s Maurice, m.	22 lun	s Mellon, év.
23 18D	ste Thècle, v.	23 mar	s Amand, év.
24 lun	s Lin, év.	24 mer	s Magloire, év.
25 mar	s Firmin, év.	25 jeu	s Crespin, m.
26 mer	s Cyprien, m.	26 ven	s Fromond.
27 jeu	s Côme, m.	27 sam	s Frumence, év.
28 ven	s Céran.	28 23D	ss Simon et Jude.
29 sam	s Michel.	29 lun	s Narcisse.
30 19D	s Jérôme.	30 mar	s Léon, pape.
		31 mer	s Quentin, m.

NOVEMBRE.		DÉCEMBRE.	
1 jeu	TOUSSAINT.	1 sam	s Eloi , év.
2 ven	Les Trépassés.	2 D	*Avent.*
3 sam	s Vigor.	3 lun	s François Xav.
4 24D	s Charles B.	4 mar	ste Barbe, v.
5 lun	s Eustache, m.	5 mer	s Athanase, m.
6 mar	s Léonard, solit.	6 jeu	s Nicolas, év.
7 mer	s Florent.	7 ven	s Ambroise.
8 jeu	stes Reliques.	8 sam	Conception.
9 ven	s Mathurin, pr.	9 D	ste Gorgonie.
10 sam	s Juste.	10 lun	ste Valérie, v.
11 25D	*Dédicace.*	11 mar	s Damase, pape.
12 lun	s Martin, pape.	12 mer	ste Constance.
13 mar	s Brice, év.	13 jeu	ste Luce, v.
14 mer	s Stanislas K.	14 ven	s Gatien, év.
15 jeu	s Malo, év.	15 sam	s Mesmin.
16 ven	s Edmond, év.	16 D	s Valentin, m.
17 sam	s Grégoire Th.	17 lun	s Ignace.
18 26D	s Romphaire, év.	18 mar	s Auxence, év.
19 lun	ste Elisabeth.	19 mer	s Némèse, m.Q. T.
20 mar	s Bénigne, év.	20 jeu	s Eugène, prêt.
21 mer	Présentation.	21 ven	s Thomas, ap.
22 jeu	ste Cécile, v.	22 sam	s Honorat.
23 ven	s Clément, pape.	23 D	ste Victoire.
24 sam	s Jean de la Croix.	24 lun	s Delphin.
25 27D	ste Catherine, v.	25 mar	NOEL.
26 lun	s Faust, m.	26 mer	s Etienne, m.
27 mar	s Odilon, ab.	27 jeu	s Jean, évang.
28 mer	s Valérien.	28 ven	ss Innocents.
29 jeu	s Saturnin, év.	29 sam	s Trophime.
30 ven	s André, ap.	30 D	s Sabin.
		31 lun	s Sylvestre.

JANVIER.			FÉVRIER.		
1	D	Circoncision.	1	mer	s Ignace, év.
2	lun	s Basile, év.	2	jeu	Purification.
3	mar	ste Geneviève.	3	ven	s Blaise, év.
4	mer	s Tite, év.	4	sam	ste Jeanne de Val.
5	jeu	s Siméon, solit.	5	D	*Sexagésime.*
6	ven	Epiphanie.	6	lun	s Vaast, évêque.
7	sam	Noces.	7	mar	s Jean de Matha, p.
8	D	s Lucien.	8	mer	S. Cœur de Marie.
9	lun	s Pierre, év.	9	jeu	ste Apolline.
10	mar	s Paul, erm.	10	ven	ste Scholastique.
11	mer	s Théodore.	11	sam	s Severin.
12	jeu	s Arcade, m.	12	D	*Quinquagésime.*
13	ven	Bap. de J.-C.	13	lun	s Lezin.
14	sam	s Hilaire, docteur.	14	mar	*Mardi-Gras.*
15	D	s Maur, abbé.	15	mer	*Cendres.*
16	lun	s Nom de Jésus.	16	jeu	ste Julienne.
17	mar	s Antoine, ab.	17	ven	s Théodule.
18	mer	s Mélaine, év.	18	sam	s Siméon, év.
19	jeu	s Sulpice, év.	19	D	*Quadragésime.*
20	ven	s Sébastien, m.	20	lun	s Eucher.
21	sam	ste Agnès, vierge	21	mar	s Pépin.
22	D	s Vincent, m.	22	mer	ste Isabelle. Q. T.
23	lun	s Fulgence, doc.	23	jeu	s Damien.
24	mar	s Timothée, m.	24	ven	s Matthias, ap.
25	mer	Conv. de St Paul.	25	sam	s Césaire.
26	jeu	s Polycarpe, m.	26	D	*Reminiscere.*
27	ven	s Jean Ch., doc.	27	lun	ste Honorine.
28	sam	s Julien, évêque.	28	mar	s Romain.
29	D	*Septuagésime.*			s Dosithée.
30	lun	ste Bathilde, reine.			
31	ma	s Gaud, év.			

	MARS.			**AVRIL.**
1	mer	s Léon de Car., év.	1	sam	s Hugues, év.
2	jeu	s Aubin, év.	2	D	Pâques.
3	ven	ste Cunégonde.	3	lun	s Richard.
4	sam	s Casimir.	4	mar	s Isidore.
5	D	*Oculi.*	5	mer	s Vincent.
6	lun	ste Colette, v.	6	jeu	s Sixte.
7	mar	stes Perp et Félic.	7	ven	s Épiphane.
8	mer	s Jean de D. juste.	8	sam	s Denis, év.
9	jeu	ste Françoise.	9	D	*Quasimodo.*
10	ven	Les 40 martyrs.	10	lun	s Macaire, év.
11	sam	s Firmin, abbé.	11	mar	s Godbert.
12	D	*Lætare.*	12	mer	s Jules.
13	lun	ste Euphrasie.	13	jeu	s Justin, m.
14	mar	s Lubin, év.	14	ven	s Lambert, év.
15	mer	s Longin.	15	sam	s Maxime.
16	jeu	s Julien, m.	16	D	s Pair, év.
17	ven	s Patrice, év.	17	lun	s Anicet.
18	sam	s Alexandre.	18	mar	s Cyrille, év.
19	D	*Passion.*	19	mer	s Vincent.
20	lun	s Joachim.	20	jeu	s Théotime.
21	mar	s Benoît, ab.	21	ven	s Anselme, év.
22	mer	s Emile.	22	sam	ste Opportune.
23	jeu	s Victorin.	23	D	s Georges, m.
24	ven	s Simon.	24	lun	s Léger.
25	sam	Annonciation.	25	mar	s Marc, évang.
26	D	*Rameaux.*	26	mer	s Clet, m.
27	lun	s Rupert, év.	27	jeu	s Frédéric.
28	mar	s Gontran, roi.	28	ven	s Vital, m.
29	mer	s Frisque.	29	sam	ste Marie Egypt.
30	jeu	s Rieul.	30	D	s Eutrope, év.
31	ven	Vendredi saint.			

	MAI.			JUIN.
1	lun	ss Jacq. et Ph., ap.	1	jeu	*Fête-Dieu.*
2	mar	s Marcouf, ab.	2	ven	s Pothin, évêque.
3	mer	Inv. de la Ste Cr.	3	sam	ste Clotilde, reine.
4	jeu	s Athanase, év.	4	2 D	s Optat
5	ven	s Pie V, pape.	5	lun	s Boniface.
6	sam	s Jean P. L.	6	mar	s Norbert, évêque.
7	D	s Jean Dam.	7	mer	s Lié.
8	lun	*Rogations.*	8	jeu	s Gildard, év.
9	mar	s Grégoire de N.	9	ven	ste Pélagie.
10	mer	s Antonin.	10	sam	s Ebremond, abbé.
11	jeu	ASCENSION.	11	3 D	s Barnabé, apôtre.
12	ven	s Epiphane, évêq	12	lun	s Basilide, martyr.
13	sam	s Pancrace, m.	13	mar	s Antoine de P.
14	D	s Pacôme, abbé.	14	mer	s Ruffin
15	lun	s Achille.	15	jeu	s Modeste
16	mar	s Braudan, ab.	16	ven	s Jean-Franç. Rég.
17	mer	s Jean Népom.	17	sam	s Ferréol, martyr.
18	jeu	s Claude, évêque.	18	4 D	ste Marine.
19	ven	s Yves, prêtre	19	lun	s Gervais, martyr.
20	sam	s Bernardin.	20	mar	s Latuin, évêque.
21	D	PENTECÔTE.	21	mer	s Louis de G.
22	lun	ste Julie	22	jeu	s Paulin, évêque.
23	mar	ste Marie.	23	ven	s Alban, martyr.
24	mer	ste Susanne. Q. T.	24	sam	s Jean-Baptiste.
25	jeu	s Philippe de N.	25	5 D	s Prosper
26	ven	s Quadrat.	26	lun	ss Jean et Paul
27	sam	s Evroult, ab.	27	mar	s Ladislas, roi.
28	1 D	*Trinité.*	28	mer	s Irénée, évêque.
29	lun	s Maximin.	29	jeu	ss Pierre et P., ap.
30	mar	s Félix, pape.	30	ven	Com. de s Paul.
31	mer	ste Pétronille.			

JUILLET.			AOUT.		
1	sam	D. de St Jean-B.	1	mar	s Pierre ès liens.
2	6 D	V. de la Ste Vierg.	2	me	s Etienne, pape.
3	lun	s Léonor, évêque.	3	jeu	Inv. de St Etienne.
4	mar	O. et T. de St Mar.	4	ven	s Dominique.
5	mer	s Sever, évêque.	5	sam	s Memmie, évêque.
6	jeu	Ch. St Pierre.	6	11 D	Transf. de J.-C.
7	ven	s Thomas, évêque.	7	lun	s Victrice, évêque
8	sam	s Procope, martyr.	8	mar	s Justin.
9	7 D	ste Anatolie, vierg.	9	mer	ste Radégonde.
10	lun	Les 7 frè. et ste Fél.	10	jeu	s Laurent, martyr.
11	mar	s Benoît, abbé.	11	ven	T. de la Ste Croix.
12	mer	s Gualbert.	12	sam	s Taurin, évêque
13	jeu	s Anaclet, prêtre.	13	12 D	s Hippolyte.
14	ven	s Bonaventure, év.	14	lun	s Eusèbe.
15	sam	s Thomas d'Aquin.	15	mar	ASSOMPTION.
16	8 D	s Hélier, martyr.	16	mer	s Roch, confesseur.
17	lun	s Alexis, confes	17	jeu	s Mammès, martyr.
18	mar	s Clair, martyr.	18	ven	ste Hélène.
19	mer	s Vincent de P.	19	sam	s Rufin, confesseur.
20	jeu	ste Marguerite, v.	20	13 D	s Bernard, abbé.
21	ven	s Victor, martyr.	21	lun	s Maximien, mart.
22	sam	ste Marie-Madel.	22	mar	s Symphorien, m.
23	9 D	s Apollinaire, év.	23	mer	ste Jeanne-Franç.
24	lun	ste Christine.	24	jeu	s Barthélemy, ap.
25	mar	s Jacques, apôtre.	25	ven	s Louis, roi.
26	mer	s Joachim et ste A.	26	sam	s Ouen, évêque.
27	jeu	s Pantaléon.	27	14 D	s Césaire, évêque.
28	ven	s Samson, évêque.	28	lun	s Augustin, évêq.
29	sam	s Lazare.	29	mar	s Méderic.
30	10 D	s Ignace, prêtre.	30	mer	s Fiacre, solitaire.
31	lun	s Germain, évêq.	31	jeu	s Ovide.

SEPTEMBRE.

1	ven	s Gilles, abbé.
2	sam	s Antonin, martyr.
3	15D	s Grégoire, pape.
4	lun	ss Patriarches.
5	mar	s Victorin.
6	mer	s Vincent Ferrier.
7	jeu	s Cloud, prêtre.
8	ven	Nat. de la Ste V.
9	sam	s Gorgon, martyr.
10	16D	s Aubert.
11	lun	s Hyacinthe, mart.
12	mar	s Sylvain, évêque.
13	mer	s Maurille, évêque.
14	jeu	Ex. de la Ste Croix.
15	ven	s Nom de Marie.
16	sam	s Corneille, m.
17	17D	s Flocel, martyr.
18	lun	s Senier, évêque.
19	mar	s Janvier, év.
20	mer	s Eustache. Q. T.
21	jeu	s Lo, évêque de C.
22	ven	s Maurice, martyr.
23	sam	ste Thècle, vierge.
24	18D	s Lin, évêque.
25	lun	s Firmin, évêque.
26	mar	s Cyprien, martyr.
27	mer	s Côme, martyr.
28	jeu	s Céran.
29	ven	s Michel.
30	sam	s Jérôme.

OCTOBRE.

1	19D	s Remi, évêque.
2	lun	ss Anges Gardiens.
3	mar	s Denis Aréop.
4	mer	s François d'Assise.
5	jeu	s Placide.
6	ven	s Bruno, moine.
7	sam	s Serge, martyr.
8	20D	s Démètre, mart.
9	lun	s Denis, évêque.
10	mar	s François de B.
11	mer	s Nicaise, martyr.
12	jeu	s Florent, martyr.
13	ven	s Édouard.
14	sam	s Calixte, pape.
15	21D	ste Thérèse, vierge.
16	lun	s Herbland.
17	mar	s Cerbouet.
18	mer	s Luc, apôtre.
19	jeu	s Aquilin, évêque.
20	ven	s Hilarion, abbé.
21	sam	ste Ursule.
22	22D	s Mellon, évêque.
23	lun	s Amand, évêque.
24	mar	s Magloire, évêque.
25	mer	s Crespin, martyr.
26	jeu	s Fromond.
27	ven	s Frumence, évêq.
28	sam	ss Sim. et Jude, ap.
29	23D	s Narcisse.
30	lun	s Léon, pape.
31	mar	s Quentin, martyr.

NOVEMBRE.			DÉCEMBRE.		
1	mer	TOUSSAINT	1	ven	s Éloi, évêque.
2	jeu	Les Trépassés.	2	sam	s Éloque.
3	ven	s Vigor.	3	D	*Avent.*
4	sam	s Charles B.	4	lun	ste Barbe, vierge.
5	24D	s Eustache, martyr.	5	mar	s Athanase, martyr.
6	lun	s Léonard, solitai.	6	mer	s Nicolas, évêque.
7	mar	s Florent.	7	jeu	s Ambroise.
8	mer	stes Reliques.	8	ven	Conception
9	jeu	s Mathurin, prêtre	9	sam	ste Gorgonie.
10	ven	s Juste.	10	D	ste Valérie, vierge.
11	sam	s Martin, év.	11	lun	s Damase, pape.
12	25D	*Dédicace.*	12	mar	ste Constance.
13	lun	s Brice, évêque.	13	mer	ste Luce, vierge.
14	mar	s Stanislas K.	14	jeu	s Gatien, évêque.
15	mer	s Malo, évêque.	15	ven	s Mesmin.
16	jeu	s Edmond, évêque	16	sam	s Valentin, m.
17	ven	s Grégoire Th.	17	D	s Ignace.
18	sam	s Romphaire, évêq.	18	lun	s Auxence, évêque.
19	26D	ste Elisabeth.	19	mar	s Némèse, m.
20	lun	s Bénigne, évêque.	20	mer	s Eugène, pr. Q.T.
21	mar	Présentation.	21	jeu	s Thomas, apôtre.
22	mer	ste Cécile, vierge.	22	ven	s Honorat
23	jeu	s Clément, pape.	23	sam	ste Victoire.
24	ven	s Jean de la Croix.	24	D	s Delphin.
25	sam	ste Catherine.	25	lun	NOEL.
26	27D	s Faust, mart.	26	mar	s Étienne, martyr.
27	lun	s Odilon, abbé.	27	mer	s Jean, évangéliste.
28	mar	s Valérien.	28	jeu	ss Innocents.
29	mer	s Saturnin, évêque.	29	ven	s Trophime.
30	jeu	s André, apôtre.	30	sam	s Sabin.
			31	D	s Sylvestre.

JANVIER.

1	sam	Circoncision.
2	D	s Basile, évêque.
3	lun	ste Geneviève.
4	mar	s Tite, évêque.
5	mer	s Siméon, solitaire.
6	jeu	Épiphanie.
7	ven	Noces.
8	sam	s Lucien.
9	D	s Pierre, évêque.
10	lun	s Paul, ermite.
11	mar	s Théodore.
12	mer	s Arcade, martyr.
13	jeu	Bap. de J.-C.
14	ven	s Hilaire, docteur.
15	sam	s Maur, abbé.
16	D	s Nom de Jésus.
17	lun	s Antoine, abbé.
18	mar	s Mélaine, év.
19	mer	s Sulpice, évêque.
20	jeu	s Sébastien, m.
21	ven	ste Agnès, vierge.
22	sam	s Vincent, martyr.
23	D	s Fulgence, doc.
24	lun	s Timothée, m.
25	mar	Conv. de St Paul
26	mer	s Polycarpe, m.
27	jeu	s Jean-Chr , doc.
28	ven	s Julien, évêque.
29	sam	s François de Sales.
30	D	*Septuagésime.*
31	lun	s Gaud, évêque.

FÉVRIER.

1	mar	s Ignace, év.
2	mer	Purification.
3	jeu	s Blaise, év.
4	ven	ste Jeanne de Val.
5	sam	ste Agathe
6	D	*Sexagésime.*
7	lun	s Jean de Matha, p.
8	mar	S. Cœur de Marie.
9	mer	ste Apolline, v.
10	jeu	ste Scholastique.
11	ven	s Séverin.
12	sam	ste Eulalie.
13	D	*Quinquagésime.*
14	lun	s Valentin, martyr.
15	mar	*Mardi-Gras.*
16	mer	*Cendres.*
17	jeu	s Théodule.
18	ven	s Siméon, évêque.
19	sam	s Gabin.
20	D	*Quadragésime.*
21	lun	s Pépin.
22	mar	ste Isabelle.
23	mer	s Damien. Q. T.
24	jeu	s Matthias, apôtre.
25	ven	s Césaire.
26	sam	s Nestor.
27	D	*Reminiscere.*
28	lun	s Romain.
		s Dosithée.

	MARS.			AVRIL.
1	mar	s Léon de C., év.	1	ven	Vendredi saint.
2	mer	s Aubin, évêque.	2	sam	s Franç. de Paule.
3	jeu	ste Cunég., imp.	3	D	PAQUES.
4	ven	s Casimir.	4	lun	s Isidore.
5	sam	s Adrien, m.	5	mar	s Vincent.
6	D	*Oculi.*	6	mer	s Sixte.
7	lun	stes Perpét. et Fél.	7	jeu	s Epiphane.
8	mar	s Jean de Dieu J.	8	ven	s Denis, évêque.
9	mer	ste Françoise.	9	sam	s Grég. de Nysse.
10	jeu	Les 40 martyrs.	10	D	*Quasimodo.*
11	ven	s Firmin, abbé.	11	lun	s Godbert.
12	sam	s Bernard, évêque.	12	mar	s Jules.
13	D	*Lætare.*	13	mer	s Justin, martyr.
14	lun	s Lubin, évêque.	14	jeu	s Lambert, év.
15	mar	s Longin.	15	ven	s Maxime.
16	mer	s Julien, martyr.	16	sam	s Pair, évêque.
17	jeu	s Patrice, évêque.	17	D	s Anicet.
18	ven	s Alexandre, év.	18	lun	s Cyrille, évêque.
19	sam	s Joseph.	19	mar	s Vincent.
20	D	*La Passion.*	20	mer	s Théotime.
21	lun	s Benoît, abbé.	21	jeu	s Anselme, év.
22	mar	s Emile.	22	ven	ste Opportune.
23	mer	s Victorin.	23	sam	s Georges, mart.
24	jeu	s Simon.	24	D	s Léger.
25	ven	Annonciation.	25	lun	s Marc, évang.
26	sam	s Théodose, m.	26	mar	s Clet, martyr.
27	D	*Rameaux.*	27	mer	s Frédéric.
28	lun	s Gontran, roi.	28	jeu	s Vital, martyr.
29	mar	s Frisque.	29	ven	ste Marie Egyp.
30	mer	s Rieul.	30	sam	s Eutrope, év.
31	jeu	s Benjamin.			

MAI.			**JUIN.**	
1	D	ss Jacq. et Ph., ap.	1	mer	s Jouvin, abbé.
2	lun	s Marcouf, ab.	2	jeu	*Fête-Dieu.*
3	mar	Inv. de la Ste Croix.	3	ven	ste Clotilde, reine.
4	mer	s Athanase, évêque.	4	sam	s Optat.
5	jeu	s Pie V. pape.	5	2 D	s Boniface.
6	ven	s Jean P. L.	6	lun	s Norbert, év.
7	sam	s Jean Damascène.	7	mar	s Lié.
8	D	s Cénéric, abbé.	8	mer	s Gildard, év.
9	lun	*Rogations.*	9	jeu	ste Pélagie.
10	mar	s Antonin.	10	ven	s Ebremond, abbé.
11	mer	s Mammert, év.	11	sam	s Barnabé, ap.
12	jeu	ASCENSION.	12	3 D	s Basilide, mart.
13	ven	s Pancrace, m.	13	lun	s Antoine de Pad.
14	sam	s Pacôme, abbé.	14	mar	s Ruffin.
15	D	s Achille.	15	mer	s Modeste.
16	lun	s Braudan, abbé.	16	jeu	s Jean-Fr. Régis.
17	mar	s Jean Népom.	17	ven	s Ferréol, martyr.
18	mer	s Claude, év.	18	sam	ste Marine.
19	jeu	s Yves, prêtre.	19	4 D	s Gervais, mart.
20	ven	s Bernardin.	20	lun	s Latuin, év.
21	sam	s Ortaire, abbé.	21	mar	s Louis de Gonz.
22	D	PENTECÔTE.	22	mer	s Paulin, év.
23	lun	ste Marie.	23	jeu	s Alban, martyr.
24	mar	ste Susanne.	24	ven	s Jean-Baptiste.
25	mer	s Philip. de N. Q. T.	25	sam	s Prosper.
26	jeu	s Quadrat.	26	5 D	ss Jean et Paul.
27	ven	s Évroult, abbé.	27	lun	s Ladislas, roi.
28	sam	s Manvieu, év.	28	mar	s Irénée, évêque.
29	1 D	*Trinité.*	29	mer	ss Pierre et Paul.
30	lun	s Félix, pape.	30	jeu	Com. de St Paul.
31	mar	ste Pétronille.			

	JUILLET.			AOUT.
1	ven	D. de S. Jean-B.	1	lun	s Pierre ès liens.
2	sam	Visit. de la Ste V.	2	mar	s Etienne, pape.
3	6 D	s Léonor, év.	3	mer	Inv. de S. Etienne.
4	lun	O. et T. de St Mart.	4	jeu	s Dominique.
5	mar	s Sever, év.	5	ven	s Memmie, év.
6	mer	Ch. St Pierre.	6	sam	Transfig. de J.-C.
7	jeu	s Thomas, év.	7	11D	s Victrice, év.
8	ven	s Procope, m.	8	lun	s Justin.
9	sam	ste Anatolie, v.	9	mar	ste Radégonde.
10	7 D	Les 7 fr. et Ste Fél.	10	mer	s Laurent, m.
11	lun	s Benoît, ab.	11	jeu	Trans. de la Ste C.
12	mar	s Gualbert.	12	ven	s Taurin, év.
13	mer	s Anaclet, prêt.	13	sam	s Hippolyte.
14	jeu	s Bonaventure, év.	14	12D	s Eusèbe.
15	ven	s Thomas d'Aquin.	15	lun	ASSOMPTION.
16	sam	s Hélier, m.	16	mar	s Roch, conf.
17	8 D	s Alexis, conf.	17	mer	s Mammès, m.
18	lun	s Clair, m.	18	jeu	ste Hélène.
19	mar	s Vincent de Paule.	19	ven	s Rufin, conf.
20	mer	ste Marguerite, v.	20	sam	s Bernard, ab.
21	jeu	s Victor, m.	21	13D	s Maximien, m.
22	ven	ste Marie-Mad.	22	lun	s Symphorien , m.
23	sam	s Apollinaire, év.	23	mar	ste Jeanne-Franç.
24	9 D	ste Christine.	24	mer	s Barthélemy, ap.
25	lun	s Jacques, ap.	25	jeu	s Louis, roi.
26	mar	s Joac. et Ste Anne.	26	ven	s Ouen, év.
27	mer	s Pantaléon.	27	sam	s Césaire, év.
28	jeu	s Samson, év.	28	14D	s Augustin, év.
29	ven	s Lazare.	29	lun	s Méderic.
30	sam	s Ignace, pr.	30	mar	s Fiacre, solit.
31	10D	s Germain, év.	31	mer	s Ovide.

SEPTEMBRE.			**OCTOBRE.**	
1	jeu	s Gilles, abbé.	1	sam	s Remi, év.
2	ven	s Antonin, m.	2	19D	ss Anges Gard.
3	sam	s Grégoire, pape.	3	lun	s Denis Aréop.
4	15D	ss. Patriarches.	4	mar	s François d'As.
5	lun	s Victorin.	5	mer	s Placide.
6	mar	s Vincent Ferrier.	6	jeu	s Bruno, moine.
7	mer	s Cloud, pr.	7	ven	s Serge, m.
8	jeu	Nativ. de la ste V.	8	sam	s Démètre, m.
9	ven	s Gorgon, m.	9	20D	s Denis, év.
10	sam	s Aubert.	10	lun	s François de Bor.
11	16D	s Hyacinthe, m.	11	mar	s Nicaise, m.
12	lun	s Sylvain, év.	12	mer	s Florent, m.
13	mar	s Maurille, év.	13	jeu	s Edouard.
14	mer	Ex. de la Ste C.	14	ven	s Calixte, pape.
15	jeu	s Nom de Marie.	15	sam	ste Thérèse, v.
16	ven	s Corneille, m.	16	21D	s Herbland.
17	sam	s Flocel, m.	17	lun	s Cerbonet.
18	17D	s Senier, év.	18	mar	s Luc, ap.
19	lun	s Janvier, év	19	mer	s Aquilin, év.
20	mar	s Eustache.	20	jeu	s Hilarion, ab.
21	mer	s Lo, év. de C.Q.T.	21	ven	ste Ursule.
22	jeu	s Maurice, m.	22	sam	s Mellon, év.
23	ven	ste Thècle, v.	23	22D	s Amand, év.
24	sam	s Lin, év.	24	lun	s Magloire, év.
25	18D	s Firmin, év.	25	mar	s Crespin, m.
26	lun	s Cyprien, m.	26	mer	s Fromond.
27	mar	s Côme, m.	27	jeu	s Frumence, év.
28	mer	s Céran	28	ven	ss Sim. et Jude, ap.
29	jeu	s Michel.	29	sam	s Narcisse.
30	ven	s Jérôme.	30	23D	s Léon, pape.
			31	lun	s Quentin, m.

NOVEMBRE.

1	mar	Toussaint.
2	mer	Les Trépassés
3	jeu	s Vigor.
4	ven	s Charles B.
5	sam	s Eustache, m.
6	24D	s Léonard, solit.
7	lun	s Florent.
8	mar	stes Reliques.
9	mer	s Mathurin, pr.
10	jeu	s Juste.
11	ven	s Martin, év.
12	sam	s Martin, pape.
13	25D	*Dédicace.*
14	lun	s Stanislas K.
15	mar	s Malo, év.
16	mer	s Edmond, év.
17	jeu	s Grégoire Th.
18	ven	s Romphaire, év.
19	sam	ste Elisabeth.
20	26D	s Bénigne, év.
21	lun	Présentation.
22	mar	ste Cécile, v.
23	mer	s Clément, pape.
24	jeu	s Jean de la Croix
25	ven	ste Catherine, v.
26	sam	s Faust, m.
27	D	*Avent.*
28	lun	s Valérien.
29	mar	s Saturnin, év.
30	mer	s André, ap.

DÉCEMBRE.

1	jeu	s Eloi, év.
2	ven	s Eloque.
3	sam	s François Xav.
4	D	ste Barbe, v.
5	lun	s Athanase, m.
6	mar	s Nicolas, év.
7	mer	s Ambroise.
8	jeu	Conception
9	ven	ste Gorgonie.
10	sam	ste Valérie, v.
11	D	s Damase, pape.
12	lun	ste Constance.
13	mar	ste Luce, v.
14	mer	s Gatien, év. Q. T.
15	jeu	s Mesmin.
16	ven	s Valentin, m.
17	sam	s Ignace.
18	D	s Auxence, év.
19	lun	s Némèse, m.
20	mar	s Eugène, pr.
21	mer	s Thomas, ap.
22	jeu	s Honorat.
23	ven	ste Victoire.
24	sam	s Delphin.
25	D	Noel.
26	lun	s Etienne, m.
27	mar	s Jean, évang
28	mer	ss Innocents
29	jeu	s Trophime.
30	ven	s Sabin.
31	sam	s Sylvestre.

JANVIER.

1	ven	Circoncision.
2	sam	s Basile , év.
3	D	ste Geneviève.
4	lun	s Tite , év.
5	mar	s Siméon, solit.
6	mer	Epiphanie.
7	jeu	Noces.
8	ven	s Lucien.
9	sam	s Pierre, évêque.
10	D	s Paul, ermite.
11	lun	s Théodore.
12	mar	s. Arcade, martyr.
13	mer	Bap. de Jésus-Chr.
14	jeu	s Hilaire, docteur.
15	ven	s Maur, abbé.
16	sam	s Nom de Jésus.
17	D	s Antoine, abbé.
18	lun	s Mélaine, évêque.
19	mar	s Sulpice, év.
20	mer	s Sébastien, mart.
21	jeu	ste Agnès, vierge.
22	ven	s Vincent, martyr.
23	sam	s Fulgence, doct.
24	D	s Timothée, mart.
25	lun	Conv. de St Paul.
26	mar	s Polycarpe, év.
27	mer	s Jean Chris. doc.
28	jeu	s Julien, év.
29	ven	s François de Sales.
30	sam	ste Bathilde, reine.
31	D	*Septuagésime.*

FÉVRIER.

1	lun	s Ignace , évêque.
2	mar	Purification.
3	mer	s Blaise, évêque.
4	jeu	ste Jeanne de Val
5	ven	ste Agathe.
6	sam	s Vaast, év.
7	D	*Sexagésime.*
8	lun	S. Cœur de Marie.
9	mar	ste Apolline, v.
10	mer	ste Scholastique.
11	jeu	s Séverin.
12	ven	ste Eulalie.
13	sam	s Lezin.
14	D	*Quinquagésime.*
15	lun	s Faustin.
16	mar	*Mardi-Gras.*
17	mer	*Cendres.*
18	jeu	s Siméon, évêque.
19	ven	s Gabin.
20	sam	s Eucher.
21	D	*Quadragésime.*
22	lun	ste Isabelle.
23	mar	s Damien.
24	mer	s Matthias, ap. Q.T.
25	jeu	s Césaire.
26	ven	s Nestor.
27	sam	ste Honorine.
28	D	*Reminiscere.*
		s Dosithée.

MARS.

1	lun	s Léon de Car., év.
2	mar	s Aubin, év.
3	mer	ste Cunég., imp.
4	jeu	s Casimir.
5	ven	s Adrien, martyr.
6	sam	ste Colette, vierg.
7	D	*Oculi.*
8	lun	s Jean de Dieu J.
9	mar	ste Françoise.
10	mer	Les 40 martyrs.
11	jeu	s Firmin, abbé.
12	ven	s Bernard, év.
13	sam	ste Euphrasie.
14	D	*Lœtare.*
15	lun	s Longin.
16	mar	s Julien, m.
17	mer	s Patrice, évêque
18	jeu	s Alexandre, év.
19	ven	s Joseph.
20	sam	s Joachim.
21	D	*Passion.*
22	lun	s Emile.
23	mar	s Victorin.
24	mer	s Simon.
25	jeu	Annonciation.
26	ven	s Théodose, mart.
27	sam	s Rupert, évêque.
28	D	*Rameaux.*
29	lun	s Frisque.
30	mar	s Rieul.
31	mer	s Benjamin.

AVRIL.

1	jeu	s Hugues, évêque.
2	ven	Vendredi saint.
3	sam	s Richard.
4	D	PAQUES.
5	lun	s Vincent.
6	mar	s Sixte.
7	mer	s Epiphane.
8	jeu	s Denis, évêque.
9	ven	s Grégoire de N.
10	sam	s Macaire, év.
11	D	*Quasimodo.*
12	lun	s Jules.
13	mar	s Justin, martyr.
14	mer	s Lambert, évêque.
15	jeu	s Maxime.
16	ven	s Pair, évêque.
17	sam	s Anicet.
18	D	s Cyrille, évêque.
19	lun	s Vincent.
20	mar	s Théotime.
21	mer	s Anselme.
22	jeu	ste Opportune.
23	ven	s Georges, martyr.
24	sam	s Léger.
25	D	s Marc, évangéliste.
26	lun	s Clet, martyr.
27	mar	s Frédéric.
28	mer	s Vital, m.
29	jeu	ste Marie Égypt.
30	ven	s Eutrope, év.

MAI.		JUIN.	
1	sam	ss Jacq. et Ph., ap.	1	mar	s Jouvin, abbé.
2	D	s Marcouf, abbé	2	mer	s Pothin, évêque.
3	lun	Inv. de la Ste Croix.	3	jeu	*Fête-Dieu.*
4	mar	s Athanase, év.	4	ven	s Optat
5	mer	s Pie V, pape.	5	sam	s Boniface.
6	jeu	s Jean P. L.	6	2 D	s Norbert, évêque.
7	ven	s Jean Damasc.	7	lun	s Lié.
8	sam	s Cénéric, abbé.	8	mar	s Gildard, évêque.
9	D	s Grégoire de Nys.	9	mer	ste Pélagie.
10	lun	*Rogations.*	10	jeu	s Ebremond, abbé.
11	mar	s Mammert, év.	11	ven	s Barnabé, apôtre.
12	mer	s Epiphane, év.	12	sam	s Basilide, martyr.
13	jeu	ASCENSION.	13	3 D	s Antoine de P.
14	ven	s Pacôme, abbé	14	lun	s Ruffin.
15	sam	s Achille.	15	mar	s Modeste.
16	D	s Braudan, abbé.	16	mer	s Jean-F. Régis
17	lun	s Jean Népom.	17	jeu	s Ferréol, martyr.
18	mar	s Claude, év.	18	ven	ste Marine.
19	mer	s Yves, prêtre.	19	sam	s Gervais, martyr.
20	jeu	s Bernardin.	20	4 D	s Latuin, évêque.
21	ven	s Ortaire, abbé.	21	lun	s Louis de Gonz.
22	sam	ste Julie.	22	mar	s Paulin, évêque.
23	D	PENTECÔTE.	23	mer	s Alban, martyr.
24	lun	ste Susanne.	24	jeu	s Jean-Baptiste.
25	mar	s Philippe de N.	25	ven	s Prosper.
26	mer	s Quadrat. Q. T.	26	sam	ss Jean et Paul.
27	jeu	s Évroult, abbé.	27	5 D	s Ladislas, roi.
28	ven	s Manvieu, év.	28	lun	s Irénée, évêque.
29	sam	s Maximin.	29	mar	ss Pierre et Paul.
30	1 D	*Trinité.*	30	mer	Com. de St Paul.
31	lun	Ste Pétronille.			

	JUILLET.			AOUT.
1	jeu	D. de S. Jean-B.	1 10ᴅ	s Pierre ès liens.
2	ven	V. de la Ste Vierg.	2 lun	s Etienne, pape.
3	sam	s Léonor, év.	3 mar	Inv. de St Etienne.
4 6 ᴅ		O. et T. de S. Mart.	4 mer	s Dominique.
5	lun	s Sever, év.	5 jeu	s Memmie, év.
6	mar	Ch. St Pierre.	6 ven	Transf. de J.-C.
7	mer	s Thomas, év.	7 sam	s Victrice, év.
8	jeu	s Procope, m.	8 11ᴅ	s Justin.
9	ven	ste Anatolie, v.	9 lun	ste Radégonde.
10	sam	Les 7 fr. et Ste Fél.	10 mar	s Laurent, m.
11 7 ᴅ		s Benoît, ab.	11 mer	T. de la Ste Croix.
12	lun	s Gualbert.	12 jeu	s Taurin, év.
13	mar	s Anaclet, pr.	13 ven	s Hippolyte.
14	mer	s Bonaventure, év.	14 sam	s Eusèbe.
15	jeu	s Thom. d'Aquin.	15 12ᴅ	ASSOMPTION.
16	ven	s Hélier, m.	16 lun	s Roch, conf.
17	sam	s Alexis, conf.	17 mar	s Mammès, m.
18 8 ᴅ		s Clair, m.	18 mer	ste Hélène.
19	lun	s Vincent de Paule.	19 jeu	s Rufin, conf.
20	mar	ste Marguerite, v.	20 ven	s Bernard, ab.
21	mer	s Victor, m.	21 sam	s Maximien, m.
22	jeu	ste Marie-Mad	22 13ᴅ	s Symphorien.
23	ven	s Apollinaire, év.	23 lun	ste Jeanne-Franç.
24	sam	ste Christine.	24 mar	s Barthélemy, ap.
25 9 ᴅ		s Jacques, ap.	25 mer	s Louis, roi.
26	lun	s Joac. et Ste Anne.	26 jeu	s Ouen, év.
27	mar	s Pantaléon.	27 ven	s Césaire év.
28	mer	s Samson, év.	28 sam	s Augustin, év.
29	jeu	s Lazare.	29 14ᴅ	s Médéric.
30	ven	s Ignace, pr.	30 lun	s Fiacre, solit.
31	sam	s Germain, év.	31 mar	s Ovide.

SEPTEMBRE.

1	mer	s Gilles, ab.
2	jeu	s Antonin, m.
3	ven	s Grégoire, pape
4	sam	ss Patriarches.
5	15D	s Victorin.
6	lun	s Vincent Ferrier.
7	mar	s Cloud, prêt.
8	mer	Nat. de la ste Vier.
9	jeu	s Gorgon, m
10	ven	s Aubert.
11	sam	s Hyacinthe, m.
12	16D	s Sylvain, év.
13	lun	s Maurille, év.
14	mar	Ex. de la Ste Croix.
15	mer	s N. de Marie. Q T.
16	jeu	s Corneille, m.
17	ven	s Flocel, m.
18	sam	s Senier, év.
19	17D	s Janvier, év.
20	lun	s Eustache.
21	mar	s Lo, év. de C.
22	mer	s Maurice, m.
23	jeu	ste Thècle, v.
24	ven	s Lin, év.
25	sam	s Firmin, év.
26	18D	s Cyprien, m.
27	lun	s Côme, m.
28	mar	s Céran
29	mer	s Michel.
30	jeu	s Jérôme.

OCTOBRE.

1	ven	s Remi, év.
2	sam	ss Anges Gard.
3	19D	s Denis Aréopag.
4	lun	s François d'Assise.
5	mar	s Placide.
6	mer	s Bruno, moine.
7	jeu	s Serge, m.
8	ven	s Démètre, m.
9	sam	s Denis, év.
10	20D	s François de B.
11	lun	s Nicaise, m
12	mar	s Florent, m.
13	mer	s Edouard.
14	jeu	s Calixte, pape.
15	ven	ste Thérèse, v.
16	sam	s Herbland.
17	21D	s Cerbouet.
18	lun	s Luc, ap.
19	mar	s Aquilin, év.
20	mer	s Hilarion, ab.
21	jeu	ste Ursule
22	ven	s Mellon, év.
23	sam	s Amand, év.
24	22D	s Magloire, év.
25	lun	s Crespin, m.
26	mar	s Fromond.
27	mer	s Frumence, év.
28	jeu	ss Simon et Jude.
29	ven	s Narcisse.
30	sam	s Léon, pape.
31	23D	s Quentin, m.

NOVEMBRE.			DÉCEMBRE.		
1	lun	Toussaint.	1	mer	s Eloi, év.
2	mar	Les Trépassés.	2	jeu	s Eloque.
3	mer	s Vigor.	3	ven	s François Xavier.
4	jeu	s Charles B.	4	sam	ste Barbe, v.
5	ven	s Eustache, m.	5	D	s Athanase, m.
6	sam	s Léonard, solit.	6	lun	s Nicolas, év.
7	24D	s Florent.	7	mar	s Ambroise.
8	lun	stes Reliques.	8	mer	Conception.
9	mar	s Mathurin. pr.	9	jeu	ste Gorgonie.
10	mer	s Juste.	10	ven	ste Valérie, v.
11	jeu	s Martin, év.	11	sam	s Damase, pape.
12	ven	s Martin, pape.	12	D	ste Constance.
13	sam	s Brice, év.	13	lun	ste Luce, v.
14	25D	*Dédicace.*	14	mar	s Gatien, év.
15	lun	s Malo, év.	15	mer	s Mesmin. Q. T
16	mar	s Edmond, év.	16	jeu	s Valentin, m.
17	mer	s Grégoire Th.	17	ven	s Ignace
18	jeu	s Romphaire, év.	18	sam	s Auxence, év.
19	ven	ste Elisabeth.	19	D	s Némèse, m.
20	sam	s Bénigne, év.	20	lun	s Eugène, pr.
21	26D	Présentation.	21	mar	s Thomas, ap
22	lun	ste Cécile, v.	22	mer	s Honorat.
23	mar	s Clément, pape.	23	jeu	ste Victoire.
24	mer	s Jean de la Croix.	24	ven	s Delphin.
25	jeu	ste Catherine, v.	25	sam	Noel.
26	ven	s Faust, m	26	D	s Etienne, m.
27	sam	s Odilon, ab.	27	lun	s Jean, évang
28	D	*Avent.*	28	mar	ss Innocents.
29	lun	s Saturnin, év.	29	mer	s Trophime.
30	mar	s André, ap.	30	jeu	s Sabin.
			31	ven	s Sylvestre.

JANVIER.			**FÉVRIER.**		
1	jeu	Circoncision.	1	D	*Septuagésime.*
2	ven	s Basile , évêque.	2	lun	Purification.
3	sam	ste Geneviève.	3	mar	s Blaise, év.
4	D	s Tite , évêque.	4	mer	ste Jeanne de V.
5	lun	s Siméon , solit.	5	jeu	ste Agathe.
6	mar	Epiphanie.	6	ven	s Vaast , évêque.
7	mer	Noces.	7	sam	s Jean de Matha.
8	jeu	s Lucien.	8	D	*Sexagésime.*
9	ven	s Pierre , évêque.	9	lun	ste Apolline, vierg.
10	sam	s Paul , ermite.	10	mar	ste Scholastique.
11	D	s Théodore.	11	mer	s Séverin.
12	lun	s Arcade, martyr.	12	jeu	ste Eulalie.
13	mar	Bapt. de J.-C.	13	ven	s Lezin.
14	mer	s Hilaire, docteur.	14	sam	s Valentin, martyr.
15	jeu	s Maur, abbé.	15	D	*Quinquagésime.*
16	ven	s Nom de Jésus.	16	lun	ste Julienne.
17	sam	s Antoine, abbé.	17	mar	*Mardi-Gras.*
18	D	s Mélaine, évêque.	18	mer	*Cendres.*
19	lun	s Sulpice, évêque.	19	jeu	s Gabin.
20	mar	s Sébastien, m.	20	ven	s Eucher.
21	mer	ste Agnès, vierge.	21	sam	s Pépin.
22	jeu	s Vincent, martyr.	22	D	*Quadragésime.*
23	ven	s Fulgence, doct.	23	lun	s Damien.
24	sam	s Timothée, mart.	24	mar	s Matthias, ap.
25	D	Conv. de St Paul	25	mer	s Césaire. Q. T.
26	lun	s Polycarpe.	26	jeu	s Nestor.
27	mar	s Jean Ch., doct.	27	ven	ste Honorine.
28	mer	s Julien, évêque.	28	sam	s Romain.
29	jeu	s François de Sales			s Dosithée.
30	ven	ste Bathilde, reine.			
31	sam	s Gaud, évêque.			

MARS.				AVRIL.	
1	D	*Reminiscere.*	1	mer	s Hugues, évêque.
2	lun	s Aubin, évêque.	2	jeu	s François de P.
3	mar	ste Cunégonde.	3	ven	Vendredi saint.
4	mer	s Casimir.	4	sam	s Isidore.
5	jeu	s Adrien, martyr.	5	D	PÂQUES.
6	ven	ste Colette, vierge.	6	lun	s Sixte.
7	sam	stes Perpét. et Féli.	7	mar	s Épiphane.
8	D	*Oculi.*	8	mer	s Denis, évêque.
9	lun	ste Françoise.	9	jeu	s Grégoire de N.
10	mar	Les 40 martyrs.	10	ven	s Macaire, évêque.
11	mer	s Firmin, abbé.	11	sam	s Godbert.
12	jeu	s Bernard, évêque.	12	D	*Quasimodo.*
13	ven	ste Euphrasie.	13	lun	s Justin, martyr.
14	sam	s Lubin, évêque.	14	mar	s Lambert.
15	D	*Lætare.*	15	mer	s Maxime.
16	lun	s Julien, martyr.	16	jeu	s Pair, évêque.
17	mar	s Patrice, év.	17	ven	s Anicet.
18	mer	s Alexandre, év.	18	sam	s Cyrille, évêque.
19	jeu	s Joseph.	19	D	s Vincent.
20	ven	s Joachim.	20	lun	s Théotime.
21	sam	s Benoît, abbé.	21	mar	s Anselme, évêque.
22	D	*Passion.*	22	mer	ste Opportune.
23	lun	s Victorin.	23	jeu	s Georges.
24	mar	s Simon.	24	ven	s Léger.
25	mer	Annonciation.	25	sam	s Marc, évangél.
26	jeu	s Théodose, mart.	26	D	s Clet, martyr.
27	ven	s Rupert, évêque.	27	lun	s Frédéric.
28	sam	s Gontran, roi.	28	mar	s Vital, m.
29	D	*Rameaux.*	29	mer	ste Marie Egypt.
30	lun	s Rieul.	30	jeu	s Eutrope, év.
31	mar	s Benjamin.			

MAI.			JUIN.		
1	ven	ss Jacq. et Ph. ap.	1	lun	s Jouvin, abbé.
2	sam	s Marcouf, abbé.	2	mar	s Pothin, évêque.
3	D	Inv. de la Ste Croix.	3	mer	ste Clotilde, reine.
4	lun	s Athanase, év.	4	jeu	*Fête-Dieu.*
5	mar	s Pie V, pape.	5	ven	s Boniface.
6	mer	s Jean P. L.	6	sam	s Norbert, évêque.
7	jeu	s Jean Dam.	7	2 D	s Lié.
8	ven	s Cénéric, abbé.	8	lun	s Gildard, évêque.
9	sam	s Grégoire de N.	9	mar	ste Pélagie.
10	D	s Antonin.	10	mer	s Ebremond, abbé.
11	lun	*Rogations.*	11	jeu	s Barnabé, ap.
12	mar	s Épiphane, év.	12	ven	s Basilide, martyr.
13	mer	s Pancrace, mart.	13	sam	s Antoine de P.
14	jeu	ASCENSION.	14	3 D	s Ruffin.
15	ven	s Achille.	15	lun	s Modeste.
16	sam	s Braudan, abbé.	16	mar	s Jean-François R.
17	D	s Jean Nép.	17	mer	s Ferréol, martyr.
18	lun	s Claude, évêque.	18	jeu	ste Marine.
19	mar	s Yves, pr.	19	ven	s Gervais, martyr.
20	mer	s Bernardin.	20	sam	s Latuin, évêque.
21	jeu	s Ortaire, abbé.	21	4 D	s Louis de Gonz.
22	ven	ste Julie.	22	lun	s Paulin, évêque.
23	sam	ste Marie.	23	mar	s Alban, martyr.
24	D	PENTECÔTE.	24	mer	s Jean-Baptiste.
25	lun	s Philippe de N.	25	jeu	s Prosper.
26	mar	s Quadrat.	26	ven	ss Jean et Paul.
27	mer	s Èvroult, ab. Q.T.	27	sam	s Ladislas, roi.
28	jeu	s Manvieu, évêque.	28	5 D	s Irénée, évêque.
29	ven	s Maximin.	29	lun	ss Pierre et P. ap.
30	sam	s Félix, pape.	30	mar	Com. de St Paul.
31	1 D	*Trinité.*			

JUILLET.			AOUT.	
1	mer	D. de S. Jean-B.	1	sam	s Pierre ès liens.
2	jeu	V. de la ste Vierge.	2	10 D	s Etienne, pape.
3	ven	s Léonor, év.	3	lun	Inv. de s Etienne.
4	sam	O. et T. de S. Mart.	4	mar	s Dominique.
5	6 D	s Sever, év.	5	mer	s Memmie, év.
6	lun	Ch. S. Pierre.	6	jeu	Transf. de J.-C.
7	mar	s Thomas, év.	7	ven	s Victrice, év.
8	mer	s Procope, m.	8	sam	s Justin.
9	jeu	ste Anatolie, v.	9	11 D	ste Radégonde
10	ven	Les 7 fr. et ste Fél.	10	lun	s Laurent, m.
11	sam	s Benoît, abbé.	11	mar	T. de la ste Croix.
12	7 D	s Gualbert.	12	mer	s Taurin, év.
13	lun	s Anaclet, pr.	13	jeu	s Hippolyte.
14	mar	s Bonaventure, év.	14	ven	s Eusèbe.
15	mer	s Thomas d'Aquin.	15	sam	ASSOMPTION.
16	jeu	s Hélier, m.	16	12 D	s Roch, conf.
17	ven	s Alexis, conf.	17	lun	s Mammès, m.
18	sam	s Clair, m.	18	mar	ste Hélène.
19	8 D	s Vincent de Paule.	19	mer	s Rufin, conf.
20	lun	ste Marguerite, v.	20	jeu	s Bernard, abbé.
21	mar	s Victor, m.	21	ven	s Maximien, m.
22	mer	ste Marie-Mad.	22	sam	s Symphorien, m.
23	jeu	s Apollinaire, év.	23	13 D	ste Jeanne-Franç.
24	ven	ste Christine.	24	lun	s Barthélemy, ap.
25	sam	s Jacques, ap.	25	mar	s Louis, roi.
26	9 D	s Joac. et ste Anne.	26	mer	s Ouen, év.
27	lun	s Pantaléon.	27	jeu	s Césaire, év.
28	mar	s Samson, év.	28	ven	s Augustin, év.
29	mer	s Lazare.	29	sam	s Médéric.
30	jeu	s Ignace, pr.	30	14 D	s Fiacre, solit.
31	ven	s Germain, év.	31	lun	s Ovide.

SEPTEMBRE.

1 |mar |s Gilles, abbé.
2 |mer |s Antoine, m.
3 |jeu |s Grégoire, pape.
4 |ven |ss Patriarches.
5 |sam |s Victorin.
6 |15D |s Vincent Ferrier.
7 |lun |s Cloud, prêtre.
8 |mar |Nativ. de la ste V.
9 |mer |s Gorgon, m.
10 |jeu |s Aubert.
11 |ven |s Hyacinthe, m.
12 |sam |s Sylvain, év.
13 |16D |s Maurille, év.
14 |lun |Ex. de la ste Croix.
15 |mar |s Nom de Marie.
16 |mer |s Corneille, m.Q.T.
17 |jeu |s Flocel, m.
18 |ven |s Senier, év.
19 |sam |s Janvier, év.
20 |17D |s Eustache.
21 |lun |s Lo, év. de C.
22 |mar |s Maurice, m.
23 |mer |ste Thècle, v.
24 |jeu |s Lin, év.
25 |ven |s Firmin, év.
26 |sam |s Cyprien, m.
27 |18D |s Côme, m.
28 |lun |s Céran.
29 |mar |s Michel.
30 |mer |s Jérôme.

OCTOBRE.

1 |jeu |s Remi, év.
2 |ven |ss Anges Gardiens.
3 |sam |s Denis Aréopagite.
4 |19D |s François d'Assise.
5 |lun |s Placide.
6 |mar |s Bruno, moine.
7 |mer |s Serge, m.
8 |jeu |s Démètre, m.
9 |ven |s Denis, év.
10 |sam |s François de B.
11 |20D |s Nicaise, m.
12 |lun |s Florent, m.
13 |mar |s Edouard.
14 |mer |s Calixte, pape.
15 |jeu |ste Thérèse, v.
16 |ven |s Herbland.
17 |sam |s Cerbouet.
18 |21D |s Luc, ap.
19 |lun |s Aquilin, év.
20 |mar |s Hilarion, ab.
21 |mer |ste Ursule.
22 |jeu |s Mellon, év.
23 |ven |s Amand, év.
24 |sam |s Magloire, év.
25 |22D |s Crespin, m.
26 |lun |s Fromond.
27 |mar |s Frumence, év.
28 |mer |ss Simon et Jude.
29 |jeu |s Narcisse.
30 |ven |s Léon, pape.
31 |sam |s Quentin, m.

NOVEMBRE.

1	23D	TOUSSAINT.
2	lun	Les Trépassés.
3	mar	s Vigor.
4	mer	s Charles B.
5	jeu	s Eustache, m.
6	ven	s Léonard, solit.
7	sam	s Florent.
8	24D	stes Reliques.
9	lun	s Mathurin, pr.
10	mar	s Juste.
11	mer	s Martin, év.
12	jeu	s Martin, pape.
13	ven	s Brice, év.
14	sam	s Stanislas K.
15	25D	*Dédicace.*
16	lun	s Edmond, év.
17	mar	s Grégoire Th.
18	mer	s Romphaire, év.
19	jeu	ste Elisabeth.
20	ven	s Bénigne, év.
21	sam	Présentation.
22	26D	ste Cécile, v.
23	lun	s Clément, pape.
24	mar	s Jean de la Croix.
25	mer	ste Catherine, v.
26	jeu	s Faust, m.
27	ven	s Odilon, ab.
28	sam	s Valérien.
29	D	*Avent.*
30	lun	s André, ap.

DÉCEMBRE.

1	mar	s Éloi, év.
2	mer	s Eloque.
3	jeu	s François Xav.
4	ven	ste Barbe, v.
5	sam	s Athanase, m.
6	D	s Nicolas, év.
7	lun	s Ambroise.
8	mar	Conception.
9	mer	ste Gorgonie.
10	jeu	ste Valérie, v.
11	ven	s Damase, pape.
12	sam	ste Constance.
13	D	ste Luce, v.
14	lun	s Gatien, év.
15	mar	s Mesmin.
16	mer	s Valentin, m.Q.T.
17	jeu	s Ignace.
18	ven	s Auxence, év.
19	sam	s Némèse, m.
20	D	s Eugène, prêt.
21	lun	s Thomas, ap.
22	mar	s Honorat.
23	mer	ste Victoire.
24	jeu	s Delphin.
25	ven	NOEL.
26	sam	s Etienne, m.
27	D	s Jean, évang.
28	lun	ss Innocents.
29	mar	s Trophime.
30	mer	s Sabin.
31	jeu	s Sylvestre.

JANVIER.			FÉVRIER.		
1	mer	Circoncision.	1	sam	s Ignace, év.
2	jeu	s Basile, év.	2	D	*Septuagésime.*
3	ven	ste Geneviève.	3	lun	s Blaise, év.
4	sam	s Tite, év.	4	mar	ste Jeanne de Val.
5	D	s Siméon, solit.	5	mer	ste Agathe.
6	lun	Epiphanie.	6	jeu	s Vaast, évêque.
7	mar	Noces.	7	ven	s Jean de Matha, p.
8	mer	s Lucien.	8	sam	S. Cœur de Marie.
9	jeu	s Pierre, év.	9	D	*Sexagésime.*
10	ven	s Paul, erm.	10	lun	ste Scholastique.
11	sam	s Théodore.	11	mar	s Severin.
12	D	s Arcade, m.	12	mer	ste Eulalie.
13	lun	Bap. de J.-C.	13	jeu	s Lezin.
14	mar	s Hilaire, docteur.	14	ven	s Valentin, m.
15	mer	s Maur, abbé.	15	sam	s Faustin.
16	jeu	s Nom de Jésus.	16	D	*Quinquagésime.*
17	ven	s Antoine, ab.	17	lun	s Théodule.
18	sam	s Mélaine, év.	18	mar	*Mardi-Gras.*
19	D	s Sulpice, év.	19	mer	*Cendres.*
20	lun	s Sébastien, m.	20	jeu	s Eucher.
21	mar	ste Agnès, vierge	21	ven	s Pépin.
22	mer	s Vincent, m.	22	sam	ste Isabelle.
23	jeu	s Fulgence, doc.	23	D	*Quadragésime.*
24	ven	s Timothée, m.	24	lun	s Matthias, ap.
25	sam	Conv. de St Paul.	25	mar	s Césaire.
26	D	s Polycarpe, m.	26	mer	s Nestor. Q. T.
27	lun	s Jean Ch., doc.	27	jeu	ste Honorine.
28	mar	s Julien, évêque.	28	ven	s Romain.
29	mer	s Franç. de S., év.			s Dosithée.
30	jeu	ste Bathilde, reine.			
31	ven	s Gaud, év.			

MARS.			AVRIL.		
1	sam	s Léon de Car., év.	1	mar	s Hugues, év.
2	D	*Reminiscere.*	2	mer	s François de Paule.
3	lun	ste Cunégonde.	3	jeu	s Richard.
4	mar	s Casimir.	4	ven	Vendredi saint.
5	mer	s Adrien, martyr.	5	sam	s Vincent.
6	jeu	ste Colette, v.	6	D	PAQUES.
7	ven	stes Perp. et Félic.	7	lun	s Épiphane.
8	sam	s Jean de D. juste.	8	mar	s Denis, év.
9	D	*Oculi.*	9	mer	s Grégoire de N.
10	lun	Les 40 martyrs.	10	jeu	s Macaire, év.
11	mar	s Firmin, abbé.	11	ven	s Godbert.
12	mer	s Bernard, év.	12	sam	s Jules.
13	jeu	ste Euphrasie.	13	D	*Quasimodo.*
14	ven	s Lubin, év.	14	lun	s Lambert, év.
15	sam	s Longin.	15	mar	s Maxime.
16	D	*Lætare.*	16	mer	s Pair, év.
17	lun	s Patrice, év.	17	jeu	s Anicet.
18	mar	s Alexandre.	18	ven	s Cyrille, év.
19	mer	s Joseph.	19	sam	s Vincent.
20	jeu	s Joachim.	20	D	s Théotime.
21	ven	s Benoît, ab.	21	lun	s Anselme, év.
22	sam	s Emile.	22	mar	ste Opportune.
23	D	*Passion.*	23	mer	s Georges, m.
24	lun	s Simon.	24	jeu	s Léger.
25	mar	Annonciation.	25	ven	s Marc, évang.
26	mer	s Théodose, m.	26	sam	s Clet, m.
27	jeu	s Rupert, év.	27	D	s Frédéric.
28	ven	s Gontran, roi.	28	lun	s Vital, m.
29	sam	s Frisque.	29	mar	ste Marie Egypt.
30	D	*Rameaux.*	30	mer	s Eutrope, év.
31	lun	s Benjamin.			

	MAI.			JUIN.
1	jeu	ss Jacq. et Ph., ap.	1	1 D	*Trinité.*
2	ven	s Marcouf, ab.	2	lun	s Pothin, évêque.
3	sam	Inv. de la Ste Cr.	3	mar	ste Clotilde, reine.
4	D	s Athanase, év.	4	mer	s Optat.
5	lun	s Pie V, pape.	5	jeu	*Fête-Dieu.*
6	mar	s Jean P. L.	6	ven	s Norbert, évêque.
7	mer	s Jean Dam	7	sam	s Lié.
8	jeu	s Cénéric, abbé.	8	2 D	s Gildard. év.
9	ven	s Grégoire de N.	9	lun	ste Pélagie.
10	sam	s Antonin.	10	mar	s Ebremond, abbé.
11	D	s Mammert, év.	11	mer	s Barnabé, apôtre.
12	lun	*Rogations.*	12	jeu	s Basilide, martyr.
13	mar	s Pancrace, m.	13	ven	s Antoine de P.
14	mer	s Pacôme, abbé.	14	sam	s Ruffin
15	jeu	ASCENSION.	15	3 D	s Modeste.
16	ven	s Braudan, ab.	16	lun	s Jean-Franç. Rég.
17	sam	s Jean Népom.	17	mar	s Ferréol, martyr.
18	D	s Claude, évêque.	18	mer	ste Marine.
19	lun	s Yves, prêtre.	19	jeu	s Gervais, martyr.
20	mar	s Bernardin.	20	ven	s Latuin, évêque.
21	mer	s Ortaire, abbé	21	sam	s Louis de G.
22	jeu	ste Julie	22	4 D	s Paulin, évêque.
23	ven	ste Marie.	23	lun	s Alban, martyr.
24	sam	ste Susanne.	24	mar	s Jean-Baptiste.
25	D	PENTECÔTE.	25	mer	s Prosper
26	lun	s Quadrat.	26	jeu	ss Jean et Paul
27	mar	s Evroult, ab.	27	ven	s Ladislas, roi.
28	mer	s Manvieu, év. Q.T	28	sam	s Irénée, évêque.
29	jeu	s Maximin.	29	5 D	ss Pierre et P., ap.
30	ven	s Félix, pape.	30	lun	Com. de s Paul.
31	sam	ste Pétronille			

JUILLET.		AOUT.	
1 mar	D. de St Jean-B.	1 ven	s Pierre ès liens.
2 mer	V. de la Ste Vierg.	2 sam	s Etienne, pape.
3 jeu	s Léonor, évêque.	3 10 D	Inv. de St Etienne.
4 ven	O. et T. de St Mar.	4 lun	s Dominique.
5 sam	s Sever, évêque.	5 mar	s Memmie, évêque.
6 6 D	Ch. St Pierre.	6 mer	Transf. de J.-C
7 lun	s Thomas, évêque.	7 jeu	s Victrice, évêque.
8 mar	s Procope, martyr.	8 ven	s Justin.
9 mer	ste Anatolie, vierg.	9 sam	ste Radégonde.
10 jeu	Les 7 frè. et ste Fél.	10 11 D	s Laurent, martyr.
11 ven	s Benoît, abbé.	11 lun	T. de la Ste Croix.
12 sam	s Gualbert.	12 mar	s Taurin, évêque
13 7 D	s Anaclet, prêtre.	13 mer	s Hippolyte.
14 lun	s Bonaventure, év.	14 jeu	s Eusèbe.
15 mar	s Thomas d'Aquin.	15 ven	ASSOMPTION.
16 mer	s Hélier, martyr.	16 sam	s Roch, confesseur.
17 jeu	s Alexis, confès	17 12 D	s Mammès, martyr.
18 ven	s Clair, martyr.	18 lun	ste Hélène.
19 sam	s Vincent de P.	19 mar	s Rufin, confesseur.
20 8 D	ste Marguerite, v.	20 mer	s Bernard, abbé.
21 lun	s Victor, martyr.	21 jeu	s Maximien, mart.
22 mar	ste Marie-Madel.	22 ven	s Symphorien, m.
23 mer	s Apollinaire, év.	23 sam	ste Jeanne-Franç.
24 jeu	ste Christine.	24 13 D	s Barthélemy, ap.
25 ven	s Jacques, apôtre.	25 lun	s Louis, roi.
26 sam	s Joachim et ste A.	26 mar	s Ouen, évêque.
27 9 D	s Pantaléon.	27 mer	s Césaire, évêque.
28 lun	s Samson, évêque.	28 jeu	s Augustin, évêq.
29 mar	s Lazare.	29 ven	s Méderic.
30 mer	s Ignace, prêtre.	30 sam	s Fiacre, solitaire.
31 jeu	s Germain, évêq.	31 14 D	s Ovide.

SEPTEMBRE.			OCTOBRE.		
1	lun	s Gilles, abbé.	1	mer	s Remi, évêque.
2	mar	s Antonin, martyr.	2	jeu	ss Anges Gardiens.
3	mer	s Grégoire, pape.	3	ven	s Denis Aréop.
4	jeu	ss Patriarches.	4	sam	s François d'Assise.
5	ven	s Victorin.	5	19D	s Placide.
6	sam	s Vincent Ferrier.	6	lun	s Bruno, moine.
7	15D	s Cloud, prêtre.	7	mar	s Serge, martyr.
8	lun	Nat. de la Ste V.	8	mer	s Démètre, mart.
9	mar	s Gorgon, martyr.	9	jeu	s Denis, évêque.
10	mer	s Aubert.	10	ven	s François de B.
11	jeu	s Hyacinthe, mart.	11	sam	s Nicaise, martyr.
12	ven	s Sylvain, évêque.	12	20D	s Florent, martyr.
13	sam	s Maurille, évêque.	13	lun	s Édouard.
14	16D	Ex. de la Ste Croix.	14	mar	s Calixte, pape.
15	lun	s Nom de Marie.	15	mer	ste Thérèse, vierge.
16	mar	s Corneille, m.	16	jeu	s Herbland.
17	mer	s Flocel, m. Q. T.	17	ven	s Cerbouet.
18	jeu	s Senier, évêque.	18	sam	s Luc, apôtre.
19	ven	s Janvier, év.	19	21D	s Aquilin, évêque.
20	sam	s Eustache.	20	lun	s Hilarion, abbé.
21	17D	s Lo, évêque de C.	21	mar	ste Ursule.
22	lun	s Maurice, martyr.	22	mer	s Mellon, évêque.
23	mar	ste Thècle, vierge.	23	jeu	s Amand, évêque.
24	mer	s Lin. évêque.	24	ven	s Magloire, évêque.
25	jeu	s Firmin, évêque.	25	sam	s Crespin, martyr.
26	ven	s Cyprien, martyr.	26	22D	s Fromond.
27	sam	s Côme, martyr.	27	lun	s Frumence, évêq.
28	18D	s Céran.	28	mar	ss Sim. et Jude, ap.
29	lun	s Michel.	29	mer	s Narcisse.
30	mar	s Jérôme.	30	jeu	s Léon, pape.
			31	ven	s Quentin, martyr.

	NOVEMBRE.			DÉCEMBRE.
1	sam	Toussaint	1	lun	s Eloi, évêque.
2	23D	Les Trépassés.	2	mar	s Eloque.
3	lun	s Vigor.	3	mer	s François Xavier.
4	mar	s Charles B.	4	jeu	ste Barbe, vierge.
5	mer	s Eustache, martyr.	5	ven	s Athanase, martyr.
6	jeu	s Léonard, solitai.	6	sam	s Nicolas, évêque.
7	ven	s Florent.	7	D	s Ambroise.
8	sam	stes Reliques.	8	lun	Conception
9	24D	*Dédicace.*	9	mar	ste Gorgonie.
10	lun	s Juste.	10	mer	ste Valérie, vierge.
11	mar	s Martin, év.	11	jeu	s Damase, pape.
12	mer	s Martin, pape.	12	ven	ste Constance.
13	jeu	s Brice, évêque.	13	sam	ste Luce, vierge.
14	ven	s Stanislas K.	14	D	s Gatien, évêque.
15	sam	s Malo, évêque.	15	lun	s Mesmin.
16	25D	s Edmond, évêque	16	mar	s Valentin, m.
17	lun	s Grégoire Th.	17	mer	s Ignace. Q. T.
18	mar	s Romphaire, évêq.	18	jeu	s Auxence, évêque.
19	mer	ste Elisabeth.	19	ven	s Némèse, m.
20	jeu	s Bénigne, évêque.	20	sam	s Eugène, pr.
21	ven	Présentation.	21	D	s Thomas, apôtre.
22	sam	ste Cécile, vierge.	22	lun	s Honorat
23	26D	s Clément, pape.	23	mar	ste Victoire.
24	lun	s Jean de la Croix.	24	mer	s Delphin.
25	mar	ste Catherine.	25	jeu	Noel.
26	mer	s Faust, mart.	26	ven	s Etienne, martyr.
27	jeu	s Odilon, abbé.	27	sam	s Jean, évangéliste.
28	ven	s Valérien.	28	D	ss Innocents.
29	sam	s Saturnin, évêque.	29	lun	s Trophime.
30	D	*Avent.*	30	mar	s Sabin.
			31	mer	s Sylvestre.

JANVIER.			FÉVRIER.		
1	mar	Circoncision.	1	ven	s Ignace, év.
2	mer	s Basile, évêque.	2	sam	Purification.
3	jeu	ste Geneviève.	3	D	*Septuagésime.*
4	ven	s Tite, évêque.	4	lun	ste Jeanne de Val.
5	sam	s Siméon, solitaire.	5	mar	ste Agathe.
6	D	Épiphanie.	6	mer	s Vaast, évêque.
7	lun	Noces.	7	jeu	s Jean de Matha, p.
8	mar	s Lucien.	8	ven	S. Cœur de Marie.
9	mer	s Pierre, évêque.	9	sam	ste Apolline, v.
10	jeu	s Paul, ermite.	10	D	*Sexagésime.*
11	ven	s Théodore.	11	lun	s Séverin.
12	sam	s Arcade, martyr.	12	mar	ste Eulalie.
13	D	Bap. de J.-C.	13	mer	s Lezin.
14	lun	s Hilaire, docteur.	14	jeu	s Valentin, martyr.
15	mar	s Maur, abbé.	15	ven	s Faustin.
16	mer	s Nom de Jésus.	16	sam	ste Julienne.
17	jeu	s Antoine, abbé.	17	D	*Quinquagésime*
18	ven	s Mélaine, év.	18	lun	s Siméon, évêque.
19	sam	s Sulpice, évêque.	19	mar	*Mardi-Gras.*
20	D	s Sébastien, m.	20	mer	*Cendres.*
21	lun	ste Agnès, vierge.	21	jeu	s Pépin.
22	mar	s Vincent, martyr.	22	ven	ste Isabelle.
23	mer	s Fulgence, doc.	23	sam	s Damien.
24	jeu	s Timothée, m.	24	D	*Quadragésime.*
25	ven	Conv. de St Paul.	25	lun	s Césaire.
26	sam	s Polycarpe, m.	26	mar	s Nestor.
27	D	s Jean-Chr, doc.	27	mer	ste Honorine. Q. T.
28	lun	s Julien, évêque.	28	jeu	s Romain.
29	mar	s François de Sales.			s Dosithée.
30	mer	ste Bathilde, reine.			
31	jeu	s Gaud, évêque.			

	MARS.			**AVRIL.**	
1	ven	s Léon de C., év.	1	lun	s Hugues, évêque.
2	sam	s Aubin, évêque.	2	mar	s Franç. de Paule.
3	D	*Reminiscere.*	3	mer	s Richard.
4	lun	s Casimir.	4	jeu	s Isidore.
5	mar	s Adrien, m.	5	ven	Vendredi saint.
6	mer	ste Colette, vierge.	6	sam	s Sixte.
7	jeu	stes Perpét. et Fél.	7	D	PAQUES.
8	ven	s Jean de Dieu J.	8	lun	s Denis, évêque.
9	sam	ste Françoise.	9	mar	s Grég. de Nysse.
10	D	*Oculi.*	10	mer	s Macaire, év.
11	lun	s Firmin, abbé.	11	jeu	s Godbert.
12	mar	s Bernard, évêque.	12	ven	s Jules.
13	mer	ste Euphrasie.	13	sam	s Justin, martyr.
14	jeu	s Lubin, évêque.	14	D	*Quasimodo.*
15	ven	s Longin.	15	lun	s Maxime.
16	sam	s Julien, martyr.	16	mar	s Pair, évêque.
17	D	*Lælare.*	17	mer	s Anicet.
18	lun	s Alexandre, év.	18	jeu	s Cyrille, évêque.
19	mar	s Joseph.	19	ven	s Vincent.
20	mer	s Joachim.	20	sam	s Théotime.
21	jeu	s Benoît, abbé.	21	D	s Anselme, év.
22	ven	s Emile.	22	lun	ste Opportune.
23	sam	s Victorin.	23	mar	s Georges, mart.
24	D	*La Passion.*	24	mer	s Léger.
25	lun	Annonciation.	25	jeu	s Marc, évang.
26	mar	s Théodose, m.	26	ven	s Clet, martyr.
27	mer	s Rupert, évêque.	27	sam	s Frédéric.
28	jeu	s Gontran, roi.	28	D	s Vital, martyr.
29	ven	s Frisque.	29	lun	ste Marie Egyp.
30	sam	s Rieul.	30	mar	s Eutrope, év.
31	D	*Rameaux.*			

MAI.

1	mer	ss Jacq. et Ph., ap.
2	jeu	s Marcouf, ab.
3	ven	Inv. de la Ste Croix.
4	sam	s Athanase, évêque.
5	D	s Pie V. pape.
6	lun	s Jean P. L.
7	mar	s Jean Damascène.
8	mer	s Cénéric, abbé.
9	jeu	s Grégoire de N.
10	ven	s Antonin.
11	sam	s Mammert, év.
12	.D	s Epiphane, évêq.
13	lun	*Rogations*.
14	mar	s Pacôme, abbé.
15	mer	s Achille.
16	jeu	ASCENSION.
17	ven	s Jean Népom.
18	sam	s Claude, év.
19	D	s Yves, prêtre.
20	lun	s Bernardin.
21	mar	s Ortaire, abbé.
22	mer	ste Julie.
23	jeu	ste Marie.
24	ven	ste Susanne.
25	sam	s Philippe de N.
26	D	PENTECÔTE.
27	lun	s Evrould, abbé.
28	mar	s Manvieu, év.
29	mer	s Maximin. Q. T.
30	jeu	s Félix, pape.
31	ven	ste Pétronille.

JUIN.

1	sam	s Jouvin, abbé.
2	1 D	*Trinité*.
3	lun	ste Clotilde, reine.
4	mar	s Optat.
5	mer	s Boniface.
6	jeu	*Fête-Dieu*.
7	ven	s Lié.
8	sam	s Gildard, év.
9	2 D	ste Pélagie.
10	lun	s Ebremond, abbé.
11	mar	s Barnabé, ap.
12	mer	s Basilide, mart.
13	jeu	s Antoine de Pad.
14	ven	s Ruffin.
15	sam	s Modeste.
16	3 D	s Jean-Fr. Régis.
17	lun	s Ferréol, martyr.
18	mar	ste Marine.
19	mer	s Gervais, mart.
20	jeu	s Latuin, év.
21	ven	s Louis de Gonz.
22	sam	s Paulin, év.
23	4 D	s Alban, martyr.
24	lun	s Jean-Baptiste.
25	mar	s Prosper.
26	mer	ss Jean et Paul.
27	jeu	s Ladislas, roi.
28	ven	s Irénée, évêque.
29	sam	ss Pierre et Paul.
30	5 D	Com. de St Paul.

	JUILLET.			AOUT.	
1	lun	D. de S. Jean-B.	1	jeu	s Pierre ès liens.
2	mar	Visit. de la Ste V.	2	ven	s Etienne, pape.
3	mer	s Léonor, év.	3	sam	Inv. de S. Etienne.
4	jeu	O. et T. de St Mart.	4	10D	s Dominique.
5	ven	s Sever, év.	5	lun	s Memmie, év.
6	sam	Ch. St Pierre.	6	mar	Transfig. de J.-C.
7	6 D	s Thomas, év.	7	mer	s Victrice, év.
8	lun	s Procope, m.	8	jeu	s Justin.
9	mar	ste Anatolie, v.	9	ven	ste Radégonde.
10	mer	Les 7 fr. et Ste Fél.	10	sam	s Laurent, m.
11	jeu	s Benoît, ab.	11	11D	Trans. de la Ste C.
12	ven	s Gualbert.	12	lun	s Taurin, év.
13	sam	s Anaclet, prêt.	13	mar	s Hippolyte.
14	7 D	s Bonaventure, év.	14	mer	s Eusèbe.
15	lun	s Thomas d'Aquin.	15	jeu	ASSOMPTION.
16	mar	s Hélier, m.	16	ven	s Roch, conf.
17	mer	s Alexis, conf.	17	sam	s Mammès, m.
18	jeu	s Clair, m.	18	12D	ste Hélène.
19	ven	s Vincent de Paule.	19	lun	s Rufin, conf.
20	sam	ste Marguerite, v.	20	mar	s Bernard, ab.
21	8 D	s Victor, m.	21	mer	s Maximien, m.
22	lun	ste Marie-Mad.	22	jeu	s Symphorien, m.
23	mar	s Apollinaire, év.	23	ven	ste Jeanne-Franç.
24	mer	ste Christine.	24	sam	s Barthélemy, ap.
25	jeu	s Jacques, ap.	25	13D	s Louis, roi.
26	ven	s Joac. et Ste Anne.	26	lun	s Ouen, év.
27	sam	s Pantaléon.	27	mar	s Césaire, év.
28	9 D	s Samson, év.	28	mer	s Augustin, év.
29	lun	s Lazare.	29	jeu	s Méderic.
30	mar	s Ignace, pr.	30	ven	s Fiacre, solit.
31	mer	s Germain, év.	31	sam	s Ovide.

SEPTEMBRE.

1	14D	s Gilles, abbé.
2	lun	s Antonin, m.
3	mar	s Grégoire, pape.
4	mer	ss. Patriarches.
5	jeu	s Victorin.
6	ven	s Vincent Ferrier.
7	sam	s Cloud, pr.
8	15D	Nativ. de la ste V.
9	lun	s Gorgon, m.
10	mar	s Aubert.
11	mer	s Hyacinthe, m.
12	jeu	s Sylvain, év.
13	ven	s Maurille, év.
14	sam	Ex. de la Ste C.
15	16D	s Nom de Marie.
16	lun	s Corneille, m
17	mar	s Flocel, m.
18	mer	s Senier, év. Q. T.
19	jeu	s Janvier, év
20	ven	s Eustache.
21	sam	s Lo, év. de C.
22	17D	s Maurice, m.
23	lun	ste Thècle, v.
24	mar	s Lin, év.
25	mer	s Firmin, év.
26	jeu	s Cyprien, m.
27	ven	s Côme, m.
28	sam	s Céran.
29	18D	s Michel.
30	lun	s Jérôme.

OCTOBRE.

1	mar	s Remi, év.
2	mer	ss Anges Gard.
3	jeu	s Denis Aréop.
4	ven	s François d'As.
5	sam	s Placide.
6	19D	s Bruno, moine.
7	lun	s Serge, m.
8	mar	s Démètre, m.
9	mer	s Denis, év.
10	jeu	s François de Bor
11	ven	s Nicaise, m.
12	sam	s Florent, m.
13	20D	s Edouard.
14	lun	s Calixte, pape.
15	mar	ste Thérèse, v.
16	mer	s Herbland.
17	jeu	s Cerbouet.
18	ven	s Luc, ap.
19	sam	s Aquilin, év.
20	21D	s Hilarion, ab.
21	lun	ste Ursule.
22	mar	s Mellon, év.
23	mer	s Amand, év.
24	jeu	s Magloire, év.
25	ven	s Crespin, m.
26	sam	s Fromond.
27	22D	s Frumence, év.
28	lun	ss Sim. et Jude, ap.
29	mar	s Narcisse.
30	mer	s Léon, pape.
31	jeu	s Quentin, m.

NOVEMBRE.

1	ven	Toussaint.
2	sam	Les Trépassés.
3	23D	s Vigor
4	lun	s Charles B.
5	mar	s Eustache, m.
6	mer	s Léonard, solit.
7	jeu	s Florent.
8	ven	stes Reliques.
9	sam	s Mathurin, pr.
10	24D	*Dédicace.*
11	lun	s Martin, év.
12	mar	s Martin, pape.
13	mer	s Brice, év.
14	jeu	s Stanislas K.
15	ven	s Malo, év.
16	sam	s Edmond, év.
17	25D	s Grégoire Th.
18	lun	s Romphaire, év.
19	mar	ste Elisabeth.
20	mer	s Bénigne, év.
21	jeu	Présentation.
22	ven	ste Cécile, v.
23	sam	s Clément, pape.
24	26D	s Jean de la Croix.
25	lun	ste Catherine, v.
26	mar	s Faust, m.
27	mer	s Odilon, ab.
28	jeu	s Valérien.
29	ven	s Saturnin, év.
30	sam	s André, ap.

DÉCEMBRE.

1	D	*Avent.*
2	lun	s Eloque.
3	mar	s François Xav.
4	mer	ste Barbe, v.
5	jeu	s Athanase, m.
6	ven	s Nicolas, év.
7	sam	s Ambroise.
8	D	Conception.
9	lun	ste Gorgonie.
10	mar	ste Valérie, v.
11	mer	s Damase, pape.
12	jeu	ste Constance.
13	ven	ste Luce, v.
14	sam	s Gatien, év.
15	D	s Mesmin.
16	lun	s Valentin, m.
17	mar	s Ignace.
18	mer	s Auxence, év. Q.T.
19	jeu	s Némèse, m.
20	ven	s Eugène, pr.
21	sam	s Thomas, ap.
22	D	s Honorat.
23	lun	ste Victoire.
24	mar	s Delphin.
25	mer	Noel.
26	jeu	s Etienne, m.
27	ven	s Jean, évang
28	sam	ss Innocents
29	D	s Trophime.
30	lun	s Sabin.
31	mar	s Sylvestre.

JANVIER.			FÉVRIER.		
1	lun	Circoncision.	1	jeu	s Ignace, évêque.
2	mar	s Basile, év.	2	ven	Purification.
3	mer	ste Geneviève.	3	sam	s Blaise, évêque.
4	jeu	s Tite, év.	4	D	*Septuagésime.*
5	ven	s Siméon, solit.	5	lun	ste Agathe.
6	sam	Epiphanie.	6	mar	s Vaast, év.
7	D	Noces.	7	mer	s Jean de Matha, p.
8	lun	s Lucien.	8	jeu	S. Cœur de Marie.
9	mar	s Pierre, évêque.	9	ven	ste Apolline, v.
10	mer	s Paul, ermite.	10	sam	ste Scholastique.
11	jeu	s Théodore.	11	D	*Sexagésime.*
12	ven	s. Arcade, martyr.	12	lun	ste Eulalie.
13	sam	Bap. de Jésus-Chr.	13	mar	s Lezin.
14	D	s Hilaire, docteur.	14	mer	s Valentin, martyr.
15	lun	s Maur, abbé.	15	jeu	s Faustin.
16	mar	s Nom de Jésus.	16	ven	ste Julienne.
17	mer	s Antoine, abbé.	17	sam	s Théodule.
18	jeu	s Mélaine, évêque.	18	D	*Quinquagésime.*
19	ven	s Sulpice, év.	19	lun	s Gabin.
20	sam	s Sébastien, mart.	20	mar	*Mardi-Gras.*
21	D	ste Agnès, vierge.	21	mer	*Cendres.*
22	lun	s. Vincent, martyr.	22	jeu	ste Isabelle.
23	mar	s Fulgence, doct.	23	ven	s Damien.
24	mer	s Timothée, mart.	24	sam	s Matthias, ap.
25	jeu	Conv. de St Paul.	25	D	*Quadragésime.*
26	ven	s Polycarpe, év.	26	lun	s Nestor.
27	sam	s Jean Chris. doc.	27	mar	ste Honorine.
28	D	s Julien, év.	28	mer	s Romain. Q.&T.
29	lun	s François de Sales.			s Dosithée.
30	mar	ste Bathilde, reine.			
31	mer	s Gaud, év.			

MARS.

1	jeu	s Léon de Car., év.
2	ven	s Aubin, év.
3	sam	ste Cunég., imp.
4	D	*Reminiscere.*
5	lun	s Adrien, martyr.
6	mar	ste Colette, vierg.
7	mer	stes Perpét. et Fél.
8	jeu	s Jean de Dieu J.
9	ven	ste Françoise.
10	sam	Les 40 martyrs.
11	D	*Oculi.*
12	lun	s Bernard, év.
13	mar	ste Euphrasie.
14	mer	s Lubin, évêque.
15	jeu	s Longin.
16	ven	s Julien, m.
17	sam	s Patrice, évêque
18	D	*Lætare.*
19	lun	s Joseph.
20	mar	s Joachim.
21	mer	s Benoît, abbé.
22	jeu	s Emile.
23	ven	s Victorin.
24	sam	s Simon.
25	D	*Passion.*
26	lun	s Théodose, mart.
27	mar	s Rupert, évêque.
28	mer	s Gontran, roi.
29	jeu	s Frisque.
30	ven	s Rieul.
31	sam	s Benjamin.

AVRIL.

1	D	*Rameaux.*
2	lun	s Franç. de Paule.
3	mar	s Richard.
4	mer	s Isidore.
5	jeu	s Vincent.
6	ven	Vendredi saint.
7	sam	s Epiphane.
8	D	PAQUES.
9	lun	s Grégoire de N.
10	mar	s Macaire, év.
11	mer	s Godbert.
12	jeu	s Jules.
13	ven	s Justin, martyr.
14	sam	s Lambert, évêque.
15	D	*Quasimodo.*
16	lun	s Pair, évêque.
17	mar	s Anicet.
18	mer	s Cyrille, évêque.
19	jeu	s Vincent.
20	ven	s Théotime.
21	sam	s Anselme.
22	D	ste Opportune.
23	lun	s Georges, martyr.
24	mar	s Léger.
25	mer	s Marc, évangéliste.
26	jeu	s Clet, martyr.
27	ven	s Frédéric.
28	sam	s Vital, m.
29	D	ste Marie Égypt.
30	lun	s Eutrope, év.

MAI.

1	mar	ss Jacq. et Ph., ap.
2	mer	s Marcouf, abbé.
3	jeu	Inv. de la Ste Croix.
4	ven	s Athanase, év.
5	sam	s Pie V, pape.
6	D	s Jean P. L.
7	lun	s Jean Damasc.
8	mar	s Cénéric, abbé.
9	mer	s Grégoire de Nys.
10	jeu	s Antonin.
11	ven	s Mammert, év
12	sam	s Epiphane, év.
13	D	s Pancrace, mart.
14	lun	*Rogations.*
15	mar	s Achille.
16	mer	s Braudan, abbé.
17	jeu	Ascension.
18	ven	s Claude, év.
19	sam	s Yves, prêtre.
20	D	s Bernardin.
21	lun	s Ortaire, abbé.
22	mar	ste Julie.
23	mer	ste Marie.
24	jeu	ste Susanne.
25	ven	s Philippe de N.
26	sam	s Quadrat.
27	D	Pentecôte.
28	lun	s Manvieu, év.
29	mar	s Maximin.
30	mer	s Félix, pape. Q. T.
31	jeu	Ste Pétronille.

JUIN.

1	ven	s Jouvin, abbé.
2	sam	s Pothin, évêque.
3	1 D	*Trinité.*
4	lun	s Optat
5	mar	s Boniface.
6	mer	s Norbert, évêque.
7	jeu	*Fête-Dieu.*
8	ven	s Gildard, évêque.
9	sam	ste Pélagie.
10	2 D	s Ebremond, abbé.
11	lun	s Barnabé, apôtre.
12	mar	s Basilide, martyr.
13	mer	s Antoine de P.
14	jeu	s Ruffin.
15	ven	s Modeste.
16	sam	s Jean-F. Régis.
17	3 D	s Ferréol, martyr.
18	lun	ste Marine.
19	mar	s Gervais, martyr.
20	mer	s Latuin, évêque.
21	jeu	s Louis de Gonz.
22	ven	s Paulin, évêque.
23	sam	s Alban, martyr.
24	4 D	s Jean-Baptiste.
25	lun	s Prosper.
26	mar	ss Jean et Paul.
27	mer	s Ladislas, roi.
28	jeu	s Irénée, évêque.
29	ven	ss Pierre et Paul.
30	sam	Com. de St Paul.

JUILLET.			AOUT.		
1	5 D	D. de S. Jean-B.	1	mer	s Pierre ès liens.
2	lun	V. de la Ste Vierg.	2	jeu	s Etienne, pape.
3	mar	s Léonor, év.	3	ven	Inv. de St Etienne.
4	mer	O. et T. de S. Mart.	4	sam	s Dominique.
5	jeu	s Sever, év.	5	10D	s Memmie, év.
6	ven	Ch. St Pierre.	6	lun	Transf. de J.-C.
7	sam	s Thomas, év.	7	mar	s Victrice, év.
8	6 D	s Procope, m.	8	mer	s Justin.
9	lun	ste Anatolie, v.	9	jeu	ste Radégonde.
10	mar	Les 7 fr. et Ste Fél.	10	ven	s Laurent, m.
11	mer	s Benoît, ab.	11	sam	T. de la Ste Croix.
12	jeu	s Gualbert.	12	11D	s Taurin, év.
13	ven	s Anaclet, pr	13	lun	s Hippolyte.
14	sam	s Bonaventure, év.	14	mar	s Eusèbe.
15	7 D	s Thom. d'Aquin.	15	mer	ASSOMPTION.
16	lun	s Hélier, m.	16	jeu	s Roch, conf.
17	mar	s Alexis, conf.	17	ven	s Mammès, m.
18	mer	s Clair, m.	18	sam	ste Hélène.
19	jeu	s Vincent de Paule	19	12D	s Rufin, conf.
20	ven	ste Marguerite, v.	20	lun	s Bernard, ab.
21	sam	s Victor, m.	21	mar	s Maximien, m.
22	8 D	ste Marie-Mad.	22	mer	s Symphorien.
23	lun	s Apollinaire, év.	23	jeu	ste Jeanne-Franç.
24	mar	ste Christine.	24	ven	s Barthélemy, ap.
25	mer	s Jacques, ap	25	sam	s Louis, roi.
26	jeu	s Joac. et Ste Anne.	26	13D	s Ouen, év.
27	ven	s Pantaléon.	27	lun	s Césaire, év.
28	sam	s Samson, év.	28	mar	s Augustin, év.
29	9 D	s Lazare.	29	mer	s Méderic.
30	lun	s Ignace, pr.	30	jeu	s Fiacre, solit
31	mar	s Germain, év.	31	ven	s Ovide.

SEPTEMBRE.

1	sam	s Gilles, ab.
2	14D	s Antonin, m.
3	lun	s Grégoire, pape
4	mar	ss Patriarches.
5	mer	s Victorin.
6	jeu	s Vincent Ferrier.
7	ven	s Cloud, prêt.
8	sam	Nat. de la ste Vier.
9	15D	s Gorgon, m
10	lun	s Aubert.
11	mar	s Hyacinthe, m.
12	mer	s Sylvain, év.
13	jeu	s Maurille, év.
14	ven	Ex. de la Ste Croix.
15	sam	s N. de Marie.
16	16D	s Corneille, m.
17	lun	s Flocel, m.
18	mar	s Senier, év.
19	mer	s Janvier, év. Q.T.
20	jeu	s Eustache.
21	ven	s Lo, év. de C.
22	sam	s Maurice, m.
23	17D	ste Thècle, v.
24	lun	s Lin, év.
25	mar	s Firmin, év.
26	mer	s Cyprien, m.
27	jeu	s Côme, m.
28	ven	s Céran
29	sam	s Michel.
30	18D	s Jérôme.

OCTOBRE.

1	lun	s Remi, év.
2	mar	ss Anges Gard.
3	mer	s Denis Aréopag.
4	jeu	s François d'Assise.
5	ven	s Placide.
6	sam	s Bruno, moine.
7	19D	s Serge, m.
8	lun	s Démètre, m.
9	mar	s Denis, év.
10	mer	s François de B.
11	jeu	s Nicaise, m
12	ven	s Florent, m.
13	sam	s Edouard.
14	20D	s Calixte, pape.
15	lun	ste Thérèse, v.
16	mar	s Herbland.
17	mer	s Cerbouet.
18	jeu	s Luc, ap.
19	ven	s Aquilin, év.
20	sam	s Hilarion, ab.
21	21D	ste Ursule
22	lun	s Mellon, év.
23	mar	s Amand, év.
24	mer	s Magloire, év.
25	jeu	s Crespin, m.
26	ven	s Fromond.
27	sam	s Frumence, év.
28	22D	ss Simon et Jude.
29	lun	s Narcisse.
30	mar	s Léon, pape.
31	mer	s Quentin, m.

NOVEMBRE.			DÉCEMBRE.		
1	jeu	Toussaint	1	sam	s Eloi, év.
2	ven	Les Trépassés.	2	D	*Avent.*
3	sam	s Vigor.	3	lun	s François Xavier.
4	23ᴅ	s Charles B.	4	mar	ste Barbe, v.
5	lun	s Eustache, m.	5	mer	s Athanase, m.
6	mar	s Léonard, solit.	6	jeu	s Nicolas, év.
7	mer	s Florent.	7	ven	s Ambroise.
8	jeu	stes Reliques.	8	sam	Conception.
9	ven	s Mathurin. pr.	9	D	ste Gorgonie.
10	sam	s Juste.	10	lun	ste Valérie, v.
11	24ᴅ	*Dédicace.*	11	mar	s Damase, pape.
12	lun	s Martin, pape.	12	mer	ste Constance.
13	mar	s Brice, év.	13	jeu	ste Luce, v.
14	mer	s Stanislas K.	14	ven	s Gatien, év.
15	jeu	s Malo, év.	15	sam	s Mesmin.
16	ven	s Edmond, év.	16	D	s Valentin, m.
17	sam	s Grégoire Th.	17	lun	s Ignace
18	25ᴅ	s Romphaire, év.	18	mar	s Auxence, év.
19	lun	ste Elisabeth.	19	mer	s Némèse, m. Q. T.
20	mar	s Bénigne, év.	20	jeu	s Eugène, pr.
21	mer	Présentation.	21	ven	s Thomas, ap
22	jeu	ste Cécile, v.	22	sam	s Honorat.
23	ven	s Clément, pape.	23	D	ste Victoire.
24	sam	s Jean de la Croix.	24	lun	s Delphin.
25	26ᴅ	ste Catherine, v.	25	mar	Noël.
26	lun	s Faust, m	26	mer	s Etienne, m.
27	mar	s Odilon, ab.	27	jeu	s Jean, évang
28	mer	s Valérien.	28	ven	ss Innocents.
29	jeu	s Saturnin, év.	29	sam	s Trophime.
30	ven	s André, ap.	30	D	s Sabin.
			31	lun	s Sylvestre.

JANVIER.

1	D	Circoncision.
2	lun	s Basile , évêque.
3	mar	ste Geneviève.
4	mer	s Tite, évêque.
5	jeu	s Siméon , solit.
6	ven	Epiphanie.
7	sam	Noces.
8	D	s Lucien.
9	lun	s Pierre , évêque.
10	mar	s Paul , ermite.
11	mer	s Théodore.
12	jeu	s Arcade, martyr.
13	ven	Bapt. de J.-C.
14	sam	s Hilaire, docteur.
15	D	s Maur, abbé.
16	lun	s Nom de Jésus.
17	mar	s Antoine, abbé.
18	mer	s Mélaine, évêque.
19	jeu	s Sulpice, évêque.
20	ven	s Sébastien, m.
21	sam	ste Agnès, vierge.
22	D	s Vincent, martyr.
23	lun	s Fulgence, doct.
24	mar	s Timothée, mart.
25	mer	Conv. de St Paul.
26	jeu	s Polycarpe.
27	ven	s Jean Ch., doct.
28	sam	s Julien, évêque.
29	D	s François de Sales.
30	lun	ste Bathilde, reine.
31	mar	s Gaud, évêque.

FÉVRIER.

1	mer	s Ignace, évêque
2	jeu	Purification.
3	ven	s Blaise, év.
4	sam	ste Jeanne de V
5	D	*Septuagésime.*
6	lun	s Vaast , évêque.
7	mar	s Jean de Matha, p.
8	mer	S. Cœur de Marie.
9	jeu	ste Apolline, vierg.
10	ven	ste Scholastique.
11	sam	s Séverin.
12	D	*Sexagésime.*
13	lun	s Lezin.
14	mar	s Valentin, martyr.
15	mer	s Faustin.
16	jeu	ste Julienne.
17	ven	s Théodule.
18	sam	s Siméon, évêque.
19	D	*Quinquagésime.*
20	lun	s Eucher.
21	mar	*Mardi-Gras.*
22	mer	*Cendres.*
23	jeu	s Damien.
24	ven	s Matthias, ap.
25	sam	s Césaire.
26	D	*Quadragésime.*
27	lun	ste Honorine.
28	mar	s Romain.
		s Dosithée.

MARS.			AVRIL.		
1	mer	s Léon de C. Q. T.	1	sam	s Hugues, évêque.
2	jeu	s Aubin, évêque.	2	D	*Rameaux.*
3	ven	ste Cunégonde.	3	lun	s Richard.
4	sam	s Casimir.	4	mar	s Isidore.
5	D	*Reminiscere.*	5	mer	s Vincent.
6	lun	ste Colette, vierge.	6	jeu	s Sixte.
7	mar	stes Perpét. et Féli.	7	ven	Vendredi saint.
8	mer	s Jean de D. juste.	8	sam	s Denis, évêque.
9	jeu	ste Françoise.	9	D	PAQUES.
10	ven	Les 40 martyrs.	10	lun	s Macaire, évêque.
11	sam	s Firmin, abbé.	11	mar	s Godbert.
12	D	*Oculi.*	12	mer	s Jules.
13	lun	ste Euphrasie.	13	jeu	s Justin, martyr.
14	mar	s Lubin, évêque.	14	ven	s Lambert.
15	mer	s Longin.	15	sam	s Maxime.
16	jeu	s Julien, martyr.	16	D	*Quasimodo.*
17	ven	s Patrice, év.	17	lun	s Anicet.
18	sam	s Alexandre, év.	18	mar	s Cyrille, évêque.
19	D	*Lætare.*	19	mer	s Vincent.
20	lun	s Joachim.	20	jeu	s Théotime.
21	mar	s Benoît, abbé.	21	ven	s Anselme, évêque.
22	mer	s Emile.	22	sam	ste Opportune.
23	jeu	s Victorin.	23	D	s Georges.
24	ven	s Simon.	24	lun	s Léger.
25	sam	Annonciation.	25	mar	s Marc, évangél.
26	D	*Passion.*	26	mer	s Clet, martyr.
27	lun	s Rupert, évêque.	27	jeu	s Frédéric.
28	mar	s Gontran, roi.	28	ven	s Vital, m.
29	mer	s Frisque.	29	sam	ste Marie Egypt.
30	jeu	s Rieul.	30	D	s Eutrope, év.
31	ven	s Benjamin.			

MAI.

1	lun	ss Jacq. et Ph. ap.
2	mar	s Marcouf, abbé.
3	mer	Inv. de la Ste Croix.
4	jeu	s Athanase, év.
5	ven	s Pie V, pape.
6	sam	s Jean P. L.
7	D	s Jean Dam.
8	lun	s Cénéric, abbé.
9	mar	s Grégoire de N.
10	mer	s Antonin.
11	jeu	s Mammert, év.
12	ven	s Epiphane, év.
13	sam	s Pancrace, mart.
14	D	s Pacôme, abbé.
15	lun	*Rogations.*
16	mar	s Braudan, abbé.
17	mer	s Jean Nép.
18	jeu	ASCENSION.
19	ven	s Yves, pr.
20	sam	s Bernardin.
21	D	s Ortaire, abbé.
22	lun	ste Julie.
23	mar	ste Marie.
24	mer	ste Susanne.
25	jeu	s Philippe de N.
26	ven	s Quadrat.
27	sam	s Évroult, ab.
28	D	PENTECÔTE.
29	lun	s Maximin.
30	mar	s Félix, pape.
31	mer	ste Pétronille. Q.T.

JUIN.

1	jeu	s Jouvin, abbé.
2	ven	s Pothin, évêque.
3	sam	ste Clotilde, reine.
4	1 D	*Trinité.*
5	lun	s Boniface.
6	mar	s Norbert, évêque.
7	mer	s Lié.
8	jeu	*Fête-Dieu.*
9	ven	ste Pélagie.
10	sam	s Ebremond, abbé.
11	2 D	s Barnabé, ap.
12	lun	s Basilide, martyr.
13	mar	s Antoine de P.
14	mer	s Ruffin.
15	jeu	s Modeste.
16	ven	s Jean-François R.
17	sam	s Ferréol, martyr.
18	3 D	ste Marine.
19	lun	s Gervais, martyr.
20	mar	s Latuin, évêque.
21	mer	s Louis de Gonz.
22	jeu	s Paulin, évêque.
23	ven	s Alban, martyr.
24	sam	s Jean-Baptiste.
25	4 D	s Prosper.
26	lun	ss Jean et Paul.
27	mar	s Ladislas, roi.
28	mer	s Irénée, évêque.
29	jeu	ss Pierre et P. ap.
30	ven	Com. de St Paul.

JUILLET.

1	sam	D. de S. Jean-B.
2	5 D	V. de la ste Vierge.
3	lun	s Léonor, év.
4	mar	O. et T. de S. Mart.
5	mer	s Sever, év.
6	jeu	Ch. S. Pierre.
7	ven	s Thomas, év.
8	sam	s Procope, m.
9	6 D	ste Anatolie, v.
10	lun	Les 7 fr. et ste Fél.
11	mar	s Benoît, abbé.
12	mer	s Gualbert.
13	jeu	s Anaclet, pr.
14	ven	s Bonaventure, év.
15	sam	s Thomas d'Aquin.
16	7 D	s Hélier, m.
17	lun	s Alexis, conf.
18	mar	s Clair, m.
19	mer	s Vincent de Paule.
20	jeu	ste Marguerite, v.
21	ven	s Victor, m.
22	sam	ste Marie-Mad.
23	8 D	s Apollinaire, év.
24	lun	ste Christine.
25	mar	s Jacques, ap.
26	mer	s Joac. et ste Anne.
27	jeu	s Pantaléon.
28	ven	s Samson, év.
29	sam	s Lazare.
30	9 D	s Ignace, pr.
31	lun	s Germain, év.

AOUT.

1	mar	s Pierre ès liens.
2	mer	s Etienne, pape.
3	jeu	Inv. de s Etienne.
4	ven	s Dominique.
5	sam	s Memmie, év.
6	10 D	Transf. de J.-C.
7	lun	s Victrice, év.
8	mar	s Justin.
9	mer	ste Radégonde
10	jeu	s Laurent, m.
11	ven	T. de la ste Croix
12	sam	s Taurin, év.
13	11 D	s Hippolyte.
14	lun	s Eusèbe.
15	mar	ASSOMPTION.
16	mer	s Roch, conf.
17	jeu	s Mammès, m.
18	ven	ste Hélène.
19	sam	s Rufin, conf.
20	12 D	s Bernard, abbé.
21	lun	s Maximien, m.
22	mar	s Symphorien, m.
23	mer	ste Jeanne-Franç.
24	jeu	s Barthélemy, ap.
25	ven	s Louis, roi.
26	sam	s Ouen, év.
27	13 D	s Césaire, év.
28	lun	s Augustin, év.
29	mar	s Méderic.
30	mer	s Fiacre, solit.
31	jeu	s Ovide.

SEPTEMBRE.			OCTOBRE.		
1	ven	s Gilles, abbé.	1	18D	s Remi, év.
2	sam	s Antoine, m.	2	lun	ss Anges Gardiens.
3	14D	s Grégoire, pape.	3	mar	s Denis Aréopagite.
4	lun	ss Patriarches.	4	mer	s François d'Assise.
5	mar	s Victorin.	5	jeu	s Placide.
6	mer	s Vincent Ferrier.	6	ven	s Bruno, moine.
7	jeu	s Cloud, prêtre.	7	sam	s Serge, m.
8	ven	Nativ. de la ste V.	8	19D	s Démètre, m.
9	sam	s Gorgon, m.	9	lun	s Denis, év.
10	15D	s Aubert.	10	mar	s François de B.
11	lun	s Hyacinthe, m.	11	mer	s Nicaise, m.
12	mar	s Sylvain, év.	12	jeu	s Florent, m.
13	mer	s Maurille, év	13	ven	s Edouard.
14	jeu	Ex. de la ste Croix.	14	sam	s Calixte, pape.
15	ven	s Nom de Marie.	15	20D	ste Thérèse, v.
16	sam	s Corneille, m.	16	lun	s Herbland.
17	16D	s Flocel, m.	17	mar	s Cerbouet.
18	lun	s Senier, év.	18	mer	s Luc, ap.
19	mar	s Janvier, év.	19	jeu	s Aquilin, év.
20	mer	s Eustache. Q. T.	20	ven	s Hilarion, ab.
21	jeu	s Lo, év. de C.	21	sam	ste Ursule.
22	ven	s Maurice, m.	22	21D	s Mellon, év.
23	sam	ste Thècle, v.	23	lun	s Amand, év.
24	17D	s Lin, év.	24	mar	s Magloire, év.
25	lun	s Firmin, év.	25	mer	s Crespin, m.
26	mar	s Cyprien, m.	26	jeu	s Fromond.
27	mer	s Côme, m.	27	ven	s Frumence, év.
28	jeu	s Céran.	28	sam	ss Simon et Jude.
29	ven	s Michel.	29	22D	s Narcisse.
30	sam	s Jérôme.	30	lun	s Léon, pape.
			31	mar	s Quentin, m.

NOVEMBRE.			DÉCEMBRE.		
1	mer	Toussaint.	1	ven	s Eloi , év.
2	jeu	Les Trépassés.	2	sam	s Eloque.
3	ven	s Vigor.	3	D	*Avent.*
4	sam	s Charles B.	4	lun	ste Barbe, v. .
5	23D	s Eustache, m.	5	mar	s Athanase, m.
6	lun	s Léonard, solit.	6	mer	s Nicolas, év.
7	mar	s Florent.	7	jeu	s Ambroise.
8	mer	stes Reliques.	8	ven	Conception.
9	jeu	s Mathurin, pr.	9	sam	ste Gorgonie.
10	ven	s Juste.	10	D	ste Valérie, v.
11	sam	s Martin, év.	11	lun	s Damase, pape.
12	24D	*Dédicace.*	12	mar	ste Constance.
13	lun	s Brice, év.	13	mer	ste Luce, v.
14	mar	s Stanislas K.	14	jeu	s Gatien, év.
15	mer	s Malo, év.	15	ven	s Mesmin.
16	jeu	s Edmond, év.	16	sam	s Valentin, m.
17	ven	s Grégoire Th.	17	D	s Ignace.
18	sam	s Romphaire, év.	18	lun	s Auxence, év.
19	25D	ste Elisabeth.	19	mar	s Némèse, m.
20	lun	s Bénigne, év.	20	mer	s Eugène, pr. Q. T.
21	mar	Présentation.	21	jeu	s Thomas, ap.
22	mer	ste Cécile, v.	22	ven	s Honorat.
23	jeu	s Clément, pape.	23	sam	ste Victoire.
24	ven	s Jean de la Croix.	24	D	s Delphin.
25	sam	ste Catherine, v.	25	lun	Noel.
26	26D	s Faust, m.	26	mar	s Etienne, m.
27	lun	s Odilon, ab..	27	mer	s Jean, évang.
28	mar	s Valérien.	28	jeu	ss Innocents.
29	mer	s Saturnin, év.	29	ven	s Trophime.
30	jeu	s André, ap.	30	sam	s Sabin.
			31	D	s Sylvestre.

JANVIER.		FÉVRIER.	
1	sam	Circoncision.	1	mar	s Ignace, év.
2	D	s Basile, év.	2	mer	Purification.
3	lun	ste Geneviève.	3	jeu	s Blaise, év.
4	mar	s Tite, év.	4	ven	ste Jeanne de Val.
5	mer	s Siméon, solit.	5	sam	ste Agathe.
6	jeu	Epiphanie.	6	D	*Septuagésime.*
7	ven	Noces.	7	lun	s Jean de Matha, p.
8	sam	s Lucien.	8	mar	S. Cœur de Marie.
9	D	s Pierre, év.	9	mer	ste Apolline, v.
10	lun	s Paul, erm.	10	jeu	ste Scholastique.
11	mar	s Théodore.	11	ven	s Severin.
12	mer	s Arcade, m.	12	sam	ste Eulalie.
13	jeu	Bap. de J.-C.	13	D	*Sexagésime.*
14	ven	s Hilaire, docteur.	14	lun	s Valentin, m.
15	sam	s Maur, abbé.	15	mar	s Faustin.
16	D	s Nom de Jésus.	16	mer	ste Julienne.
17	lun	s Antoine, ab.	17	jeu	s Théodule.
18	mar	s Mélaine, év.	18	ven	s Siméon, évêque.
19	mer	s Sulpice, év.	19	sam	s Gabin.
20	jeu	s Sébastien, m.	20	D	*Quinquagésime.*
21	ven	ste Agnès, vierge.	21	lun	s Pépin.
22	sam	s Vincent, m.	22	mar	*Mardi-Gras.*
23	D	s Fulgence, doc.	23	mer	*Cendres.*
24	lun	s Timothée, m.	24	jeu	s Matthias, ap.
25	mar	Conv. de St Paul.	25	ven	s Césaire.
26	mer	s Polycarpe, m.	26	sam	s Nestor.
27	jeu	s Jean Ch., doc.	27	D	*Quadragésime.*
28	ven	s Julien, évêque.	28	lun	s Romain.
29	sam	s Franç. de S., év.			s Dosithée.
30	D	ste Bathilde, reine.			
31	lun	s Gaud, év.			

MARS.

1	mar	s Léon de Car., év.
2	mer	s Aubin, év. Q. T.
3	jeu	ste Cunégonde.
4	ven	s Casimir.
5	sam	s Adrien, martyr.
6	D	*Reminiscere.*
7	lun	stes Perp. et Félic.
8	mar	s Jean de D. juste.
9	mer	ste Françoise.
10	jeu	Les 40 martyrs.
11	ven	s Firmin, abbé.
12	sam	s Bernard, év.
13	D	*Oculi.*
14	lun	s Lubin, év.
15	mar	s Longin.
16	mer	s Julien, m.
17	jeu	s Patrice, év.
18	ven	s Alexandre.
19	sam	s Joseph.
20	D	*Lætare.*
21	lun	s Benoît, ab.
22	mar	s Emile.
23	mer	s Victorin.
24	jeu	s Simon.
25	ven	Annonciation.
26	sam	s Théodose, m.
27	D	*Passion.*
28	lun	s Gontran, roi.
29	mar	s Frisque.
30	mer	s Rieul.
31	jeu	s Benjamin.

AVRIL.

1	ven	s Hugues, év.
2	sam	s François de Paule.
3	D	*Rameaux.*
4	lun	s Isidore.
5	mar	s Vincent.
6	mer	s Sixte.
7	jeu	s Épiphane.
8	ven	Vendredi saint.
9	sam	s Grégoire de N.
10	D	PAQUES.
11	lun	s Godbert.
12	mar	s Jules.
13	mer	s Justin, m.
14	jeu	s Lambert, év.
15	ven	s Maxime.
16	sam	s Pair, év.
17	D	*Quasimodo.*
18	lun	s Cyrille, év.
19	mar	s Vincent.
20	mer	s Théotime.
21	jeu	s Anselme, év.
22	ven	ste Opportune.
23	sam	s Georges, m.
24	D	s Léger.
25	lun	s Marc, évang.
26	mar	s Clet, m.
27	mer	s Frédéric.
28	jeu	s Vital, m.
29	ven	ste Marie Egypt.
30	sam	s Eutrope, év.

	MAI.			**JUIN.**
1	D	ss Jacq. et Ph., ap.	1	mer	s Jouvin, ab. Q. T.
2	lun	s Marcouf, ab.	2	jeu	s Pothin, évêque.
3	mar	Inv. de la Ste Cr.	3	ven	ste Clotilde, reine.
4	mer	s Athanase, év.	4	sam	s Optat.
5	jeu	s Pie V, pape.	5	1 D	*Trinité.*
6	ven	s Jean P. L.	6	lun	s Norbert, évêque.
7	sam	s Jean Dam.	7	mar	s Lié.
8	D	s Cénéric, abbé.	8	mer	s Gildard, év.
9	lun	s Grégoire de N.	9	jeu	*Fête-Dieu.*
10	mar	s Antonin.	10	ven	s Ebremond, abbé.
11	mer	s Mammert, év.	11	sam	s Barnabé, apôtre.
12	jeu	s Epiphane, év.	12	2 D	s Basilide, martyr.
13	ven	s Pancrace, m.	13	lun	s Antoine de P.
14	sam	s Pacôme, abbé.	14	mar	s Ruffin
15	D	s Achille.	15	mer	s Modeste.
16	lun	*Rogations.*	16	jeu	s Jean-Franç. Rég.
17	mar	s Jean Népom.	17	ven	s Ferréol, martyr.
18	mer	s Claude, évêque.	18	sam	ste Marine.
19	jeu	ASCENSION.	19	3 D	s Gervais, martyr.
20	ven	s Bernardin.	20	lun	s Latuin, évêque.
21	sam	s Ortaire, abbé	21	mar	s Louis de G.
22	D	ste Julie.	22	mer	s Paulin, évêque.
23	lun	ste Marie.	23	jeu	s Alban, martyr.
24	mar	ste Susanne.	24	ven	s Jean-Baptiste.
25	mer	s Philippe de N.	25	sam	s Prosper
26	jeu	s Quadrat.	26	4 D	ss Jean et Paul
27	ven	s Évroult, ab.	27	lun	s Ladislas, roi.
28	sam	s Manvieu, év.	28	mar	s Irénée, évêque.
29	D	PENTECÔTE.	29	mer	ss Pierre et P., ap.
30	lun	s Félix, pape.	30	jeu	Com. de s Paul.
31	mar	ste Pétronille.			

JUILLET.			AOUT.		
1	ven	D. de St Jean-B.	1	lun	s Pierre ès liens.
2	sam	V. de la Ste Vierg.	2	mar	s Etienne, pape.
3	5 D	s Léonor, évêque.	3	mer	Inv. de St Etienne.
4	lun	O. et T. de St Mar.	4	jeu	s Dominique.
5	mar	s Sever, évêque.	5	ven	s Memmie, évêque.
6	mer	Ch. St Pierre.	6	sam	Transf. de J.-C
7	jeu	s Thomas, évêque.	7	10D	s Victrice, évêque.
8	ven	s Procope, martyr.	8	lun	s Justin.
9	sam	ste Anatolie, vierg.	9	mar	ste Radégonde.
10	6 D	Les 7 frè. et ste Fél.	10	mer	s Laurent, martyr.
11	lun	s Benoît, abbé.	11	jeu	T. de la Ste Croix.
12	mar	s Gualbert.	12	ven	s Taurin, évêque
13	mer	s Anaclet, prêtre.	13	sam	s Hippolyte.
14	jeu	s Bonaventure, év.	14	11D	s Eusèbe.
15	ven	s Thomas d'Aquin.	15	lun	ASSOMPTION.
16	sam	s Hélier, martyr.	16	mar	s Roch, confesseur.
17	7 D	s Alexis, confes	17	mer	s Mammès, martyr.
18	lun	s Clair, martyr.	18	jeu	ste Hélène.
19	mar	s Vincent de P.	19	ven	s Rufin, confesseur.
20	mer	ste Marguerite, v.	20	sam	s Bernard, abbé.
21	jeu	s Victor, martyr.	21	12D	s Maximien, mart.
22	ven	ste Marie-Madel.	22	lun	s Symphorien, m.
23	sam	s Apollinaire, év.	23	mar	ste Jeanne-Franç.
24	8 D	ste Christine.	24	mer	s Barthélemy, ap.
25	lun	s Jacques, apôtre.	25	jeu	s Louis, roi.
26	mar	s Joachim et ste A.	26	ven	s Ouen, évêque.
27	mer	s Pantaléon.	27	sam	s Césaire, évêque.
28	jeu	s Samson, évêque.	28	13D	s Augustin, évêq.
29	ven	s Lazare.	29	lun	s Méderic.
30	sam	s Ignace, prêtre.	30	mar	s Fiacre, solitaire.
31	9 D	s Germain, évêq.	31	mer	s Ovide.

SEPTEMBRE.			OCTOBRE.		
1	jeu	s Gilles, abbé.	1	sam	s Remi, évêque.
2	ven	s Antonin, martyr.	2	18D	ss Anges Gardiens.
3	sam	s Grégoire, pape.	3	lun	s Denis Aréop.
4	14D	ss Patriarches.	4	mar	s François d'Assise.
5	lun	s Victorin.	5	mer	s Placide.
6	mar	s Vincent Ferrier.	6	jeu	s Bruno, moine.
7	mer	s Cloud, prêtre.	7	ven	s Serge, martyr.
8	jeu	Nat. de la Ste V.	8	sam	s Démètre, mart.
9	ven	s Gorgon, martyr.	9	19D	s Denis, évêque.
10	sam	s Aubert.	10	lun	s François de B.
11	15D	s Hyacinthe, mart.	11	mar	s Nicaise, martyr.
12	lun	s Sylvain, évêque.	12	mer	s Florent, martyr.
13	mar	s Maurille, évêque.	13	jeu	s Edouard.
14	mer	Ex. de la Ste Croix.	14	ven	s Calixte, pape.
15	jeu	s Nom de Marie.	15	sam	ste Thérèse, vierge.
16	ven	s Corneille, m.	16	20D	s Herbland.
17	sam	s Flocel, m.	17	lun	s Cerbouet.
18	16D	s Senier, évêque.	18	mar	s Luc, apôtre.
19	lun	s Janvier, év.	19	mer	s Aquilin, évêque.
20	mar	s Eustache.	20	jeu	s Hilarion, abbé.
21	mer	s Lo, év. de C.Q.T.	21	ven	ste Ursule.
22	jeu	s Maurice, martyr.	22	sam	s Mellon, évêque.
23	ven	ste Thècle, vierge.	23	21D	s Amand, évêque.
24	sam	s Lin, évêque.	24	lun	s Magloire, évêque.
25	17D	s Firmin, évêque.	25	mar	s Crespin, martyr.
26	lun	s Cyprien, martyr.	26	mer	s Fromond.
27	mar	s Côme, martyr.	27	jeu	s Frumence, évêq.
28	mer	s Céran.	28	ven	ss Sim. et Jude, ap.
29	jeu	s Michel.	29	sam	s Narcisse.
30	ven	s Jérôme.	30	22D	s Léon, pape.
			31	lun	s Quentin, martyr.

NOVEMBRE.		DÉCEMBRE.	
1 mar	TOUSSAINT	1 jeu	s Éloi, évêque.
2 mer	Les Trépassés.	2 ven	s Eloque.
3 jeu	s Vigor.	3 sam	s François Xavier.
4 ven	s Charles B.	4 D	ste Barbe, vierge.
5 sam	s Eustache, martyr.	5 lun	s Athanase, martyr.
6 23D	s Léonard, solitai.	6 mar	s Nicolas, évêque.
7 lun	s Florent.	7 mer	s Ambroise.
8 mar	stes Reliques.	8 jeu	Conception.
9 mer	s Mathurin, prêtre.	9 ven	ste Gorgonie.
10 jeu	s Juste.	10 sam	ste Valérie, vierge.
11 ven	s Martin, év.	11 D	s Damase, pape.
12 sam	s Martin, pape.	12 lun	ste Constance.
13 24D	*Dédicace.*	13 mar	ste Luce, vierge.
14 lun	s Stanislas K.	14 mer	s Gatien, év. Q. T.
15 mar	s Malo, évêque.	15 jeu	s Mesmin.
16 mer	s Edmond, évêque.	16 ven	s Valentin, m.
17 jeu	s Grégoire Th.	17 sam	s Ignace.
18 ven	s Romphaire, évêq.	18 D	s Auxence, évêque.
19 sam	ste Elisabeth.	19 lun	s Némèse, m.
20 25D	s Bénigne, évêque.	20 mar	s Eugène, pr.
21 lun	Présentation.	21 mer	s Thomas, apôtre.
22 mar	ste Cécile, vierge.	22 jeu	s Honorat.
23 mer	s Clément, pape.	23 ven	ste Victoire.
24 jeu	s Jean de la Croix.	24 sam	s Delphin.
25 ven	ste Catherine.	25 D	NOEL.
26 sam	s Faust, mart.	26 lun	s Etienne, martyr.
27 D	*Avent.*	27 mar	s Jean, évangéliste.
28 lun	s Valérien.	28 mer	ss Innocents.
29 mar	s Saturnin, évêque.	29 jeu	s Trophime.
30 mer	s André, apôtre.	30 ven	s Sabin.
		31 sam	s Sylvestre.

	JANVIER.			FÉVRIER.
1	ven	Circoncision.	1	lun	s Ignace, év.
2	sam	s Basile, évêque.	2	mar	Purification.
3	D	ste Geneviève.	3	mer	s Blaise, év.
4	lun	s Tite, évêque.	4	jeu	ste Jeanne de Val.
5	mar	s Siméon, solitaire.	5	ven	ste Agathe
6	mer	Épiphanie.	6	sam	s Vaast, évêque.
7	jeu	Noces.	7	D	*Septuagésime.*
8	ven	s Lucien.	8	lun	S. Cœur de Marie.
9	sam	s Pierre, évêque.	9	mar	ste Apolline, v.
10	D	s Paul, ermite.	10	mer	ste Scholastique.
11	lun	s Théodore.	11	jeu	s Séverin.
12	mar	s Arcade, martyr.	12	ven	ste Eulalie.
13	mer	Bap. de J.-C.	13	sam	s Lezin
14	jeu	s Hilaire, docteur.	14	D	*Sexagésime.*
15	ven	s Maur, abbé.	15	lun	s Faustin.
16	sam	s Nom de Jésus.	16	mar	ste Julienne.
17	D	s Antoine, abbé.	17	mer	s Théodule.
18	lun	s Mélaine, év.	18	jeu	s Siméon, évêque.
19	mar	s Sulpice, évêque.	19	ven	s Gabin.
20	mer	s Sébastien, m.	20	sam	s Eucher.
21	jeu	ste Agnès, vierge.	21	D	*Quinquagésime.*
22	ven	s Vincent, martyr.	22	lun	ste Isabelle.
23	sam	s Fulgence, doc.	23	mar	*Mardi-Gras.*
24	D	s Timothée, m.	24	mer	*Cendres.*
25	lun	Conv. de St Paul.	25	jeu	s Césaire.
26	mar	s Polycarpe, m.	26	ven	s Nestor.
27	mer	s Jean-Chr, doc.	27	sam	ste Honorine.
28	jeu	s Julien, évêque.	28	D	*Quadragésime.*
29	ven	s François de Sales.			s Dosithée.
30	sam	ste Bathilde, reine.			
31	D	s Gaud, évêque.			

MARS.			AVRIL.		
1	lun	s Léon de C., év.	1	jeu	s Hugues, évêque.
2	mar	s Aubin, évêque.	2	ven	s Franç. de Paule.
3	mer	ste Cunég. Q. T.	3	sam	s Richard.
4	jeu	s Casimir.	4	D	*Rameaux.*
5	ven	s Adrien, m.	5	lun	s Vincent.
6	sam	ste Colette, vierge.	6	mar	s Sixte.
7	D	*Reminiscere.*	7	mer	s Epiphane.
8	lun	s Jean de Dieu J.	8	jeu	s Denis, évêque.
9	mar	ste Françoise.	9	ven	Vendredi saint.
10	mer	Les 40 martyrs.	10	sam	s Macaire, év.
11	jeu	s Firmin, abbé.	11	D	PAQUES.
12	ven	s Bernard, évêque.	12	lun	s Jules.
13	sam	ste Euphrasie.	13	mar	s Justin, martyr.
14	D	*Oculi.*	14	mer	s Lambert, év.
15	lun	s Longin.	15	jeu	s Maxime.
16	mar	s Julien, martyr.	16	ven	s Pair, évêque.
17	mer	s Patrice, évêque.	17	sam	s Anicet.
18	jeu	s Alexandre, év.	18	D	*Quasimodo.*
19	ven	s Joseph.	19	lun	s Vincent.
20	sam	s Joachim.	20	mar	s Théotime.
21	D	*Lætare.*	21	mer	s Anselme, év.
22	lun	s Emile.	22	jeu	ste Opportune.
23	mar	s Victorin.	23	ven	s Georges, mart.
24	mer	s Simon.	24	sam	s Léger.
25	jeu	Annonciation.	25	D	s Marc, évang.
26	ven	s Théodose, m.	26	lun	s Clet, martyr.
27	sam	s Rupert, évêque.	27	mar	s Frédéric.
28	D	*La Passion.*	28	mer	s Vital, martyr.
29	lun	s Frisque.	29	jeu	ste Marie Egyp.
30	mar	s Rieul.	30	ven	s Eutrope, év.
31	mer	s Benjamin.			

	MAI.			**JUIN.**
1	sam	ss Jacq. et Ph., ap.	1	mar	s Jouvin, abbé.
2	D	s Marcouf, ab.	2	mer	s Pothin, év. Q. T.
3	lun	Inv. de la Ste Croix.	3	jeu	ste Clotilde, reine.
4	mar	s Athanase, évêque.	4	ven	s Optat.
5	mer	s Pie V, pape.	5	sam	s Boniface.
6	jeu	s Jean P. L.	6	1 D	*Trinité.*
7	ven	s Jean Damascène.	7	lun	s Lié.
8	sam	s Cénéric, abbé.	8	mar	s Gildard, év.
9	D	s Grégoire de N.	9	mer	ste Pélagie.
10	lun	s Antonin.	10	jeu	*Fête-Dieu.*
11	mar	s Mammert, év.	11	ven	s Barnabé, ap.
12	mer	s Epiphane, évêq.	12	sam	s Basilide, mart.
13	jeu	s Pancrace, m.	13	2 D	s Antoine de Pad.
14	ven	s Pacôme, abbé.	14	lun	s Ruffin.
15	sam	s Achille.	15	mar	s Modeste.
16	D	s Braudan, abbé.	16	mer	s Jean-Fr. Régis.
17	lun	*Rogations.*	17	jeu	s Ferréol, martyr.
18	mar	s Claude, év.	18	ven	ste Marine.
19	mer	s Yves, prêtre.	19	sam	s Gervais, mart.
20	jeu	ASCENSION.	20	3 D	s Latuin, év.
21	ven	s Ortaire, abbé.	21	lun	s Louis de Gonz.
22	sam	ste Julie.	22	mar	s Paulin, év.
23	D	ste Marie.	23	mer	s Alban, martyr.
24	lun	ste Susanne.	24	jeu	s Jean-Baptiste.
25	mar	s Philippe de N.	25	ven	s Prosper.
26	mer	s Quadrat.	26	sam	ss Jean et Paul.
27	jeu	s Évroult, abbé.	27	4 D	s Ladislas, roi.
28	ven	s Manvieu, év.	28	lun	s Irénée, évêque.
29	sam	s Maximin.	29	mar	ss Pierre et Paul.
30	D	PENTECÔTE.	30	mer	Com. de St Paul.
31	lun	ste Pétronille.			

	JUILLET.			AOUT.
1	jeu	D. de S. Jean-B.	1	9 D	s Pierre ès liens.
2	ven	Visit. de la Ste V.	2	lun	s Etienne, pape.
3	sam	s Léonor, év.	3	mar	Inv. de S. Etienne.
4	5 D	O. et T. de St Mart.	4	mer	s Dominique.
5	lun	s Sever, év.	5	jeu	s Memmie, év.
6	mar	Ch. St Pierre.	6	ven	Transfig. de J.-C.
7	mer	s Thomas, év.	7	sam	s Victrice, év.
8	jeu	s Procope, m.	8	10D	s Justin.
9	ven	ste Anatolie, v.	9	lun	ste Radégonde.
10	sam	Les 7 fr. et Ste Fél.	10	mar	s Laurent, m.
11	6 D	s Benoît, ab.	11	mer	Trans. de la Ste C.
12	lun	s Gualbert.	12	jeu	s Taurin, év.
13	mar	s Anaclet, prêt.	13	ven	s Hippolyte.
14	mer	s Bonaventure, év.	14	sam	s Eusèbe.
15	jeu	s Thomas d'Aquin.	15	11D	ASSOMPTION.
16	ven	s Hélier, m.	16	lun	s Roch, conf.
17	sam	s Alexis, conf.	17	mar	s Mammès, m.
18	7 D	s Clair, m.	18	mer	ste Hélène.
19	lun	s Vincent de Paule.	19	jeu	s Rufin, conf.
20	mar	ste Marguerite, v.	20	ven	s Bernard, ab.
21	mer	s Victor, m.	21	sam	s Maximien, m.
22	jeu	ste Marie-Mad.	22	12D	s Symphorien, m.
23	ven	s Apollinaire, év.	23	lun	ste Jeanne-Franç.
24	sam	ste Christine.	24	mar	s Barthélemy, ap.
25	8 D	s. Jacques, ap.	25	mer	s Louis, roi.
26	lun	s Joac. et Ste Anne.	26	jeu	s Ouen, év.
27	mar	s Pantaléon.	27	ven	s Césaire, év.
28	mer	s Samson, év.	28	sam	s Augustin, év.
29	jeu	s Lazare.	29	13D	s Méderic.
30	ven	s Ignace, pr.	30	lun	s Fiacre, solit.
31	sam	s Germain, év.	31	mar	s Ovide.

SEPTEMBRE.

1	mer	s Gilles, abbé.
2	jeu	s Antonin, m.
3	ven	s Grégoire, pape.
4	sam	ss. Patriarches.
5	14D	s Victorin.
6	lun	s Vincent Ferrier.
7	mar	s Cloud, pr.
8	mer	Nativ. de la ste V.
9	jeu	s Gorgon, m.
10	ven	s Aubert.
11	sam	s Hyacinthe, m.
12	15D	s Sylvain, év.
13	lun	s Maurille, év.
14	mar	Ex. de la Ste C.
15	mer	s N. de Marie. Q.T.
16	jeu	s Corneille, m.
17	ven	s Flocel, m.
18	sam	s Senier, év.
19	16D	s Janvier, év.
20	lun	s Eustache.
21	mar	s Lo, év. de C.
22	mer	s Maurice, m.
23	jeu	ste Thècle, v.
24	ven	s Lin, év.
25	sam	s Firmin, év.
26	17D	s Cyprien, m.
27	lun	s Côme, m.
28	mar	s Céran.
29	mer	s Michel.
30	jeu	s Jérôme.

OCTOBRE.

1	ven	s Remi, év.
2	sam	ss Anges Gard.
3	18D	s Denis Aréop.
4	lun	s François d'As.
5	mar	s Placide.
6	mer	s Bruno, moine.
7	jeu	s Serge, m.
8	ven	s Démètre, m.
9	sam	s Denis, év.
10	19D	s François de Bor.
11	lun	s Nicaise, m.
12	mar	s Florent, m.
13	mer	s Edouard.
14	jeu	s Calixte, pape.
15	ven	ste Thérèse, v.
16	sam	s Herbland.
17	20D	s Cerbouet.
18	lun	s Luc, ap.
19	mar	s Aquilin, év.
20	mer	s Hilarion, ab.
21	jeu	ste Ursule.
22	ven	s Mellon, év.
23	sam	s Amand, év.
24	21D	s Magloire, év.
25	lun	s Crespin, m.
26	mar	s Fromond.
27	mer	s Frumence, év.
28	jeu	ss Sim. et Jude, ap.
29	ven	s Narcisse.
30	sam	s Léon, pape.
31	22D	s Quentin, m.

NOVEMBRE.

1	lun	Toussaint.
2	mar	Les Trépassés.
3	mer	s Vigor.
4	jeu	s Charles B.
5	ven	s Eustache, m.
6	sam	s Léonard, solit.
7	23D	s Florent.
8	lun	stes Reliques.
9	mar	s Mathurin, pr.
10	mer	s Juste.
11	jeu	s Martin, év.
12	ven	s Martin, pape.
13	sam	s Brice, év.
14	24D	*Dédicace.*
15	lun	s Malo, év.
16	mar	s Edmond, év.
17	mer	s Grégoire Th.
18	jeu	s Romphaire, év.
19	ven	ste Elisabeth.
20	sam	s Bénigne, év.
21	25D	Présentation.
22	lun	ste Cécile, v.
23	mar	s Clément, pape.
24	mer	s Jean de la Croix.
25	jeu	ste Catherine, v.
26	ven	s Faust, m.
27	sam	s Odilon, ab.
28	D	*Avent.*
29	lun	s Saturnin, év.
30	mar	s André, ap.

DÉCEMBRE.

1	mer	s Eloi, év.
2	jeu	s Eloque.
3	ven	s François Xav.
4	sam	ste Barbe, v.
5	D	s Athanase, m.
6	lun	s Nicolas, év.
7	mar	s Ambroise.
8	mer	Conception.
9	jeu	ste Gorgonie.
10	ven	sté Valérie, v.
11	sam	s Damase, pape.
12	D	ste Constance.
13	lun	ste Luce, v.
14	mar	s Gatien, év.
15	mer	s Mesmin. Q. T.
16	jeu	s Valentin, m.
17	ven	s Ignace.
18	sam	s Auxence, év.
19	D	s Némèse, m.
20	lun	s Eugène, pr.
21	mar	s Thomas, ap.
22	mer	s Honorat.
23	jeu	ste Victoire.
24	ven	s Delphin.
25	sam	Noel.
26	D	s Etienne, m.
27	lun	s Jean, évang.
28	mar	ss Innocents
29	mer	s Trophime.
30	jeu	s Sabin.
31	ven	s Sylvestre.

JANVIER.

1	jeu	Circoncision.
2	ven	s Basile, év.
3	sam	ste Geneviève.
4	D	s Tite, év.
5	lun	s Siméon, solit.
6	mar	Epiphanie.
7	mer	Noces.
8	jeu	s Lucien.
9	ven	s Pierre, évêque.
10	sam	s Paul, ermite.
11	D	s Théodore.
12	lun	s. Arcade, martyr.
13	mar	Bap. de Jésus-Chr.
14	mer	s Hilaire, docteur.
15	jeu	s Maur, abbé.
16	ven	s Nom de Jésus.
17	sam	s Antoine, abbé.
18	D	s Mélaine, évêque.
19	lun	s Sulpice, év.
20	mar	s Sébastien, mart.
21	mer	ste Agnès, vierge.
22	jeu	s Vincent, martyr.
23	ven	s Fulgence, doct.
24	sam	s Timothée, mart.
25	D	Conv. de St Paul.
26	lun	s Polycarpe, év.
27	mar	s Jean Chris. doc.
28	mer	s Julien, év.
29	jeu	s François de Sales.
30	ven	ste Bathilde, reine.
31	sam	s Gaud, év.

FÉVRIER.

1	D	s Ignace, évêque.
2	lun	Purification.
3	mar	s Blaise, évêque.
4	mer	ste Jeanne de Val.
5	jeu	ste Agathe.
6	ven	s Vaast, év.
7	sam	s Jean de Matha, p.
8	D	*Septuagésime*.
9	lun	ste Apolline, v.
10	mar	ste Scholastique.
11	mer	s Séverin.
12	jeu	ste Eulalie.
13	ven	s Lezin.
14	sam	s Valentin, martyr.
15	D	*Sexagésime*.
16	lun	ste Julienne.
17	mar	s Théodule.
18	mer	s Siméon, év.
19	jeu	s Gabin.
20	ven	s Eucher.
21	sam	s Pépin.
22	D	*Quinquagésime*.
23	lun	s Damien.
24	mar	*Mardi-Gras*.
25	mer	*Cendres*.
26	jeu	s Nestor.
27	ven	ste Honorine.
28	sam	s Romain.
		s Dosithée.

15

	MARS.			AVRIL.
1	D	*Quadragésime.*	1	mer	s Hugues, évêque.
2	lun	s Aubin, év.	2	jeu	s Franç. de Paule.
3	mar	ste Cunég., imp.	3	ven	s Richard.
4	mer	s Casimir. Q. T.	4	sam	s Isidore.
5	jeu	s Adrien, martyr.	5	D	*Rameaux.*
6	ven	ste Colette, vierg.	6	lun	s Sixte.
7	sam	stes Perpét. et Fél.	7	mar	s Epiphane.
8	D	*Reminiscere.*	8	mer	s Denis, évêque.
9	lun	ste Françoise.	9	jeu	s Grégoire de N.
10	mar	Les 40 martyrs.	10	ven	Vendredi saint.
11	mer	s Firmin, abbé.	11	sam	s Godbert.
12	jeu	s Bernard, év.	12	D	PAQUES.
13	ven	ste Euphrasie.	13	lun	s Justin, martyr.
14	sam	s Lubin, évêque.	14	mar	s Lambert, évêque.
15	D	*Oculi.*	15	mer	s Maxime.
16	lun	s Julien, m.	16	jeu	s Pair, évêque.
17	mar	s Patrice, évêque	17	ven	s Anicet.
18	mer	s Alexandre, év.	18	sam	s Cyrille, évêque.
19	jeu	s Joseph.	19	D	*Quasimodo.*
20	ven	s Joachim.	20	lun	s Théotime.
21	sam	s Benoît, abbé.	21	mar	s Anselme.
22	D	*Lætare.*	22	mer	ste Opportune.
23	lun	s Victorin.	23	jeu	s Georges, martyr.
24	mar	s Simon.	24	ven	s Léger.
25	mer	Annonciation.	25	sam	s Marc, évangéliste.
26	jeu	s Théodose, mart.	26	D	s Clet, martyr.
27	ven	s Rupert, évêque.	27	lun	s Frédéric.
28	sam	s Gontran, roi.	28	mar	s Vital, m.
29	D	*Passion.*	29	mer	ste Marie Égypt.
30	lun	s Rieul.	30	jeu	s Eutrope, év.
31	mar	s Benjamin.			

MAI.		JUIN.	
1	ven	ss Jacq. et Ph., ap.	1	lun	s Jouvin, abbé.
2	sam	s Marcouf, abbé.	2	mar	s Pothin, évêque.
3	D	Inv. de la Ste Croix.	3	mer	ste Clotilde, r.Q.T.
4	lun	s Athanase, év.	4	jeu	s Optat
5	mar	s Pie V, pape.	5	ven	s Boniface.
6	mer	s Jean P. L.	6	sam	s Norbert, évêque.
7	jeu	s Jean Damasc.	7	1 D	*Trinité.*
8	ven	s Cénéric, abbé.	8	lun	s Gildard, évêque.
9	sam	s Grégoire de Nys.	9	mar	ste Pélagie.
10	D	s Antonin.	10	mer	s Ebremond, abbé.
11	lun	s Mammert, év	11	jeu	*Fête-Dieu.*
12	mar	s Epiphane, év.	12	ven	s Basilide, martyr.
13	mer	s Pancrace, mart.	13	sam	s Antoine de P.
14	jeu	s Pacôme, abbé	14	2 D	s Ruffin.
15	ven	s Achille.	15	lun	s Modeste.
16	sam	s Braudan, abbé.	16	mar	s Jean-F. Régis.
17	D	s Jean Népom.	17	mer	s Ferréol, martyr.
18	lun	*Rogations.*	18	jeu	ste Marine.
19	mar	s Yves, prêtre.	19	ven	s Gervais, martyr.
20	mer	s Bernardin.	20	sam	s Latuin, évêque.
21	jeu	ASCENSION.	21	3 D	s Louis de Gonz.
22	ven	ste Julie.	22	lun	s Paulin, évêque.
23	sam	ste Marie.	23	mar	s Alban, martyr.
24	D	ste Susanne.	24	mer	s Jean-Baptiste.
25	lun	s Philippe de N.	25	jeu	s Prosper.
26	mar	s Quadrat.	26	ven	ss Jean et Paul.
27	mer	s Évroult, abbé.	27	sam	s Ladislas, roi.
28	jeu	s Manvieu, év.	28	4 D	s Irénée, évêque.
29	ven	s Maximin.	29	lun	ss Pierre et Paul.
30	sam	s Félix, pape.	30	mar	Com. de St Paul.
31	D	PENTECÔTE.			

JUILLET.			AOUT.		
1	mer	D. de S. Jean B.	1	sam	s Pierre ès liens.
2	jeu	V. de la Ste Vierg.	2	9 D	s Etienne, pape.
3	ven	s Léonor, év.	3	lun	Inv. de St Etienne
4	sam	O. et T. de S. Mart.	4	mar	s Dominique.
5	5 D	s Sever, év.	5	mer	s Memmie, év.
6	lun	Ch. St Pierre.	6	jeu	Transf de J.-C.
7	mar	s Thomas, év.	7	ven	s Victrice, év.
8	mer	s Procope, m.	8	sam	s Justin.
9	jeu	ste Anatolie, v.	9	10 D	ste Radégonde.
10	ven	Les 7 fr. et Ste Fél.	10	lun	s Laurent, m.
11	sam	s Benoît, ab.	11	mar	T. de la Ste Croix
12	6 D	s Gualbert.	12	mer	s Taurin, év.
13	lun	s Anaclet, pr	13	jeu	s Hippolyte.
14	mar	s Bonaventure, év.	14	ven	s Eusèbe.
15	mer	s Thom. d'Aquin.	15	sam	ASSOMPTION.
16	jeu	s Hélier, m.	16	11 D	s Roch, conf.
17	ven	s Alexis, conf.	17	lun	s Mammès, m.
18	sam	s Clair, m.	18	mar	ste Hélène.
19	7 D	s Vincent de Paule.	19	mer	s Rufin, conf.
20	lun	ste Marguerite, v.	20	jeu	s Bernard, ab.
21	mar	s Victor. m.	21	ven	s Maximien, m.
22	mer	ste Marie-Mad	22	sam	s Symphorien.
23	jeu	s Apollinaire, év.	23	12 D	ste Jeanne-Franç.
24	ven	ste Christine.	24	lun	s Barthélemy, ap.
25	sam	s Jacques, ap	25	mar	s Louis, roi.
26	8 D	s Joac. et Ste Anne.	26	mer	s Ouen, év.
27	lun	s Pantaléon.	27	jeu	s Césaire év.
28	mar	s Samson, év	28	ven	s Augustin, év.
29	mer	s Lazare.	29	sam	s Méderic.
30	jeu	s Ignace, pr.	30	13 D	s Fiacre. solit
31	ven	s Germain, év.	31	lun	s Ovide.

SEPTEMBRE.

1	mar	s Gilles, ab.
2	mer	s Antonin, m.
3	jeu	s Grégoire, pape
4	ven	ss Patriarches.
5	sam	s Victorin.
6	14D	s Vincent Ferrier.
7	lun	s Cloud, prêt.
8	mar	Nat. de la ste Vier
9	mer	s Gorgon, m
10	jeu	s Aubert.
11	ven	s Hyacinthe, m.
12	sam	s Sylvain, év.
13	15D	s Maurille, év.
14	lun	Ex. de la Ste Croix.
15	mar	s N. de Marie.
16	mer	s Corneille, m.Q.T.
17	jeu	s Flocel, m.
18	ven	s Senier, év.
19	sam	s Janvier, év.
20	16D	s Eustache.
21	lun	s Lo, év de C.
22	mar	s Maurice, m.
23	mer	ste Thècle, v.
24	jeu	s Lin, év.
25	ven	s Firmin, év.
26	sam	s Cyprien, m.
27	17D	s Côme, m.
28	lun	s Céran
29	mar	s Michel.
30	mer	s Jérôme.

OCTOBRE.

1	jeu	s Remi, év.
2	ven	ss Anges Gard.
3	sam	s Denis Aréopag.
4	18D	s François d'Assise.
5	lun	s Placide.
6	mar	s Bruno, moine.
7	mer	s Serge, m.
8	jeu	s Démètre, m
9	ven	s Denis, év.
10	sam	s François de B.
11	19D	s Nicaise, m
12	lun	s Florent, m.
13	mar	s Edouard.
14	mer	s Calixte, pape.
15	jeu	ste Thérèse, v.
16	ven	s Herbland.
17	sam	s Cerbouet.
18	20D	s Luc, ap.
19	lun	s Aquilin, év.
20	mar	s Hilarion, ab.
21	mer	ste Ursule
22	jeu	s Mellon, év.
23	ven	s Amand, év.
24	sam	s Magloire, év.
25	21D	s Crespin, m.
26	lun	s Fromond.
27	mar	s Frumence, év.
28	mer	ss Simon et Jude.
29	jeu	s Narcisse.
30	ven	s Léon, pape.
31	sam	s Quentin, m.

	NOVEMBRE.			DÉCEMBRE.
1	22**D**	Toussaint	1	mar	s Eloi, év.
2	lun	Les Trépassés	2	mer	s Eloque.
3	mar	s Vigor.	3	jeu	s François Xavier.
4	mer	s Charles B.	4	ven	ste Barbe, v.
5	jeu	s Eustache, m.	5	sam	s Athanase, m.
6	ven	s Léonard, solit.	6	D	s Nicolas, év.
7	sam	s Florent.	7	lun	s Ambroise.
8	23**D**	stes Reliques.	8	mar	Conception.
9	lun	s Mathurin, pr.	9	mer	ste Gorgonie.
10	mar	s Juste.	10	jeu	ste Valérie, v.
11	mer	s Martin, év.	11	ven	s Damase, pape.
12	jeu	s Martin, pape.	12	sam	ste Constance.
13	ven	s Brice, év.	13	D	ste Luce, v.
14	sam	s Stanislas K.	14	lun	s Gatien, év.
15	24**D**	*Dédicace.*	15	mar	s Mesmin
16	lun	s Edmond, év.	16	mer	s Valentin, m.Q T
17	mar	s Grégoire Th.	17	jeu	s Ignace
18	mer	s Romphaire, év.	18	ven	s Auxence, év.
19	jeu	ste Elisabeth.	19	sam	s Némèse, m.
20	ven	s Bénigne, év.	20	D	s Eugène, pr.
21	sam	Présentation.	21	lun	s Thomas, ap
22	25**D**	ste Cécile, v.	22	mar	s Honorat.
23	lun	s Clément, pape.	23	mer	ste Victoire.
24	mar	s Jean de la Croix.	24	jeu	s Delphin.
25	mer	ste Catherine, v.	25	ven	Noël.
26	jeu	s Faust, m	26	sam	s Etienne, m.
27	ven	s Odilon, ab.	27	D	s Jean, évang
28	sam	s Valérien.	28	lun	ss Innocents.
29	D	*Avent.*	29	mar	s Trophime.
30	lun	s André, ap.	30	mer	s Sabin.
			31	jeu	s Sylvestre.

JANVIER.			FÉVRIER.		
1	mer	Circoncision	1	sam	s Ignace, évêque
2	jeu	s Basile, évêque.	2	D	Purification.
3	ven	ste Geneviève.	3	lun	s Blaise, év.
4	sam	s Tite, évêque.	4	mar	ste Jeanne de V
5	D	s Siméon, solit.	5	mer	ste Agathe.
6	lun	Epiphanie.	6	jeu	s Vaast, évêque.
7	mar	Noces.	7	ven	s Jean de Matha, p.
8	mer	s Lucien.	8	sam	S. Cœur de Marie.
9	jeu	s Pierre, évêque.	9	D	*Septuagésime.*
10	ven	s Paul, ermite.	10	lun	ste Scholastique.
11	sam	s Théodore.	11	mar	s Séverin.
12	D	s Arcade, martyr.	12	mer	ste Eulalie.
13	lun	Bapt. de J.-C.	13	jeu	s Lezin.
14	mar	s Hilaire, docteur.	14	ven	s Valentin, martyr.
15	mer	s Maur, abbé.	15	sam	s Faustin.
16	jeu	s Nom de Jésus.	16	D	*Sexagésime.*
17	ven	s Antoine, abbé.	17	lun	s Théodule.
18	sam	s Mélaine, évêque.	18	mar	s Siméon, évêque.
19	D	s Sulpice, évêque.	19	mer	s Gabin.
20	lun	s Sébastien, m.	20	jeu	s Eucher.
21	mar	ste Agnès, vierge.	21	ven	s Pépin.
22	mer	s Vincent, martyr.	22	sam	ste Isabelle.
23	jeu	s Fulgence, doct.	23	D	*Quinquagésime.*
24	ven	s Timothée, mart.	24	lun	s Matthias, ap.
25	sam	Conv. de St Paul	25	mar	*Mardi-Gras.*
26	D	s Polycarpe.	26	mer	*Cendres.*
27	lun	s Jean Ch., doct.	27	jeu	ste Honorine.
28	mar	s Julien, évêque.	28	ven	s Romain.
29	mer	s François de Sales			s Dosithée.
30	jeu	ste Bathilde, reine.			
31	ven	s Gaud, évêque.			

MARS.			AVRIL.		
1	sam	s Léon de Car., év.	1	mar	s Hugues, évêque.
2	D	*Quadragésime*	2	mer	s François de P.
3	lun	ste Cunégonde.	3	jeu	s Richard.
4	mar	s Casimir.	4	ven	s Isidore.
5	mer	s Adrien, m. Q. T.	5	sam	s Vincent.
6	jeu	ste Colette, vierge.	6	D	*Rumeaux.*
7	ven	stes Perpét. et Féli.	7	lun	s Epiphane.
8	sam	s Jean de D. juste	8	mar	s Denis, évêque.
9	D	*Reminiscere.*	9	mer	s Grégoire de N.
10	lun	Les 40 martyrs.	10	jeu	s Macaire, évêque.
11	mar	s Firmin, abbé.	11	ven	Vendredi saint.
12	mer	s Bernard, évêque.	12	sam	s Jules.
13	jeu	ste Euphrasie.	13	D	PAQUES.
14	ven	s Lubin, évêque.	14	lun	s Lambert.
15	sam	s Longin.	15	mar	s Maxime.
16	D	*Oculi.*	16	mer	s Pair, évêque.
17	lun	s Patrice, év.	17	jeu	s Anicet.
18	mar	s Alexandre, év.	18	ven	s Cyrille, évêque.
19	mer	s Joseph.	19	sam	s Vincent.
20	jeu	s Joachim.	20	D	*Quasimodo.*
21	ven	s Benoît, abbé.	21	lun	s Anselme, évêque.
22	sam	s Emile.	22	mar	ste Opportune.
23	D	*Lœtare.*	23	mer	s Georges.
24	lun	s Simon.	24	jeu	s Léger.
25	mar	Annonciation.	25	ven	s Marc, évangél.
26	mer	s Théodose, mart.	26	sam	s Clet, martyr.
27	jeu	s Rupert, évêque.	27	D	s Frédéric.
28	ven	s Gontran, roi.	28	lun	s Vital, m.
29	sam	s Frisque.	29	mar	ste Marie Egypt.
30	D	*Passion.*	30	mer	s Eutrope, év.
31	lun	s Benjamin.			

		MAI.				JUIN.
1	jeu	ss Jacq. et Ph. ap.	1	D		Pentecôte.
2	ven	s Marcouf, abbé.	2	lun		s Pothin, évêque.
3	sam	Inv. de la Ste Croix.	3	mar		ste Clotilde, reine.
4	D	s Athanase, év.	4	mer		s Optat. Q. T.
5	lun	s Pie V, pape.	5	jeu		s Boniface.
6	mar	s Jean P. L.	6	ven		s Norbert, évêque.
7	mer	s Jean Dam.	7	sam		s Lié.
8	jeu	s Cénéric, abbé.	8	1 D		*Trinité.*
9	ven	s Grégoire de N.	9	lun		ste Pélagie.
10	sam	s Antonin.	10	mar		s Ebremond, abbé.
11	D	s Mammert, év.	11	mer		s Barnabé, ap.
12	lun	s Epiphane, év.	12	jeu		*Fête-Dieu.*
13	mar	s Pancrace, mart	13	ven		s Antoine de P.
14	mer	s Pacôme, abbé.	14	sam		s Ruffin.
15	jeu	s Achille.	15	2 D		s Modeste.
16	ven	s Braudan, abbé.	16	lun		s Jean-François R.
17	sam	s Jean Nép.	17	mar		s Ferréol, martyr.
18	D	s Claude, évêque.	18	mer		ste Marine.
19	lun	*Rogations.*	19	jeu		s Gervais, martyr.
20	mar	s Bernardin.	20	ven		s Latuin, évêque.
21	mer	s Ortaire, abbé.	21	sam		s Louis de Gonz.
22	jeu	Ascension.	22	3 D		s Paulin, évêque.
23	ven	ste Marie.	23	lun		s Alban, martyr.
24	sam	ste Susanne.	24	mar		s Jean-Baptiste.
25	D	s Philippe de N.	25	mer		s Prosper.
26	lun	s Quadrat.	26	jeu		ss Jean et Paul.
27	mar	s Evroult, ab.	27	ven		s Ladislas, roi.
28	mer	s Manvieu, évêque.	28	sam		s Irénée, évêque.
29	jeu	s Maximin.	29	4 D		ss Pierre et P. ap.
30	ven	s Félix, pape.	30	lun		Com. de St Paul.
31	sam	ste Pétronille.				

	JUILLET.				AOUT.	
1	mar	D. de S. Jean-B.	1	ven		s Pierre ès liens.
2	mer	V. de la ste Vierge.	2	sam		s Etienne, pape.
3	jeu	s Léonor, év.	3	9 D		Inv. de s Etienne.
4	ven	O. et T. de S. Mart.	4	lun		s Dominique.
5	sam	s Sever, év.	5	mar		s Memmie, év.
6	5 D	Ch. S. Pierre.	6	mer		Transf. de J.-C.
7	lun	s Thomas, év.	7	jeu		s Victrice, év.
8	mar	s Procope, m.	8	ven		s Justin.
9	mer	ste Anatolie, v.	9	sam		ste Radégonde
10	jeu	Les 7 fr. et ste Fél.	10	10 D		s Laurent, m.
11	ven	s Benoît, abbé.	11	lun		T. de la ste Croix
12	sam	s Gualbert.	12	mar		s Taurin, év.
13	6 D	s Anaclet, pr.	13	mer		s Hippolyte.
14	lun	s Bonaventure, év.	14	jeu		s Eusèbe.
15	mar	s Thomas d'Aquin.	15	ven		ASSOMPTION.
16	mer	s Hélier, m.	16	sam		s Roch, conf.
17	jeu	s Alexis, conf.	17	11 D		s Mammès, m.
18	ven	s Clair, m.	18	lun		ste Hélène.
19	sam	s Vincent de Paule.	19	mar		s Rufin, conf.
20	7 D	ste Marguerite, v.	20	mer		s Bernard, abbé.
21	lun	s Victor, m.	21	jeu		s Maximien, m.
22	mar	ste Marie-Mad.	22	ven		s Symphorien, m.
23	mer	s Apollinaire, év.	23	sam		ste Jeanne-Franç.
24	jeu	ste Christine.	24	12 D		s Barthélemy, ap.
25	ven	s Jacques, ap.	25	lun		s Louis, roi.
26	sam	s Joac. et ste Anne.	26	mar		s Ouen, év.
27	8 D	s Pantaléon.	27	mer		s Césaire, év.
28	lun	s Samson, év.	28	jeu		s Augustin, év.
29	mar	s Lazare.	29	ven		s Méderic.
30	mer	s Ignace, pr.	30	sam		s Fiacre, solit.
31	jeu	s Germain, év.	31	13 D		s Ovide.

SEPTEMBRE.			OCTOBRE.		
1	lun	s Gilles, abbé.	1	mer	s Remi, év.
2	mar	s Antoine, m.	2	jeu	ss Anges Gardiens.
3	mer	s Grégoire, pape.	3	ven	s Denis Aréopagite.
4	jeu	ss Patriarches.	4	sam	s François d'Assise.
5	ven	s Victorin.	5	18D	s Placide.
6	sam	s Vincent Ferrier.	6	lun	s Bruno, moine.
7	14D	s Cloud, prêtre.	7	mar	s Serge, m.
8	lun	Nativ. de la ste V.	8	mer	s Démètre, m.
9	mar	s Gorgon, m.	9	jeu	s Denis, év.
10	mer	s Aubert.	10	ven	s François de B.
11	jeu	s Hyacinthe, m.	11	sam	s Nicaise, m.
12	ven	s Sylvain, év.	12	19D	s Florent, m.
13	sam	s Maurille, év.	13	lun	s Edouard.
14	15D	Ex. de la ste Croix.	14	mar	s Calixte, pape.
15	lun	s Nom de Marie.	15	mer	ste Thérèse, v.
16	mar	s Corneille, m.	16	jeu	s Herbland.
17	mer	s Flocel, m. Q. T.	17	ven	s Cerbouet.
18	jeu	s Senier, év.	18	sam	s Luc, ap.
19	ven	s Janvier, év.	19	20D	s Aquilin, év.
20	sam	s Eustache.	20	lun	s Hilarion, ab.
21	16D	s Lo, év. de C.	21	mar	ste Ursule.
22	lun	s Maurice, m.	22	mer	s Mellon, év.
23	mar	ste Thècle, v.	23	jeu	s Amand, év.
24	mer	s Lin, év.	24	ven	s Magloire, év.
25	jeu	s Firmin, év.	25	sam	s Crespin, m.
26	ven	s Cyprien, m.	26	21D	s Fromond.
27	sam	s Côme, m.	27	lun	s Frumence, év.
28	17D	s Céran.	28	mar	ss Simon et Jude.
29	lun	s Michel.	29	mer	s Narcisse.
30	mar	s Jérôme.	30	jeu	s Léon, pape.
			31	ven	s Quentin, m.

	NOVEMBRE.			DÉCEMBRE:
1	sam	Toussaint.	1	lun	s Eloi, év.
2	22☽	Les Trépassés.	2	mar	s Eloque.
3	lun	s Vigor.	3	mer	s François Xav.
4	mar	s Charles B.	4	jeu	ste Barbe, v.
5	mer	s Eustache, m.	5	ven	s Athanase, m.
6	jeu	s Léonard, solit.	6	sam	s Nicolas, év.
7	ven	s Florent.	7	D	s Ambroise.
8	sam	stes Reliques.	8	lun	Conception.
9	23☽	*Dédicace.*	9	mar	ste Gorgonie.
10	lun	s Juste.	10	mer	ste Valérie, v.
11	mar	s Martin, év.	11	jeu	s Damase, pape.
12	mer	s Martin, pape.	12	ven	ste Constance.
13	jeu	s Brice, év.	13	sam	ste Luce, v.
14	ven	s Stanislas K.	14	D	s Gatien, év.
15	sam	s Malo, év.	15	lun	s Mesmin.
16	24☽	s Edmond, év.	16	mar	s Valentin, m.
17	lun	s Grégoire Th.	17	mer	s Ignace. Q. T.
18	mar	s Romphaire, év.	18	jeu	s Auxence, év.
19	mer	ste Elisabeth.	19	ven	s Némèse, m.
20	jeu	s Bénigne, év.	20	sam	s Eugène, pr.
21	ven	Présentation.	21	D	s Thomas, ap.
22	sam	ste Cécile, v.	22	lun	s Honorat.
23	25☽	s Clément, pape.	23	mar	ste Victoire.
24	lun	s Jean de la Croix.	24	mer	s Delphin.
25	mar	ste Catherine, v.	25	jeu	Noel.
26	mer	s Faust, m.	26	ven	s Etienne, m.
27	jeu	s Odilon, ab.	27	sam	s Jean, évang.
28	ven	s Valérien.	28	D	ss Innocents.
29	sam	s Saturnin, év.	29	lun	s Trophime.
30	D	*Avent.*	30	mar	s Sabin.
			31	mer	s Sylvestre.

JANVIER.			FÉVRIER.		
1	mar	Circoncision.	1	ven	s Ignace, év.
2	mer	s Basile, év.	2	sam	Purification.
3	jeu	ste Geneviève.	3	D	s Blaise, év.
4	ven	s Tite, év.	4	lun	ste Jeanne de Val.
5	sam	s Siméon, solit.	5	mar	ste Agathe.
6	D	Epiphanie.	6	mer	s Vaast, évêque.
7	lun	Noces.	7	jeu	s Jean de Matha, p.
8	mar	s Lucien.	8	ven	S. Cœur de Marie.
9	mer	s Pierre, év.	9	sam	ste Apolline, v.
10	jeu	s Paul, erm.	10	D	*Septuagésime.*
11	ven	s Théodore.	11	lun	s Severin.
12	sam	s Arcade, m.	12	mar	ste Eulalie
13	D	Bap. de J.-C.	13	mer	s Lezin.
14	lun	s Hilaire, docteur.	14	jeu	s Valentin, m.
15	mar	s Maur, abbé.	15	ven	s Faustin.
16	mer	s Nom de Jésus.	16	sam	ste Julienne.
17	jeu	s Antoine, ab.	17	D	*Sexagésimè.*
18	ven	s Mélaine, év.	18	lun	s Siméon, évêque.
19	sam	s Sulpice, év.	19	mar	s Gabin.
20	D	s Sébastien, m.	20	mer	s Eucher.
21	lun	ste Agnès, vierge	21	jeu	s Pépin.
22	mar	s Vincent, m.	22	ven	ste Isabelle.
23	mer	s Fulgence, doc.	23	sam	s Damien.
24	jeu	s Timothée, m.	24	D	*Quinquagésime.*
25	ven	Conv. de St Paul.	25	lun	s Césaire.
26	sam	s Polycarpe, m.	26	mar	*Mardi-Gras.*
27	D	s Jean Ch., doc.	27	mer	*Cendres.*
28	lun	s Julien, évêque.	28	jeu	s Romain.
29	mar	s Franç. de S., év.			s Dosithée.
30	mer	ste Bathilde, reine.			
31	jeu	s Gaud, év.			

	MARS.			AVRIL.
1	ven	s Léon de Car., év.	1	lun	s Hugues, év.
2	sam	s Aubin, év.	2	mar	s François de Paule.
3	D	*Quadragésime.*	3	mer	s Richard.
4	lun	s Casimir.	4	jeu	s Isidore.
5	mar	s Adrien, martyr.	5	ven	s Vincent.
6	mer	ste Colette, v. Q.T.	6	sam	s Sixte.
7	jeu	stes Perp. et Félic.	7	D	*Rameaux.*
8	ven	s Jean de D. juste.	8	lun	s Denis, év.
9	sam	ste Françoise.	9	mar	s Grégoire de N.
10	D	*Reminiscere.*	10	mer	s Macaire, év.
11	lun	s Firmin, abbé.	11	jeu	s Godbert.
12	mar	s Bernard, év.	12	ven	Vendredi saint.
13	mer	ste Euphrasie.	13	sam	s Justin, m.
14	jeu	s Lubin, év.	14	D	PAQUES.
15	ven	s Longin.	15	lun	s Maxime.
16	sam	s Julien, m.	16	mar	s Pair, év.
17	D	*Oculi.*	17	mer	s Anicet.
18	lun	s Alexandre.	18	jeu	s Cyrille, év.
19	mar	s Joseph.	19	ven	s Vincent.
20	mer	s Joachim.	20	sam	s Théotime.
21	jeu	s Benoît, ab.	21	D	*Quasimodo.*
22	ven	s Emile.	22	lun	ste Opportune.
23	sam	s Victorin.	23	mar	s Georges, m.
24	D	*Lætare.*	24	mer	s Léger.
25	lun	Annonciation.	25	jeu	s Marc, évang.
26	mar	s Théodose, m.	26	ven	s Clet, m.
27	mer	s Rupert, év.	27	sam	s Frédéric.
28	jeu	s Gontran, roi.	28	D	s Vital, m.
29	ven	s Frisque.	29	lun	ste Marie Egypt.
30	sam	s Rieul.	30	mar	s Eutrope, év.
31	D	*Passion.*			

MAI.			JUIN.	
1	mer	ss Jacq. et Ph., ap.	1	sam	s Jouvin, ab.
2	jeu	s Marcouf, ab.	2	D	PENTECÔTE.
3	ven	Inv. de la Ste Cr.	3	lun	ste Clotilde , reine.
4	sam	s Athanase, év.	4	mar	s Optat.
5	D	s Pie V, pape.	5	mer	s Boniface. Q. T.
6	lun	s Jean P. L.	6	jeu	s Norbert , évêque.
7	mar	s Jean Dam.	7	ven	s Lié.
8	mer	s Cénéric, abbé.	8	sam	s Gildard. év.
9	jeu	s Grégoire de N.	9	1 D	*Trinité.*
10	ven	s Antonin	10	lun	s Ebremond, abbé.
11	sam	s Mammert, év.	11	mar	s Barnabé, apôtre.
12	D	s Epiphane, év.	12	mer	s Basilide, martyr.
13	lun	s Pancrace, m.	13	jeu	*Fête-Dieu.*
14	mar	s Pacôme, abbé.	14	ven	s Ruffin
15	mer	s Achille.	15	sam	s Modeste
16	jeu	s Braudan, ab.	16	2 D	s Jean-Franç. Rég.
17	ven	s Jean Népom.	17	lun	s Ferréol, martyr.
18	sam	s Claude, évêque.	18	mar	ste Marine.
19	D	s Yves, prêtre	19	mer	s Gervais, martyr.
20	lun	*Rogations.*	20	jeu	s Latuin, évêque.
21	mar	s Ortaire, abbé	21	ven	s Louis de G.
22	mer	ste Julie.	22	sam	s Paulin, évêque.
23	jeu	ASCENSION.	23	3 D	s Alban, martyr.
24	ven	ste Susanne.	24	lun	s Jean-Baptiste.
25	sam	s Philippe de N.	25	mar	s Prosper
26	D	s Quadrat.	26	mer	ss Jean et Paul
27	lun	s Évroult, ab.	27	jeu	s Ladislas, roi.
28	mar	s Manvieu, év.	28	ven	s Irénée, évêque.
29	mer	s Maximin.	29	sam	ss Pierre et P., ap.
30	jeu	s Félix, pape.	30	4 D	Com. de s Paul.
31	ven	ste Pétronille.			

	JUILLET.			AOUT.
1	lun	D. de St Jean-B.	1	jeu	s Pierre ès liens.
2	mar	V. de la Ste Vierg.	2	ven	s Etienne, pape.
3	mer	s Léonor, évêque.	3	sam	Inv. de St Etienne.
4	jeu	O. et T. de St Mar.	4	9 D	s Dominique.
5	ven	s Sever, évêque.	5	lun	s Memmie, évêque.
6	sam	Ch. St Pierre.	6	mar	Transf. de J.-C.
7	5 D	s Thomas, évêque.	7	mer	s Victrice, évêque.
8	lun	s Procope, martyr.	8	jeu	s Justin.
9	mar	ste Anatolie, vierg.	9	ven	ste Radégonde.
10	mer	Les 7 frè. et ste Fél.	10	sam	s Laurent, martyr.
11	jeu	s Benoît, abbé.	11	10 D	T. de la Ste Croix.
12	ven	s Gualbert.	12	lun	s Taurin, évêque
13	sam	s Anaclet, prêtre.	13	mar	s Hippolyte.
14	6 D	s Bonaventure, év.	14	mer	s Eusèbe.
15	lun	s Thomas d'Aquin	15	jeu	ASSOMPTION.
16	mar	s Hélier, martyr.	16	ven	s Roch, confesseur.
17	mer	s Alexis, confes	17	sam	s Mammès, martyr.
18	jeu	s Clair, martyr.	18	11 D	ste Hélène.
19	ven	s Vincent de P.	19	lun	s Rufin, confesseur.
20	sam	ste Marguerite, v.	20	mar	s Bernard, abbé.
21	7 D	s Victor, martyr.	21	mer	s Maximien, mart.
22	lun	ste Marie-Madel.	22	jeu	s Symphorien, m.
23	mar	s Apollinaire, év.	23	ven	ste Jeanne-Franç.
24	mer	ste Christine.	24	sam	s Barthélemy, ap.
25	jeu	s Jacques, apôtre.	25	12 D	s Louis, roi.
26	ven	s Joachim et ste A.	26	lun	s Ouen, évêque.
27	sam	s Pantaléon.	27	mar	s Césaire. évêque.
28	8 D	s Samson, évêque.	28	mer	s Augustin, évêq.
29	lun	s Lazare.	29	jeu	s Médéric.
30	mar	s Ignace, prêtre.	30	ven	s Fiacre, solitaire.
31	mer	s Germain, évêq.	31	sam	s Ovide.

SEPTEMBRE.

1	13D	s Gilles, abbé.
2	lun	s Antonin, martyr.
3	mar	s Grégoire, pape.
4	mer	ss Patriarches.
5	jeu	s Victorin.
6	ven	s Vincent Ferrier.
7	sam	s Cloud, prêtre.
8	14D	Nat. de la Ste V.
9	lun	s Gorgon, martyr.
10	mar	s Aubert.
11	mer	s Hyacinthe, mart.
12	jeu	s Sylvain, évêque.
13	ven	s Maurille, évêque.
14	sam	Ex. de la Ste Croix.
15	15D	s Nom de Marie.
16	lun	s Corneille, m.
17	mar	s Flocel, m.
18	mer	s Senier, év. Q. T.
19	jeu	s Janvier, év.
20	ven	s Eustache.
21	sam	s Lo, év. de C.
22	16D	s Maurice, martyr.
23	lun	ste Thècle, vierge.
24	mar	s Lin, évêque.
25	mer	s Firmin, évêque.
26	jeu	s Cyprien, martyr.
27	ven	s Côme, martyr.
28	sam	s Céran.
29	17D	s Michel.
30	lun	s Jérôme.

OCTOBRE.

1	mar	s Remi, évêque.
2	mer	ss Anges Gardiens.
3	jeu	s Denis Aréop.
4	ven	s François d'Assise.
5	sam	s Placide.
6	18D	s Bruno, moine.
7	lun	s Serge, martyr.
8	mar	s Démètre, mart.
9	mer	s Denis, évêque.
10	jeu	s François de B.
11	ven	s Nicaise, martyr.
12	sam	s Florent, martyr.
13	19D	s Edouard.
14	lun	s Calixte, pape.
15	mar	ste Thérèse, vierge.
16	mer	s Herbland.
17	jeu	s Cerbouet.
18	ven	s Luc, apôtre.
19	sam	s Aquilin, évêque.
20	20D	s Hilarion, abbé.
21	lun	ste Ursule.
22	mar	s Mellon, évêque.
23	mer	s Amand, évêque.
24	jeu	s Magloire, évêque.
25	ven	s Crespin, martyr.
26	sam	s Fromond.
27	21D	s Frumence, évêq.
28	lun	ss Sim. et Jude, ap.
29	mar	s Narcisse.
30	mer	s Léon, pape.
31	jeu	s Quentin, martyr.

16*

NOVEMBRE.			DÉCEMBRE.		
1	ven	Toussaint	1	D	*Avent.*
2	sam	Les Trépassés.	2	lun	s Eloque.
3	22D	s Vigor.	3	mar	s François Xavier.
4	lun	s Charles B.	4	mer	ste Barbe, vierge.
5	mar	s Eustache, martyr.	5	jeu	s Athanase, martyr.
6	mer	s Léonard, solitai.	6	ven	s Nicolas, évêque.
7	jeu	s Florent.	7	sam	s Ambroise.
8	ven	stes Reliques.	8	D	Conception.
9	sam	s Matharin, prêtre	9	lun	ste Gorgonie.
10	23D	*Dédicace.*	10	mar	ste Valérie, vierge.
11	lun	s Martin, év.	11	mer	s Damase, pape.
12	mar	s Martin, pape.	12	jeu	ste Constance.
13	mer	s Brice, évêque.	13	ven	ste Luce, vierge.
14	jeu	s Stanislas K.	14	sam	s Gatien, év.
15	ven	s Malo, évêque.	15	D	s Mesmin.
16	sam	s Edmond, évêque.	16	lun	s Valentin, m.
17	24D	s Grégoire Th.	17	mar	s Ignace.
18	lun	s Romphaire, évêq.	18	mer	s Auxence, év.Q.T.
19	mar	ste Elisabeth.	19	jeu	s Némèse, m.
20	mer	s Bénigne, évêque.	20	ven	s Eugène, pr.
21	jeu	Présentation.	21	sam	s Thomas, apôtre.
22	ven	ste Cécile, vierge.	22	D	s Honorat.
23	sam	s Clément, pape.	23	lun	ste Victoire.
24	25D	s Jean de la Croix.	24	mar	s Delphin.
25	lun	ste Catherine.	25	mer	Noel.
26	mar	s Faust, mart.	26	jeu	s Etienne, martyr.
27	mer	s Odilon, abbé.	27	ven	s Jean, évangéliste.
28	jeu	s Valérien.	28	sam	ss Innocents.
29	ven	s Saturnin, évêque.	29	D	s Trophime.
30	sam	s André, apôtre.	30	lun	s Sabin.
			31	mar	s Sylvestre.

JANVIER.

1	lun	Circoncision.
2	mar	s Basile, évêque.
3	mer	ste Geneviève.
4	jeu	s Tite, évêque.
5	ven	s Siméon, solitaire.
6	sam	Épiphanie.
7	D	Noces.
8	lun	s Lucien.
9	mar	s Pierre, évêque.
10	mer	s Paul, ermite.
11	jeu	s Théodore.
12	ven	s Arcade, martyr.
13	sam	Bap. de J.-C.
14	D	s Hilaire, docteur.
15	lun	s Maur, abbé.
16	mar	s Nom de Jésus.
17	mer	s Antoine, abbé.
18	jeu	s Mélaine, év.
19	ven	s Sulpice, évêque.
20	sam	s Sébastien, m.
21	D	ste Agnès, vierge.
22	lun	s Vincent, martyr.
23	mar	s Fulgence, doc.
24	mer	s Timothée, m.
25	jeu	Conv. de St Paul
26	ven	s Polycarpe, m.
27	sam	s Jean-Chr, doc.
28	D	s Julien, évêque.
29	lun	s François de Sales.
30	mar	ste Bathilde, reine.
31	mer	s Gaud, évêque.

FÉVRIER.

1	jeu	s Ignace, év.
2	ven	Purification.
3	sam	s Blaise, év.
4	D	ste Jeanne de Val.
5	lun	ste Agathe.
6	mar	s Vaast, évêque.
7	mer	s Jean de Matha, p.
8	jeu	S. Cœur de Marie.
9	ven	ste Apolline, v.
10	sam	ste Scholastique.
11	D	*Septuagésime.*
12	lun	ste Eulalie.
13	mar	s Lezin.
14	mer	s Valentin, martyr.
15	jeu	s Faustin.
16	ven	ste Julienne.
17	sam	s Théodule.
18	D	*Sexagésime.*
19	lun	s Gabin.
20	mar	s Eucher.
21	mer	s Pépin.
22	jeu	ste Isabelle.
23	ven	s Damien.
24	sam	s Matthias, apôtre.
25	D	*Quinquagésime.*
26	lun	s Nestor.
27	mar	*Mardi-Gras.*
28	mer	*Cendres.*
		s Dosithée.

<table>
<tr><td colspan="3">MARS.</td><td colspan="3">AVRIL.</td></tr>
<tr><td>1</td><td>jeu</td><td>s Léon de C., év.</td><td>1</td><td>D</td><td>La Passion.</td></tr>
<tr><td>2</td><td>ven</td><td>s Aubin, évêque.</td><td>2</td><td>lun</td><td>s Franç. de Paule.</td></tr>
<tr><td>3</td><td>sam</td><td>ste Cunég.</td><td>3</td><td>mar</td><td>s Richard.</td></tr>
<tr><td>4</td><td>D</td><td>Quadragésime.</td><td>4</td><td>mer</td><td>s Isidore.</td></tr>
<tr><td>5</td><td>lun</td><td>s Adrien, m.</td><td>5</td><td>jeu</td><td>s Vincent.</td></tr>
<tr><td>6</td><td>mar</td><td>ste Colette, vierge.</td><td>6</td><td>ven</td><td>s Sixte.</td></tr>
<tr><td>7</td><td>mer</td><td>stes Per. et F.Q.T.</td><td>7</td><td>sam</td><td>s Epiphane.</td></tr>
<tr><td>8</td><td>jeu</td><td>s Jean de Dieu J.</td><td>8</td><td>D</td><td>Rameaux.</td></tr>
<tr><td>9</td><td>ven</td><td>ste Françoise.</td><td>9</td><td>lun</td><td>s Grég. de Nysse.</td></tr>
<tr><td>10</td><td>sam</td><td>Les 40 martyrs.</td><td>10</td><td>mar</td><td>s Macaire, év.</td></tr>
<tr><td>11</td><td>D</td><td>Reminiscere.</td><td>11</td><td>mer</td><td>s Godbert.</td></tr>
<tr><td>12</td><td>lun</td><td>s Bernard, évêque.</td><td>12</td><td>jeu</td><td>s Jules.</td></tr>
<tr><td>13</td><td>mar</td><td>ste Euphrasie.</td><td>13</td><td>ven</td><td>Vendredi saint.</td></tr>
<tr><td>14</td><td>mer</td><td>s Lubin, évêque.</td><td>14</td><td>sam</td><td>s Lambert, év.</td></tr>
<tr><td>15</td><td>jeu</td><td>s Longin.</td><td>15</td><td>D</td><td>PAQUES.</td></tr>
<tr><td>16</td><td>ven</td><td>s Julien, martyr.</td><td>16</td><td>lun</td><td>s Pair, évêque.</td></tr>
<tr><td>17</td><td>sam</td><td>s Patrice, évêque.</td><td>17</td><td>mar</td><td>s Anicet.</td></tr>
<tr><td>18</td><td>D</td><td>Oculi.</td><td>18</td><td>mer</td><td>s Cyrille, évêque.</td></tr>
<tr><td>19</td><td>lun</td><td>s Joseph</td><td>19</td><td>jeu</td><td>s Vincent.</td></tr>
<tr><td>20</td><td>mar</td><td>s Joachim.</td><td>20</td><td>ven</td><td>s Théotime.</td></tr>
<tr><td>21</td><td>mer</td><td>s Benoît, abbé.</td><td>21</td><td>sam</td><td>s Anselme, év.</td></tr>
<tr><td>22</td><td>jeu</td><td>s Emile.</td><td>22</td><td>D</td><td>Quasimodo.</td></tr>
<tr><td>23</td><td>ven</td><td>s Victorin.</td><td>23</td><td>lun</td><td>s Georges, mart.</td></tr>
<tr><td>24</td><td>sam</td><td>s Simon.</td><td>24</td><td>mar</td><td>s Léger.</td></tr>
<tr><td>25</td><td>D</td><td>Lætare.</td><td>25</td><td>mer</td><td>s Marc, évang.</td></tr>
<tr><td>26</td><td>lun</td><td>s Théodose, m.</td><td>26</td><td>jeu</td><td>s Clet, martyr.</td></tr>
<tr><td>27</td><td>mar</td><td>s Rupert, évêque.</td><td>27</td><td>ven</td><td>s Frédéric.</td></tr>
<tr><td>28</td><td>mer</td><td>s Gontran, roi.</td><td>28</td><td>sam</td><td>s Vital, martyr.</td></tr>
<tr><td>29</td><td>jeu</td><td>s Frisque.</td><td>29</td><td>D</td><td>ste Marie Egyp.</td></tr>
<tr><td>30</td><td>ven</td><td>s Rieul.</td><td>30</td><td>lun</td><td>s Eutrope, év.</td></tr>
<tr><td>31</td><td>sam</td><td>s Benjamin.</td><td></td><td></td><td></td></tr>
</table>

MAI.		JUIN.	
1 mar	ss Jacq. et Ph., ap.	1 ven	s Jouvin, abbé.
2 mer	s Marcouf, ab.	2 sam	s Pothin, év.
3 jeu	Inv. de la Ste Croix.	3 D	PENTECÔTE.
4 ven	s Athanase, évêque.	4 lun	s Optat.
5 sam	s Pie V, pape.	5 mar	s Boniface.
6 D	s Jean P. L.	6 mer	s Norbert, év. Q.T.
7 lun	s Jean Damascène.	7 jeu	s Lié.
8 mar	s Cénéric, abbé.	8 ven	s Gildard, év.
9 mer	s Grégoire de N.	9 sam	ste Pélagie.
10 jeu	s Antonin.	10 1 D	*Trinité.*
11 ven	s Mammert, év.	11 lun	s Barnabé, ap.
12 sam	s Epiphane, évêq.	12 mar	s Basilide, mart.
13 D	s Pancrace, m.	13 mer	s Antoine de Pad.
14 lun	s Pacôme, abbé.	14 jeu	*Fête-Dieu.*
15 mar	s Achille.	15 ven	s Modeste.
16 mer	s Braudan, abbé.	16 sam	s Jean-Fr. Régis.
17 jeu	s Jean Népom	17 2 D	s Ferréol, martyr.
18 ven	s Claude, év.	18 lun	ste Marine.
19 sam	s Yves, prêtre.	19 mar	s Gervais, mart.
20 D	s Bernardin.	20 mer	s Latuin, év.
21 lun	*Rogations.*	21 jeu	s Louis de Gonz.
22 mar	ste Julie.	22 ven	s Paulin, év.
23 mer	ste Marie.	23 sam	s Alban, martyr.
24 jeu	ASCENSION.	24 3 D	s Jean-Baptiste.
25 ven	s Philippe de N.	25 lun	s Prosper.
26 sam	s Quadrat.	26 mar	ss Jean et Paul.
27 D	s Évroult, abbé.	27 mer	s Ladislas, roi.
28 lun	s Manvieu, év.	28 jeu	s Irénée, évêque.
29 mar	s Maximin.	29 ven	ss Pierre et Paul.
30 mer	s Félix, pape.	30 sam	Com. de St Paul.
31 jeu	ste Pétronille.		

	JUILLET.			AOUT.
1	4 D	D. de S. Jean-B.	1	mer	s Pierre ès liens.
2	lun	Visit. de la Ste V.	2	jeu	s Etienne, pape.
3	mar	s Léonor, év.	3	ven	Inv. de S. Etienne.
4	mer	O. et T. de St Mart.	4	sam	s Dominique.
5	jeu	s Sever, év.	5	9 D	s Memmie, év.
6	ven	Ch. St Pierre.	6	lun	Transfig. de J.-C.
7	sam	s Thomas, év.	7	mar	s Victrice, év.
8	5 D	s Procope, m.	8	mer	s Justin.
9	lun	ste Anatolie, v.	9	jeu	ste Radégonde.
10	mar	Les 7 fr. et Ste Fél.	10	ven	s Laurent, m.
11	mer	s Benoît, ab.	11	sam	Trans. de la Ste C.
12	jeu	s Gualbert.	12	10D	s Taurin, év.
13	ven	s Anaclet, prêt.	13	lun	s Hippolyte.
14	sam	s Bonaventure, év.	14	mar	s Eusèbe.
15	6 D	s Thomas d'Aquin.	15	mer	ASSOMPTION.
16	lun	s Hélier, m.	16	jeu	s Roch, conf.
17	mar	s Alexis, conf.	17	ven	s Mammès, m.
18	mer	s Clair, m.	18	sam	ste Hélène.
19	jeu	s Vincent de Paule.	19	11D	s Rufin, conf.
20	ven	ste Marguerite, v.	20	lun	s Bernard, ab.
21	sam	s Victor, m.	21	mar	s Maximien, m.
22	7 D	ste Marie-Mad.	22	mer	s Symphorien, m.
23	lun	s Apollinaire, év.	23	jeu	ste Jeanne-Franç.
24	mar	ste Christine.	24	ven	s Barthélemy, ap.
25	mer	s Jacques, ap.	25	sam	s Louis, roi.
26	jeu	s Joac. et Ste Anne.	26	12D	s Ouen, év.
27	ven	s Pantaléon.	27	lun	s Césaire, év.
28	sam	s Samson, év.	28	mar	s Augustin, év.
29	8 D	s Lazare.	29	mer	s Médéric.
30	lun	s Ignace, pr.	30	jeu	s Fiacre, solit.
31	mar	s Germain, év.	31	ven	s Ovide.

SEPTEMBRE.

1	sam	s Gilles, abbé.
2	13D	s Antonin, m.
3	lun	s Grégoire, pape.
4	mar	ss. Patriarches.
5	mer	s Victorin.
6	jeu	s Vincent Ferrier.
7	ven	s Cloud, pr.
8	sam	Nativ. de la ste V.
9	14D	s Gorgon, m.
10	lun	s Aubert.
11	mar	s Hyacinthe, m.
12	mer	s Sylvain, év.
13	jeu	s Maurille, év.
14	ven	Ex. de la Ste C.
15	sam	s N. de Marie.
16	15D	s Corneille, m.
17	lun	s Flocel, m.
18	mar	s Senier, év.
19	mer	s Janvier, év. Q. T.
20	jeu	s Eustache.
21	ven	s Lo, év. de C.
22	sam	s Maurice, m.
23	16D	ste Thècle, v.
24	lun	s Lin, év.
25	mar	s Firmin, év.
26	mer	s Cyprien, m.
27	jeu	s Côme, m
28	ven	s Céran.
29	sam	s Michel.
30	17D	s Jérôme.

OCTOBRE.

1	lun	s Remi, év.
2	mar	ss Anges Gard.
3	mer	s Denis Aréop.
4	jeu	s François d'As.
5	ven	s Placide.
6	sam	s Bruno, moine.
7	18D	s Serge, m.
8	lun	s Démètre, m.
9	mar	s Denis, év.
10	mer	s François de Bor
11	jeu	s Nicaise, m.
12	ven	s Florent, m.
13	sam	s Edouard.
14	19D	s Calixte, pape.
15	lun	ste Thérèse, v.
16	mar	s Herbland.
17	mer	s Cerbonet.
18	jeu	s Luc, ap.
19	ven	s Aquilin, év.
20	sam	s Hilarion, ab.
21	20D	ste Ursule.
22	lun	s Mellon, év.
23	mar	s Amand, év.
24	mer	s Magloire, év.
25	jeu	s Crespin, m.
26	ven	s Fromond.
27	sam	s Frumence, év.
28	21D	ss Sim. et Jude, ap.
29	lun	s Narcisse.
30	mar	s Léon, pape.
31	mer	s Quentin, m.

NOVEMBRE.		DÉCEMBRE.	
1	jeu	Toussaint.	1	sam	s Eloi, év.
2	ven	Les Trépassés	2	D	*Avent.*
3	sam	s Vigor.	3	lun	s François Xav.
4 22D		s Charles B.	4	mar	ste Barbe, v.
5	lun	s Eustache, m.	5	mer	s Athanase, m.
6	mar	s Léonard, solit.	6	jeu	s Nicolas, év.
7	mer	s Florent.	7	ven	s Ambroise.
8	jeu	stes Reliques.	8	sam	Conception.
9	ven	s Mathurin, pr.	9	D	ste Gorgonie.
10	sam	s Juste.	10	lun	ste Valérie, v.
11 23D		*Dédicace.*	11	mar	s Damase, pape.
12	lun	s Martin, pape.	12	mer	ste Constance.
13	mar	s Brice, év.	13	jeu	ste Luce, v.
14	mer	s Stanislas K.	14	ven	s Gatien, év.
15	jeu	s Malo, év.	15	sam	s Mesmin.
16	ven	s Edmond, év.	16	D	s Valentin, m.
17	sam	s Grégoire Th	17	lun	s Ignace.
18 24D		s Romphaire, év.	18	mar	s Auxence, év.
19	lun	ste Elisabeth.	19	mer	s Némèse, m. Q. T.
20	mar	s Bénigne, év.	20	jeu	s Eugène, pr.
21	mer	Présentation.	21	ven	s Thomas, ap.
22	jeu	ste Cécile, v.	22	sam	s Honorat.
23	ven	s Clément, pape.	23	D	ste Victoire.
24	sam	s Jean de la Croix	24	lun	s Delphin.
25 25D		ste Catherine, v.	25	mar	Noel.
26	lun	s Faust, m.	26	mer	s Etienne, m.
27	mar	s Odilon, ab.	27	jeu	s Jean, évang.
28	mer	s Valérien.	28	ven	ss Innocents.
29	jeu	s Saturnin, év.	29	sam	s Trophime.
30	ven	s André, ap.	30	D	s Sabin.
			31	lun	s Sylvestre.

CALENDRIER N° 26.

JANVIER.

1	D	Circoncision.
2	lun	s Basile , év.
3	mar	ste Geneviève.
4	mer	s Tite , év.
5	jeu	s Siméon, solit.
6	ven	Epiphanie.
7	sam	Noces.
8	D	s Lucien.
9	lun	s Pierre, évêque.
10	mar	s Paul, ermite.
11	mer	s Théodore.
12	jeu	s. Arcade, martyr.
13	ven	Bap. de Jésus-Chr.
14	sam	s Hilaire, docteur.
15	D	s Maur, abbé.
16	lun	s Nom de Jésus.
17	mar	s Antoine, abbé.
18	mer	s Mélaine, évêque.
19	jeu	s Sulpice, év.
20	ven	s Sébastien, mart.
21	sam	ste Agnès, vierge.
22	D	s Vincent, martyr.
23	lun	s Fulgence, doct.
24	mar	s Timothée, mart.
25	mer	Conv. de St Paul.
26	jeu	s Polycarpe, év.
27	ven	s Jean Chris. doc.
28	sam	s Julien, év.
29	D	s François de Sales.
30	lun	ste Bathilde, reine.
31	mar	s Gaud, év.

FÉVRIER.

1	mer	s Ignace, évêque.
2	jeu	Purification.
3	ven	s Blaise, évêque.
4	sam	ste Jeanne de Val.
5	D	ste Agathe.
6	lun	s Vaast, év.
7	mar	s Jean de Matha, p.
8	mer	S. Cœur de Marie.
9	jeu	ste Apolline, v.
10	ven	ste Scholastique.
11	sam	s Séverin.
12	D	*Septuagésime.*
13	lun	s Lezin.
14	mar	s Valentin, martyr.
15	mer	s Faustin.
16	jeu	ste Julienne.
17	ven	s Théodule.
18	sam	s Siméon, év.
19	D	*Sexagésime.*
20	lun	s Eucher.
21	mar	s Pépin.
22	mer	ste Isabelle.
23	jeu	s Damien.
24	ven	s Matthias, ap.
25	sam	s Césaire.
26	D	*Quinquagésime.*
27	lun	ste Honorine.
28	mar	*Mardi-Gras.*
		s Dosithée.

	MARS.			AVRIL.
1	mer	*Cendres.*	1	sam	s Hugues, évêque.
2	jeu	s Aubin, év.	2	D	*Passion.*
3	ven	ste Cunég., imp.	3	lun	s Richard.
4	sam	s Casimir.	4	mar	s Isidore.
5	D	*Quadragésime.*	5	mer	s Vincent.
6	lun	ste Colette, vierg.	6	jeu	s Sixte.
7	mar	stes Perpét. et Fél.	7	ven	s Epiphane.
8	mer	s Jean de D.J.Q.T.	8	sam	s Denis, évêque.
9	jeu	ste Françoise.	9	D	*Rameaux.*
10	ven	Les 40 martyrs.	10	lun	s Macaire, év.
11	sam	s Firmin, abbé.	11	mar	s Godbert.
12	D	*Reminiscere.*	12	mer	s Jules.
13	lun	ste Euphrasie.	13	jeu	s Justin, martyr.
14	mar	s Lubin, évêque.	14	ven	Vendredi saint.
15	mer	s. Longin.	15	sam	s Maxime.
16	jeu	s Julien, m.	16	D	PAQUES.
17	ven	s Patrice, évêque.	17	lun	s Anicet.
18	sam	s Alexandre, év.	18	mar	s Cyrille, évêque.
19	D	*Oculi.*	19	mer	s Vincent.
20	lun	s Joachim.	20	jeu	s Théotime.
21	mar	s Benoît, abbé.	21	ven	s Anselme.
22	mer	s Emile.	22	sam	ste Opportune.
23	jeu	s Victorin.	23	D	*Quasimodo.*
24	ven	s Simon.	24	lun	s Léger.
25	sam	Annonciation.	25	mar	s Marc, évangéliste.
26	D	*Lœtare.*	26	mer	s Clet, martyr.
27	lun	s Rupert, évêque.	27	jeu	s Frédéric.
28	mar	s Gontran, roi.	28	ven	s Vital, m.
29	mer	s Frisque.	29	sam	ste Marie Égypt.
30	jeu	s Rieul.	30	D	s Eutrope, év.
31	ven	s Benjamin.			

MAI.

1 lun | ss Jacq. et Ph., ap.
2 mar | s Marcouf, abbé.
3 mer | Inv. de la Ste Croix.
4 jeu | s Athanase, év.
5 ven | s Pie V, pape.
6 sam | s Jean P. L.
7 D | s Jean Damasc.
8 lun | s Cénéric, abbé.
9 mar | s Grégoire de Nys.
10 mer | s Antonin.
11 jeu | s Mammert, év
12 ven | s Épiphane, év.
13 sam | s Pancrace, mart.
14 D | s Pacôme, abbé
15 lun | s Achille.
16 mar | s Braudan, abbé.
17 mer | s Jean Népom.
18 jeu | s Claude, év.
19 ven | s Yves, prêtre.
20 sam | s Bernardin.
21 D | s Ortaire, abbé.
22 lun | *Rogations.*
23 mar | ste Julie.
24 mer | ste Marie.
25 jeu | ASCENSION.
26 ven | s Quadrat.
27 sam | s Évroult, abbé.
28 D | s Manvieu, év.
29 lun | s Maximin.
30 mar | s Félix, pape.
31 mer | ste Pétronille.

JUIN.

1 jeu | s Jouvin, abbé.
2 ven | s Pothin, évêque.
3 sam | ste Clotilde, reine.
4 D | PENTECÔTE.
5 lun | s Boniface.
6 mar | s Norbert, évêque.
7 mer | s Lié. Q. T.
8 jeu | s Gildard, évêque.
9 ven | ste Pélagie.
10 sam | s Ebremond, abbé.
11 1 D | *Trinité.*
12 lun | s Basilide, martyr.
13 mar | s Antoine de P.
14 mer | s Ruffin.
15 jeu | *Fête-Dieu.*
16 ven | s Jean-F. Régis
17 sam | s Ferréol, martyr.
18 2 D | ste Marine.
19 lun | s Gervais, martyr.
20 mar | s Latuin, évêque.
21 mer | s Louis de Gonz.
22 jeu | s Paulin, évêque.
23 ven | s Alban, martyr.
24 sam | s Jean-Baptiste.
25 3 D | s Prosper.
26 lun | ss Jean et Paul.
27 mar | s Ladislas, roi.
28 mer | s Irénée, évêque.
29 jeu | ss Pierre et Paul.
30 ven | Com. de St Paul.

JUILLET.		AOUT.	
1	sam	D. de S. Jean-B.	1	mar	s Pierre ès liens.
2	4 D	V. de la Ste Vierg.	2	mer	s Etienne, pape.
3	lun	s Léonor, év.	3	jeu	Inv. de St Etienne
4	mar	O. et T. de S. Mart.	4	ven	s Dominique.
5	mer	s Sever, év.	5	sam	s Memmie, év.
6	jeu	Ch. St Pierre.	6	9 D	Transf. de J.-C.
7	ven	s Thomas, év.	7	lun	s Victrice, év.
8	sam	s Procope, m.	8	mar	s Justin.
9	5 D	ste Anatolie, v.	9	mer	ste Radégonde.
10	lun	Les 7 fr. et Ste Fél.	10	jeu	s Laurent, m.
11	mar	s Benoît, ab.	11	ven	T. de la Ste Croix.
12	mer	s Gualbert.	12	sam	s Taurin, év.
13	jeu	s Anaclet, pr.	13	10 D	s Hippolyte.
14	ven	s Bonaventure, év.	14	lun	s Eusèbe.
15	sam	s Thom. d'Aquin.	15	mar	ASSOMPTION.
16	6 D	s Hélier, m.	16	mer	s Roch, conf.
17	lun	s Alexis, conf.	17	jeu	s Mammès, m.
18	mar	s Clair, m.	18	ven	ste Hélène.
19	mer	s Vincent de Paule	19	sam	s Rufin, conf.
20	jeu	ste Marguerite, v.	20	11 D	s Bernard, ab.
21	ven	s Victor, m.	21	lun	s Maximien, m.
22	sam	ste Marie-Mad.	22	mar	s Symphorien.
23	7 D	s Apollinaire, év.	23	mer	ste Jeanne-Franç.
24	lun	ste Christine.	24	jeu	s Barthélemy, ap.
25	mar	s Jacques, ap.	25	ven	s Louis, roi.
26	mer	s Joac. et Ste Anne.	26	sam	s Ouen, év.
27	jeu	s Pantaléon.	27	12 D	s Césaire, év.
28	ven	s Samson, év.	28	lun	s Augustin, év.
29	sam	s Lazare.	29	mar	s Méderic.
30	8 D	s Ignace, pr.	30	mer	s Fiacre, solit.
31	lun	s Germain, év.	31	jeu	s Ovide.

SEPTEMBRE.

1	ven	s Gilles, ab.
2	sam	s Antonin, m.
3	13D	s Grégoire, pape.
4	lun	ss Patriarches.
5	mar	s Victorin.
6	mer	s Vincent Ferrier.
7	jeu	s Cloud, prêt.
8	ven	Nat. de la ste Vier.
9	sam	s Gorgon, m.
10	14D	s Aubert.
11	lun	s Hyacinthe, m.
12	mar	s Sylvain, év.
13	mer	s Maurille, év.
14	jeu	Ex. de la Ste Croix.
15	ven	s N. de Marie.
16	sam	s Corneille, m.
17	15D	s Flocel, m.
18	lun	s Senier, év.
19	mar	s Janvier, év.
20	mer	s Eustache. Q T.
21	jeu	s Lo, év. de C.
22	ven	s Maurice, m.
23	sam	ste Thècle, v.
24	16D	s Lin, év.
25	lun	s Firmin, év.
26	mar	s Cyprien, m.
27	mer	s Côme, m.
28	jeu	s Céran.
29	ven	s Michel.
30	sam	s Jérôme.

OCTOBRE.

1	17D	s Remi, év.
2	lun	ss Anges Gard.
3	mar	s Denis Aréopag.
4	mer	s François d'Assise.
5	jeu	s Placide.
6	ven	s Bruno, moine.
7	sam	s Serge, m.
8	18D	s Démètre, m.
9	lun	s Denis, év.
10	mar	s François de B.
11	mer	s Nicaise, m
12	jeu	s Florent, m.
13	ven	s Edouard.
14	sam	s Calixte, pape.
15	19D	ste Thérèse, v.
16	lun	s Herbland.
17	mar	s Cerbouet.
18	mer	s Luc, ap.
19	jeu	s Aquilin, év.
20	ven	s Hilarion, ab.
21	sam	ste Ursule
22	20D	s Mellon, év.
23	lun	s Amand, év.
24	mar	s Magloire, év.
25	mer	s Crespin, m.
26	jeu	s Fromond.
27	ven	s Frumence, év.
28	sam	ss Simon et Jude.
29	21D	s Narcisse.
30	lun	s Léon, pape.
31	mar	s Quentin, m.

	NOVEMBRE.			DÉCEMBRE.
1	mer	TOUSSAINT.	1	ven	s Eloi, év.
2	jeu	Les Trépassés.	2	sam	s Eloque.
3	ven	s Vigor.	3	D	*Avent.*
4	sam	s Charles B.	4	lun	ste Barbe, v.
5	22D	s Eustache, m.	5	mar	s Athanase, m.
6	lun	s Léonard, solit.	6	mer	s Nicolas, év.
7	mar	s Florent.	7	jeu	s Ambroise.
8	mer	stes Reliques.	8	ven	Conception.
9	jeu	s Mathurin. pr.	9	sam	ste Gorgonie.
10	ven	s Juste.	10	D	ste Valérie, v.
11	sam	s Martin, év.	11	lun	s Damase, pape.
12	23D	*Dédicace.*	12	mar	ste Constance.
13	lun	s Brice, év.	13	mer	ste Luce, v.
14	mar	s Stanislas K.	14	jeu	s Gatien, év.
15	mer	s Malo, év.	15	ven	s Mesmin.
16	jeu	s Edmond, év.	16	sam	s Valentin, m.
17	ven	s Grégoire Th.	17	D	s Ignace
18	sam	s Romphaire, év.	18	lun	s Auxence, év.
19	24D	ste Elisabeth.	19	mar	s Némèse, m.
20	lun	s Bénigne, év.	20	mer	s Eugène, pr. Q.T.
21	mar	Présentation.	21	jeu	s Thomas, ap.
22	mer	ste Cécile, v.	22	ven	s Honorat.
23	jeu	s Clément, pape.	23	sam	ste Victoire.
24	ven	s Jean de la Croix.	24	D	s Delphin.
25	sam	ste Catherine, v.	25	lun	NOEL.
26	25D	s Faust, m.	26	mar	s Etienne, m.
27	lun	s Odilon, ab.	27	mer	s Jean, évang.
28	mar	s Valérien.	28	jeu	ss Innocents.
29	mer	s Saturnin, év.	29	ven	s Trophime.
30	jeu	s André, ap.	30	sam	s Sabin.
			31	D	s Sylvestre.

JANVIER.			**FÉVRIER.**		
1	sam	Circoncision.	1	mar	s Ignace, évêque.
2	D	s Basile , évêque.	2	mer	Purification.
3	lun	ste Geneviève.	3	jeu	s Blaise, év.
4	mar	s Tite , évêque.	4	ven	ste Jeanne de V
5	mer	s Siméon , solit.	5	sam	ste Agathe.
6	jeu	Epiphanie.	6	D	s Vaast , évêque.
7	ven	Noces.	7	lun	s Jean de Matha, p.
8	sam	s Lucien.	8	mar	S. Cœur de Marie.
9	D	s Pierre , évêque.	9	mer	ste Apolline, vierg.
10	lun	s Paul , ermite.	10	jeu	ste Scholastique.
11	mar	s Théodore.	11	ven	s Séverin.
12	mer	s Arcade, martyr.	12	sam	ste Eulalie.
13	jeu	Bapt. de J.-C.	13	D	*Septuagésime.*
14	ven	s Hilaire, docteur.	14	lun	s Valentin, martyr.
15	sam	s Maur, abbé.	15	mar	s Faustin.
16	D	s Nom de Jésus.	16	mer	ste Julienne.
17	lun	s Antoine, abbé.	17	jeu	s Théodule.
18	mar	s Mélaine, évêque.	18	ven	s Siméon, évêque.
19	mer	s Sulpice, évêque.	19	sam	s Gabin.
20	jeu	s Sébastien, m.	20	D	*Sexagésime.*
21	ven	ste Agnès, vierge.	21	lun	s Pépin.
22	sam	s Vincent, martyr.	22	mar	ste Isabelle.
23	D	s Fulgence, doct.	23	mer	s Damien.
24	lun	s Timothée, mart.	24	jeu	s Matthias, ap.
25	mar	Conv. de St Paul.	25	ven	s Césaire.
26	mer	s Polycarpe.	26	sam	s Nestor.
27	jeu	s Jean Ch., doct.	27	D	*Quinquagésime.*
28	ven	s Julien, évêque.	28	lun	s Romain.
29	sam	s François de Sales			s Dosithée.
30	D	ste Bathilde, reine.			
31	lun	s Gaud, évêque.			

MARS.			AVRIL.		
1	mar	*Mardi-Gras.*	1	ven	s Hugues, évêque.
2	mer	*Cendres.*	2	sam	s François de P.
3	jeu	ste Cunégonde.	3	D	*Passion.*
4	ven	s Casimir.	4	lun	s Isidore.
5	sam	s Adrien, m.	5	mar	s Vincent.
6	D	*Quadragésime*	6	mer	s Sixte.
7	lun	stes Perpét. et Féli.	7	jeu	s Epiphane.
8	mar	s Jean de D. juste	8	ven	s Denis, évêque.
9	mer	ste Françoise. Q.T.	9	sam	s Grégoire de N.
10	jeu	Les 40 martyrs.	10	D	*Rameaux.*
11	ven	s Firmin, abbé.	11	lun	s Godbert.
12	sam	s Bernard, évêque.	12	mar	s Jules.
13	D	*Reminiscere.*	13	mer	s Justin, martyr.
14	lun	s Lubin, évêque.	14	jeu	s Lambert.
15	mar	s Longin.	15	ven	Vendredi saint.
16	mer	s Julien, martyr.	16	sam	s Pair, évêque.
17	jeu	s Patrice, év.	17	D	PAQUES.
18	ven	s Alexandre, év.	18	lun	s Cyrille, évêque.
19	sam	s Joseph.	19	mar	s Vincent.
20	D	*Oculi.*	20	mer	s Théotime.
21	lun	s Benoît, abbé.	21	jeu	s Anselme, évêque.
22	mar	s Emile.	22	ven	ste Opportune.
23	mer	s Victorin.	23	sam	s Georges.
24	jeu	s Simon.	24	D	*Quasimodo.*
25	ven	Annonciation.	25	lun	s Marc, évangél.
26	sam	s Théodose, mart.	26	mar	s Clet, martyr.
27	D	*Lætare.*	27	mer	s Frédéric.
28	lun	s Gontran, roi.	28	jeu	s Vital, m.
29	mar	s Frisque.	29	ven	ste Marie Egypt.
30	mer	s Rieul.	30	sam	s Eutrope, év.
31	jeu	s Benjamin.			

MAI.		JUIN.	
1	D	ss Jacq. et Ph. ap.	1	mer	s Jouvin, abbé.
2	lun	s Marcouf, abbé.	2	jeu	s Pothin, évêque.
3	mar	Inv. de la Ste Croix.	3	ven	ste Clotilde, reine.
4	mer	s Athanase, év.	4	sam	s Optat.
5	jeu	s Pie V, pape.	5	D	PENTECÔTE.
6	ven	s Jean P. L.	6	lun	s Norbert, évêque.
7	sam	s Jean Dam.	7	mar	s Lié.
8	D	s Cénéric, abbé.	8	mer	s Gildard, év. Q.T.
9	lun	s Grégoire de N.	9	jeu	ste Pélagie.
10	mar	s Antonin.	10	ven	s Ebremond, abbé.
11	mer	s Mammert, év.	11	sam	s Barnabé, ap.
12	jeu	s Épiphane, év.	12	1 D	Trinité.
13	ven	s Pancrace, mart	13	lun	s Antoine de P.
14	sam	s Pacôme, abbé.	14	mar	s Ruffin.
15	D	s Achille.	15	mer	s Modeste.
16	lun	s Braudan, abbé.	16	jeu	Fête-Dieu.
17	mar	s Jean Nép.	17	ven	s Ferréol, martyr.
18	mer	s Claude, évêque.	18	sam	ste Marine.
19	jeu	s Yves, pr.	19	2 D	s Gervais, martyr.
20	ven	s Bernardin.	20	lun	s Latuin, évêque.
21	sam	s Ortaire, abbé.	21	mar	s Louis de Gonz.
22	D	ste Julie.	22	mer	s Paulin, évêque.
23	lun	Rogations.	23	jeu	s Alban, martyr.
24	mar	ste Susanne.	24	ven	s Jean-Baptiste.
25	mer	s Philippe de N.	25	sam	s Prosper.
26	jeu	ASCENSION.	26	3 D	ss Jean et Paul.
27	ven	s Evroult, ab.	27	lun	s Ladislas, roi.
28	sam	s Manvieu, évêque.	28	mar	s Irénée, évêque.
29	D	s Maximin.	29	mer	ss Pierre et P. ap.
30	lun	s Félix, pape.	30	jeu	Com. de St Paul.
31	mar	ste Pétronille.			

JUILLET.			AOUT.		
1	ven	D. de S. Jean-B.	1	lun	s Pierre ès liens.
2	sam	V. de la ste Vierge.	2	mar	s Etienne, pape.
3	4 D	s Léonor, év.	3	mer	Inv. de s Etienne.
4	lun	O. et T. de S. Mart.	4	jeu	s Dominique.
5	mar	s Sever, év.	5	ven	s Memmie, év.
6	mer	Ch. S. Pierre.	6	sam	Transf. de J.-C.
7	jeu	s Thomas, év.	7	9 D	s Victrice, év.
8	ven	s Procope, m.	8	lun	s Justin.
9	sam	ste Anatolie, v.	9	mar	ste Radégonde
10	5 D	Les 7 fr. et ste Fél.	10	mer	s Laurent, m.
11	lun	s Benoît, abbé.	11	jeu	T. de la ste Croix
12	mar	s Gualbert.	12	ven	s Taurin, év.
13	mer	s Anaclet, pr.	13	sam	s Hippolyte.
14	jeu	s Bonaventure, év.	14	10 D	s Eusèbe.
15	ven	s Thomas d'Aquin.	15	lun	ASSOMPTION.
16	sam	s Hélier, m.	16	mar	s Roch, conf.
17	6 D	s Alexis, conf.	17	mer	s Mammès, m.
18	lun	s Clair, m.	18	jeu	ste Hélène.
19	mar	s Vincent de Paule.	19	ven	s Rufin, conf.
20	mer	ste Marguerite, v.	20	sam	s Bernard, abbé.
21	jeu	s Victor, m.	21	11 D	s Maximien, m.
22	ven	ste Marie-Mad.	22	lun	s Symphorien, m.
23	sam	s Apollinaire, év.	23	mar	ste Jeanne-Franç.
24	7 D	ste Christine.	24	mer	s Barthélemy, ap.
25	lun	s Jacques, ap.	25	jeu	s Louis, roi.
26	mar	s Joac. et ste Anne.	26	ven	s Ouen, év.
27	mer	s Pantaléon.	27	sam	s Césaire, év.
28	jeu	s Samson, év.	28	12 D	s Augustin, év.
29	ven	s Lazare.	29	lun	s Méderic.
30	sam	s Ignace, pr.	30	mar	s Fiacre, solit.
31	8 D	s Germain, év.	31	mer	s Ovide.

SEPTEMBRE.		OCTOBRE.	
1 jeu	s Gilles, abbé.	1 sam	s Remi, év.
2 ven	s Antoine, m.	2 17D	ss Anges Gardiens.
3 sam	s Grégoire, pape.	3 lun	s Denis Aréopagite.
4 13D	ss Patriarches.	4 mar	s François d'Assise.
5 lun	s Victorin.	5 mer	s Placide.
6 mar	s Vincent Ferrier.	6 jeu	s Bruno, moine.
7 mer	s Cloud, prêtre.	7 ven	s Serge, m.
8 jeu	Nativ. de la ste V.	8 sam	s Démètre, m.
9 ven	s Gorgon, m.	9 18D	s Denis, év.
10 sam	s Aubert.	10 lun	s François de B.
11 14D	s Hyacinthe, m.	11 mar	s Nicaise, m.
12 lun	s Sylvain, év.	12 mer	s Florent, m.
13 mar	s Maurille, év.	13 jeu	s Edouard.
14 mer	Ex. de la ste Croix.	14 ven	s Calixte, pape.
15 jeu	s Nom de Marie.	15 sam	ste Thérèse, v.
16 ven	s Corneille, m.	16 19D	s Herbland.
17 sam	s Flocel, m.	17 lun	s Cerbouet.
18 15D	s Senier, év.	18 mar	s Luc, ap.
19 lun	s Janvier, év.	19 mer	s Aquilin, év.
20 mar	s Eustache.	20 jeu	s Hilarion, ab.
21 mer	s Lo, év. de C.Q.T.	21 ven	ste Ursule.
22 jeu	s Maurice, m.	22 sam	s Mellon, év.
23 ven	ste Thècle, v.	23 20D	s Amand, év.
24 sam	s Lin, év.	24 lun	s Magloire, év.
25 16D	s Firmin, év.	25 mar	s Crespin, m.
26 lun	s Cyprien, m.	26 mer	s Fromond.
27 mar	s Côme, m.	27 jeu	s Frumence, év.
28 mer	s Céran.	28 ven	ss Simon et Jude.
29 jeu	s Michel.	29 sam	s Narcisse.
30 ven	s Jérôme.	30 21D	s Léon, pape.
		31 lun	s Quentin, m.

NOVEMBRE.   DÉCEMBRE.

	NOVEMBRE			DÉCEMBRE
1	mar	TOUSSAINT.	1	jeu	s Eloi, év.
2	mer	Les Trépassés.	2	ven	s Eloque.
3	jeu	s Vigor.	3	sam	s François Xav.
4	ven	s Charles B.	4	D	ste Barbe, v.
5	sam	s Eustache, m.	5	lun	s Athanase, m.
6	22D	s Léonard, solit.	6	mar	s Nicolas, év.
7	lun	s Florent.	7	mer	s Ambroise.
8	mar	stes Reliques.	8	jeu	Conception.
9	mer	s Mathurin, pr.	9	ven	ste Gorgonie.
10	jeu	s Juste.	10	sam	ste Valérie, v.
11	ven	s Martin, év.	11	D	s Damase, pape.
12	sam	s Martin, pape.	12	lun	ste Constance.
13	23D	*Dédicace.*	13	mar	ste Luce, v.
14	lun	s Stanislas K.	14	mer	s Gatien, év. Q. T.
15	mar	s Malo, év.	15	jeu	s Mesmin.
16	mer	s Edmond, év.	16	ven	s Valentin, m.
17	jeu	s Grégoire Th.	17	sam	s Ignace.
18	ven	s Romphaire, év.	18	D	s Auxence, év.
19	sam	ste Elisabeth.	19	lun	s Némèse, m.
20	24D	s Bénigne, év.	20	mar	s Eugène, pr.
21	lun	Présentation.	21	mer	s Thomas, ap.
22	mar	ste Cécile, v.	22	jeu	s Honorat.
23	mer	s Clément, pape.	23	ven	ste Victoire.
24	jeu	s Jean de la Croix.	24	sam	s Delphin.
25	ven	ste Catherine, v.	25	D	NOEL.
26	sam	s Faust, m.	26	lun	s Etienne, m.
27	D	*Avent.*	27	mar	s Jean, évang.
28	lun	s Valérien.	28	mer	ss Innocents.
29	mar	s Saturnin, év.	29	jeu	s Trophime.
30	mer	s André, ap.	30	ven	s Sabin.
			31	sam	s Sylvestre.

JANVIER.

1	ven	Circoncision.
2	sam	s Basile, év.
3	D	ste Geneviève.
4	lun	s Tite, év.
5	mar	s Siméon, solit.
6	mer	Epiphanie.
7	jeu	Noces.
8	ven	s Lucien.
9	sam	s Pierre, év.
10	D	s Paul, erm.
11	lun	s Théodore.
12	mar	s Arcade, m.
13	mer	Bap. de J.-C.
14	jeu	s Hilaire, docteur.
15	ven	s Maur, abbé.
16	sam	s Nom de Jésus.
17	D	s Antoine, ab.
18	lun	s Mélaine, év.
19	mar	s Sulpice, év.
20	mer	s Sébastien, m.
21	jeu	ste Agnès, vierge.
22	ven	s Vincent, m.
23	sam	s Fulgence, doc.
24	D	s Timothée, m.
25	lun	Conv. de St Paul.
26	mar	s Polycarpe, m.
27	mer	s Jean Ch., doc.
28	jeu	s Julien, évêque.
29	ven	s Franç. de S., év.
30	sam	ste Bathilde, reine.
31	D	s Gaud, év.

FÉVRIER.

1	lun	s Ignace, év.
2	mar	Purification.
3	mer	s Blaise, év.
4	jeu	ste Jeanne de Val.
5	ven	ste Agathe.
6	sam	s Vaast, évêque.
7	D	s Jean de Matha, p.
8	lun	S. Cœur de Marie.
9	mar	ste Apolline, v.
10	mer	ste Scholastique.
11	jeu	s Severin.
12	ven	ste Eulalie.
13	sam	s Lezin.
14	D	*Septuagésime.*
15	lun	s Faustin.
16	mar	ste Julienne.
17	mer	s Théodule.
18	jeu	s Siméon, évêque.
19	ven	s Gabin.
20	sam	s Eucher.
21	D	*Sexagésime.*
22	lun	ste Isabelle.
23	mar	s Damien.
24	mer	s Matthias, ap.
25	jeu	s Césaire.
26	ven	s Nestor.
27	sam	ste Honorine.
28	D	*Quinquagésime.*
		s Dosithée.

MARS.			AVRIL.		
1	lun	s Léon de Car., év.	1	jeu	s Hugues, év.
2	mar	*Mardi-Gras.*	2	ven	s François de Paule.
3	mer	*Cendres.*	3	sam	s Richard.
4	jeu	s Casimir.	4	D	*Passion.*
5	ven	s Adrien, martyr.	5	lun	s Vincent.
6	sam	ste Colette, v.	6	mar	s Sixte.
7	D	*Quadragésime.*	7	mer	s Épiphane.
8	lun	s Jean de D. juste.	8	jeu	s Denis, év.
9	mar	ste Françoise.	9	ven	s Grégoire de N.
10	mer	Les 40 mart. Q. T	10	sam	s Macaire, év.
11	jeu	s Firmin, abbé.	11	D	*Rameaux.*
12	ven	s Bernard, év.	12	lun	s Jules.
13	sam	ste Euphrasie.	13	mar	s Justin, m.
14	D	*Reminiscere.*	14	mer	s Lambert, év.
15	lun	s Longin.	15	jeu	s Maxime.
16	mar	s Julien, m.	16	ven	Vendredi saint.
17	mer	s Patrice, év.	17	sam	s Anicet.
18	jeu	s Alexandre.	18	D	PAQUES.
19	ven	s Joseph.	19	lun	s Vincent.
20	sam	s Joachim.	20	mar	s Théotime.
21	D	*Oculi.*	21	mer	s Anselme, év.
22	lun	s Emile.	22	jeu	ste Opportune.
23	mar	s Victorin.	23	ven	s Georges, m.
24	mer	s Simon.	24	sam	s Léger.
25	jeu	Annonciation.	25	D	*Quasimodo.*
26	ven	s Théodose, m.	26	lun	s Clet, m.
27	sam	s Rupert, év.	27	mar	s Frédéric.
28	D	*Lœtare.*	28	mer	s Vital, m.
29	lun	s Frisque.	29	jeu	ste Marie Egypt.
30	mar	s Rieul.	30	ven	s Eutrope, év.
31	mer	s Benjamin.			

MAI.

1	sam	ss Jacq. et Ph., ap.
2	D	s Marcouf, ab
3	lun	Inv. de la Ste Cr
4	mar	s Athanase, év.
5	mer	s Pie V, pape.
6	jeu	s Jean P. L.
7	ven	s Jean Dam.
8	sam	s Cénéric, abbé
9	D	s Grégoire de N
10	lun	s Antonin
11	mar	s Mammert, év.
12	mer	s Epiphane, év.
13	jeu	s Pancrace, m.
14	ven	s Pacôme, abbé.
15	sam	s Achille.
16	D	s Braudan, ab.
17	lun	s Jean Népom.
18	mar	s Claude, évêque
19	mer	s Yves, prêtre.
20	jeu	s Bernardin.
21	ven	s Ortaire, abbé.
22	sam	ste Julie.
23	D	ste Marie.
24	lun	*Rogations.*
25	mar	s Philippe de N.
26	mer	s Quadrat.
27	jeu	ASCENSION.
28	ven	s Manvieu, év.
29	sam	s Maximin.
30	D	s Félix, pape.
31	lun	ste Pétronille.

JUIN.

1	mar	s Jouvin, ab.
2	mer	s Pothin, évêque.
3	jeu	ste Clotilde, reine.
4	ven	s Optat.
5	sam	s Boniface.
6	D	PENTECÔTE.
7	lun	s Lié.
8	mar	s Gildard, év.
9	mer	ste Pélagie. Q. T.
10	jeu	s Ebremond, abbé.
11	ven	s Barnabé, apôtre.
12	sam	s Basilide, martyr.
13	1 D	*Trinité.*
14	lun	s Ruffin
15	mar	s Modeste
16	mer	s Jean-Franç. Rég.
17	jeu	*Fête-Dieu.*
18	ven	ste Marine.
19	sam	s Gervais, martyr.
20	2 D	s Latuin, évêque.
21	lun	s Louis de G.
22	mar	s Paulin, évêque.
23	mer	s Alban, martyr.
24	jeu	s Jean-Baptiste.
25	ven	s Prosper.
26	sam	ss Jean et Paul
27	3 D	s Ladislas, roi.
28	lun	s Irénée, évêque.
29	mar	ss Pierre et P., ap.
30	mer	Cóm. de s Paul.

JUILLET.				AOUT.		
1		jeu	D. de St Jean-B.	1	8 D	s Pierre ès liens.
2		ven	V. de la Ste Vierg.	2	lun	s Etienne, pape.
3		sam	s Léonor, évêque.	3	mar	Inv. de St Etienne.
4	4 D		O. et T. de St Mar.	4	mer	s Dominique.
5		lun	s Sever, évêque.	5	jeu	s Memmie, évêque.
6		mar	Ch. St Pierre.	6	ven	Transf. de J.-C.
7		mer	s Thomas, évêque.	7	sam	s Victrice, évêque.
8		jeu	s Procope, martyr.	8	9 D	s Justin.
9		ven	ste Anatolie, vierg.	9	lun	ste Radégonde.
10		sam	Les 7 frè. et ste Fél.	10	mar	s Laurent, martyr.
11	5 D		s Benoît, abbé.	11	mer	T. de la Ste Croix.
12		lun	s Gualbert.	12	jeu	s Taurin, évêque
13		mar	s Anaclet, prêtre.	13	ven	s Hippolyte.
14		mer	s Bonaventure, év.	14	sam	s Eusèbe.
15		jeu	s Thomas d'Aquin.	15	10 D	ASSOMPTION.
16		ven	s Hélier, martyr.	16	lun	s Roch, confesseur.
17		sam	s Alexis, confes.	17	mar	s Mammès, martyr.
18	6 D		s Clair, martyr.	18	mer	ste Hélène.
19		lun	s Vincent de P.	19	jeu	s Rufin, confesseur.
20		mar	ste Marguerite, v.	20	ven	s Bernard, abbé.
21		mer	s Victor, martyr.	21	sam	s Maximien, mart.
22		jeu	ste Marie-Madel.	22	11 D	s Symphorien, m.
23		ven	s Apollinaire, év.	23	lun	ste Jeanne-Franç.
24		sam	ste Christine.	24	mar	s Barthélemy, ap.
25	7 D		s Jacques, apôtre.	25	mer	s Louis, roi.
26		lun	s Joachim et ste A.	26	jeu	s Ouen, évêque.
27		mar	s Pantaléon.	27	ven	s Césaire, évêque.
28		mer	s Samson, évêque.	28	sam	s Augustin, évêq.
29		jeu	s Lazare.	29	12 D	s Méderic.
30		ven	s Ignace, prêtre.	30	lun	s Fiacre, solitaire.
31		sam	s Germain, évêq.	31	mar	s Ovide.

SEPTEMBRE.

1	mer	s Gilles, abbé.
2	jeu	s Antonin, martyr.
3	ven	s Grégòire, pape.
4	sam	ss Patriarches.
5	13D	s Victorin.
6	lun	s Vincent Ferrier.
7	mar	s Cloud, prêtre.
8	mer	Nat. de la Ste V.
9	jeu	s Gorgon, martyr.
10	ven	s Aubert.
11	sam	s Hyacinthe, mart.
12	14D	s Sylvain, évêque.
13	lun	s Maurille, évêque.
14	mar	Ex. de la Ste Croix.
15	mer	s N. de Marie.Q.T.
16	jeu	s Corneille, m.
17	ven	s Flocel, m.
18	sam	s Senier, év.
19	15D	s Janvier, év.
20	lun	s Eustache.
21	mar	s Lo, év. de C.
22	mer	s Maurice, martyr.
23	jeu	ste Thècle, vierge.
24	ven	s Lin. évêque.
25	sam	s Firmin, évêque.
26	16D	s Cyprien, martyr.
27	lun	s Côme, martyr.
28	mar	s Céran.
29	mer	s Michel.
30	jeu	s Jérôme.

OCTOBRE.

1	ven	s Remi, évêque.
2	sam	ss Anges Gardiens.
3	17D	s Denis Aréop.
4	lun	s François d'Assise.
5	mar	s Placide.
6	mer	s Bruno, moine.
7	jeu	s Serge, martyr.
8	ven	s Démètre, mart.
9	sam	s Denis, évêque.
10	18D	s François de B.
11	lun	s Nicaise, martyr.
12	mar	s Florent, martyr.
13	mer	s Edouard.
14	jeu	s Calixte, pape.
15	ven	ste Thérèse, vierge.
16	sam	s Herbland.
17	19D	s Cerbouet.
18	lun	s Luc, apôtre.
19	mar	s Aquilin, évêque.
20	mer	s Hilarion, abbé.
21	jeu	ste Ursule.
22	ven	s Mellon, évêque.
23	sam	s Amand, évêque.
24	20D	s Magloire, évêque.
25	lun	s Crespin, martyr.
26	mar	s Fromond.
27	mer	s Frumence, évêq.
28	jeu	ss Sim. et Jude, ap.
29	ven	s Narcisse.
30	sam	s Léon, pape.
31	21D	s Quentin, martyr.

NOVEMBRE.			DÉCEMBRE.		
1	lun	TOUSSAINT.	1	mer	s Éloi, évêque.
2	mar	Les Trépassés.	2	jeu	s Eloque.
3	mer	s Vigor.	3	ven	s François Xavier.
4	jeu	s Charles B.	4	sam	ste Barbe, vierge.
5	ven	s Eustache, martyr.	5	D	s Athanase, martyr.
6	sam	s Léonard, solitai.	6	lun	s Nicolas, évêque.
7	22D	s Florent.	7	mar	s Ambroise.
8	lun	stes Reliques.	8	mer	Conception.
9	mar	s Mathurin, prêtre.	9	jeu	ste Gorgonie.
10	mer	s Juste.	10	ven	ste Valérie, vierge.
11	jeu	s Martin, év.	11	sam	s Damase, pape.
12	ven	s Martin, pape.	12	D	ste Constance.
13	sam	s Brice, évêque.	13	lun	ste Luce, vierge.
14	23D	*Dédicace.*	14	mar	s Gatien, év.
15	lun	s Malo, évêque.	15	mer	s Mesmin. Q. T.
16	mar	s Edmond, évêque.	16	jeu	s Valentin, m.
17	mer	s Grégoire Th.	17	ven	s Ignace.
18	jeu	s Romphaire, évêq.	18	sam	s Auxence, év.
19	ven	ste Elisabeth.	19	D	s Némèse, m.
20	sam	s Bénigne, évêque.	20	lun	s Eugène, pr.
21	24D	Présentation.	21	mar	s Thomas, apôtre.
22	lun	ste Cécile, vierge.	22	mer	s Honorat.
23	mar	s Clément, pape.	23	jeu	ste Victoire.
24	mer	s Jean de la Croix.	24	ven	s Delphin.
25	jeu	ste Catherine.	25	sam	NOEL.
26	ven	s Faust, mart.	26	D	s Etienne, martyr.
27	sam	s Odilon, abbé.	27	lun	s Jean, évangéliste.
28	D	*Avent.*	28	mar	ss Innocents.
29	lun	s Saturnin, évêque.	29	mer	s Trophime.
30	mar	s André, apôtre.	30	jeu	s Sabin.
			31	ven	s Sylvestre.

	JANVIER.			FÉVRIER.
1	jeu	Circoncision.	1	D	s Ignace, év.
2	ven	s Basile, évêque.	2	lun	Purification.
3	sam	ste Geneviève.	3	mar	s Blaise, év.
4	D	s Tite, évêque.	4	mer	ste Jeanne de Val.
5	lun	s Siméon, solitaire.	5	jeu	ste Agathe.
6	mar	Épiphanie.	6	ven	s Vaast, évêque.
7	mer	Noces.	7	sam	s Jean de Matha, p.
8	jeu	s Lucien.	8	D	S. Cœur de Marie.
9	ven	s Pierre, évêque.	9	lun	ste Apolline, v.
10	sam	s Paul, ermite.	10	mar	ste Scholastique.
11	D	s Théodore.	11	mer	s Séverin.
12	lun	s Arcade, martyr.	12	jeu	ste Eulalie.
13	mar	Bap. de J.-C.	13	ven	s Lezin.
14	mer	s Hilaire, docteur.	14	sam	s Valentin, martyr.
15	jeu	s Maur, abbé.	15	D	*Septuagésime.*
16	ven	s Nom de Jésus.	16	lun	ste Julienne.
17	sam	s Antoine, abbé.	17	mar	s Théodule.
18	D	s Mélaine, év.	18	mer	s Siméon, évêque.
19	lun	s Sulpice, évêque.	19	jeu	s Gabin.
20	mar	s Sébastien, m.	20	ven	s Eucher.
21	mer	ste Agnès, vierge.	21	sam	s Pépin.
22	jeu	s Vincent, martyr.	22	D	*Sexagésime.*
23	ven	s Fulgence, doc.	23	lun	s Damien.
24	sam	s Timothée, m.	24	mar	s Matthias, apôtre.
25	D	Conv. de St Paul.	25	mer	s Césaire.
26	lun	s Polycarpe, m.	26	jeu	s Nestor.
27	mar	s Jean-Chr, doc.	27	ven	ste Honorine.
28	mer	s Julien, évêque.	28	sam	s Romain.
29	jeu	s François de Sales.			s Dosithée.
30	ven	ste Bathilde, reine.			
31	sam	s Gaud, évêque.			

	MARS.			AVRIL.	
1	D	*Quinquagésime*	1	mer	s Hugues, évêque.
2	lun	s Aubin, évêque.	2	jeu	s Franç. de Paule.
3	mar	*Mardi-Gras.*	3	ven	s Richard.
4	mer	*Cendres.*	4	sam	s Isidore.
5	jeu	s Adrien, m.	5	D	*La Passion.*
6	ven	ste Colette, vierge.	6	lun	s Sixte.
7	sam	stes Perpétue et F.	7	mar	s Epiphane.
8	D	*Quadragésime.*	8	mer	s Denis, évêque.
9	lun	ste Françoise.	9	jeu	s Grég. de Nysse.
10	mar	Les 40 martyrs.	10	ven	s Macaire, év.
11	mer	s Firmin, ab.Q.T.	11	sam	s Godbert.
12	jeu	s Bernard, évêque.	12	D	*Rameaux.*
13	ven	ste Euphrasie.	13	lun	s Justin, martyr.
14	sam	s Lubin, évêque.	14	mar	s Lambert, év.
15	D	*Reminiscere.*	15	mer	s Maxime.
16	lun	s Julien, martyr.	16	jeu	s Pair, évêque.
17	mar	s Patrice, évêque.	17	ven	Vendredi saint.
18	mer	s Alexandre, év.	18	sam	s Cyrille, évêque.
19	jeu	s Joseph.	19	D	PAQUES.
20	ven	s Joachim.	20	lun	s Théotime.
21	sam	s Benoît, abbé.	21	mar	s Anselme, év.
22	D	*Oculi.*	22	mer	ste Opportune.
23	lun	s Victorin.	23	jeu	s Georges, mart.
24	mar	s Simon.	24	ven	s Léger.
25	mer	Annonciation.	25	sam	s Marc, évang.
26	jeu	s Théodose, m.	26	D	*Quasimodo.*
27	ven	s Rupert, évêque.	27	lun	s Frédéric.
28	sam	s Gontran, roi.	28	mar	s Vital, martyr.
29	D	*Lætare.*	29	mer	ste Marie Egyp.
30	lun	s Rieul.	30	jeu	s Eutrope, év.
31	mar	s Benjamin.			

MAI.

1	ven	ss Jacq. et Ph., ap.
2	sam	s Marcouf, ab.
3	D	Inv. de la Ste Croix.
4	lun	s Athanase, évêque.
5	mar	s Pie V, pape.
6	mer	s Jean P. L.
7	jeu	s Jean Damascène.
8	ven	s Cénéric, abbé.
9	sam	s Grégoire de N.
10	D	s Antonin.
11	lun	s Mammert, év.
12	mar	s Épiphane, évêq.
13	mer	s Pancrace, m.
14	jeu	s Pacôme, abbé.
15	ven	s Achille.
16	sam	s Braudan, abbé.
17	D	s Jean Népom.
18	lun	s Claude, év.
19	mar	s Yves, prêtre.
20	mer	s Bernardin.
21	jeu	s Ortaire, abbé.
22	ven	ste Julie.
23	sam	ste Marie.
24	D	ste Susanne.
25	lun	*Rogations.*
26	mar	s Quadrat.
27	mer	s Évroult, abbé.
28	jeu	ASCENSION.
29	ven	s Maximin.
30	sam	s Félix, pape.
31	D	ste Pétronille.

JUIN.

1	lun	s Jouvin, abbé.
2	mar	s Pothin, év.
3	mer	ste Clotilde, reine.
4	jeu	s Optat.
5	ven	s Boniface.
6	sam	s Norbert, év.
7	D	PENTECÔTE.
8	lun	s Gildard, év.
9	mar	ste Pélagie.
10	mer	s Ebremond. Q. T.
11	jeu	s Barnabé, ap.
12	ven	s Basilide, mart.
13	sam	s Antoine de Pad.
14	1 D	*Trinité.*
15	lun	s Modeste.
16	mar	s Jean-Fr. Régis.
17	mer	s Ferréol, martyr.
18	jeu	*Fête-Dieu.*
19	ven	s Gervais, mart.
20	sam	s Latuin, év.
21	2 D	s Louis de Gonz.
22	lun	s Paulin, év.
23	mar	s Alban, martyr.
24	mer	s Jean-Baptiste.
25	jeu	s Prosper.
26	ven	ss Jean et Paul.
27	sam	s Ladislas, roi.
28	3 D	s Irénée, évêque.
29	lun	ss Pierre et Paul.
30	mar	Com. de St Paul.

JUILLET.			AOUT.		
1	mer	D. de S. Jean-B.	1	sam	s Pierre ès liens.
2	jeu	Visit. de la Ste V.	2	8 D	s Etienne, pape.
3	ven	s Léonor, év.	3	lun	Inv. de S. Etienne.
4	sam	O. et T. de St Mart.	4	mar	s Dominique.
5	4 D	s Sever, év.	5	mer	s Memmie, év.
6	lun	Ch. St Pierre.	6	jeu	Transfig. de J.-C.
7	mar	s Thomas, év.	7	ven	s Victrice, év.
8	mer	s Procope, m.	8	sam	s Justin.
9	jeu	ste Anatolie, v.	9	9 D	ste Radégonde.
10	ven	Les 7 fr. et Ste Fél.	10	lun	s Laurent, m.
11	sam	s Benoît, ab.	11	mar	Trans. de la Ste C.
12	5 D	s Gualbert.	12	mer	s Taurin, év.
13	lun	s Anaclet, prêt.	13	jeu	s Hippolyte.
14	mar	s Bonaventure, év.	14	ven	s Eusèbe.
15	mer	s Thomas d'Aquin.	15	sam	ASSOMPTION.
16	jeu	s Hélier, m.	16	10D	s Roch, conf.
17	ven	s Alexis, conf.	17	lun	s Mammès, m.
18	sam	s Clair, m.	18	mar	ste Hélène.
19	6 D	s Vincent de Paule.	19	mer	s Rufin, conf.
20	lun	ste Marguerite, v.	20	jeu	s Bernard, ab.
21	mar	s Victor, m.	21	ven	s Maximien, m.
22	mer	ste Marie-Mad.	22	sam	s Symphorien , m.
23	jeu	s Apollinaire, év.	23	11D	ste Jeanne-Franç.
24	ven	ste Christine.	24	lun	s Barthélemy, ap.
25	sam	s Jacques, ap.	25	mar	s Louis, roi.
26	7 D	s Joac. et Ste Anne.	26	mer	s Ouen, év.
27	lun	s Pantaléon.	27	jeu	s Césaire, év.
28	mar	s Samson, év.	28	ven	s Augustin, év.
29	mer	s Lazare.	29	sam	s Méderic.
30	jeu	s Ignace, pr.	30	12D	s Fiacre, solit.
31	ven	s Germain, év.	31	lun	s Ovide.

SEPTEMBRE.			OCTOBRE.		
1	mar	s Gilles, abbé.	1	jeu	s Remi, év.
2	mer	s Antonin, m.	2	ven	ss Anges Gard.
3	jeu	s Grégoire, pape.	3	sam	s Denis Aréop.
4	ven	ss. Patriarches.	4	17D	s François d'As.
5	sam	s Victorin.	5	lun	s Placide.
6	13D	s Vincent Ferrier.	6	mar	s Bruno, moine.
7	lun	s Cloud, pr.	7	mer	s Serge, m.
8	mar	Nativ. de la ste V.	8	jeu	s Démètre, m.
9	mer	s Gorgon, m.	9	ven	s Denis, év.
10	jeu	s Aubert.	10	sam	s François de Bor.
11	ven	s Hyacinthe, m.	11	18D	s Nicaise, m.
12	sam	s Sylvain, év.	12	lun	s Florent, m.
13	14D	s Maurille, év.	13	mar	s Edouard.
14	lun	Ex. de la Ste C.	14	mer	s Calixte, pape.
15	mar	s N. de Marie.	15	jeu	ste Thérèse, v.
16	mer	s Corneille, m.Q.T.	16	ven	s Herbland.
17	jeu	s Flocel, m.	17	sam	s Cerbouet.
18	ven	s Senier, év.	18	19D	s Luc, ap.
19	sam	s Janvier, év.	19	lun	s Aquilin, év.
20	15D	s Eustache.	20	mar	s Hilarion, ab.
21	lun	s Lo, év. de C.	21	mer	ste Ursule.
22	mar	s Maurice, m.	22	jeu	s Mellon, év.
23	mer	ste Thècle, v.	23	ven	s Amand, év.
24	jeu	s Lin, év.	24	sam	s Magloire, év.
25	ven	s Firmin, év.	25	20D	s Crespin, m.
26	sam	s Cyprien, m.	26	lun	s Fromond.
27	16D	s Côme, m.	27	mar	s Frumence, év.
28	lun	s Céran.	28	mer	ss Sim. et Jude, ap.
29	mar	s Michel.	29	jeu	s Narcisse.
30	mer	s Jérôme.	30	ven	s Léon, pape.
			31	sam	s Quentin, m.

NOVEMBRE.		
1	21 D	Toùssaint.
2	lun	Les Trépassés.
3	mar	s Vigor.
4	mer	s Charles B.
5	jeu	s Eustache, m.
6	ven	s Léonard, solit.
7	sam	s Florent.
8	22 D	stes Reliques.
9	lun	s Mathurin, pr.
10	mar	s Juste.
11	mer	s Martin, év.
12	jeu	s Martin, pape.
13	ven	s Brice, év.
14	sam	s Stanislas K.
15	23 D	*Dédicace.*
16	lun	s Edmond, év.
17	mar	s Grégoire Th.
18	mer	s Romphaire, év.
19	jeu	ste Elisabeth.
20	ven	s Bénigne, év.
21	sam	Présentation.
22	24 D	ste Cécile, v.
23	lun	s Clément, pape.
24	mar	s Jean de la Croix.
25	mer	ste Catherine, v.
26	jeu	s Faust, m.
27	ven	s Odilon, ab.
28	sam	s Valérien.
29	D	*Avent.*
30	lun	s André, ap.

DÉCEMBRE.		
1	mar	s Eloi, év.
2	mer	s Eloque.
3	jeu	s François Xav.
4	ven	ste Barbe, v.
5	sam	s Athanase, m.
6	D	s Nicolas, év.
7	lun	s Ambroise.
8	mar	Conception.
9	mer	ste Gorgonie.
10	jeu	ste Valérie, v.
11	ven	s Damase, pape.
12	sam	ste Constance.
13	D	ste Luce, v.
14	lun	s Gatien, év.
15	mar	s Mesmin.
16	mer	s Valentin, m. Q.T.
17	jeu	s Ignace.
18	ven	s Auxence, év.
19	sam	s Némèse, m.
20	D	s Eugène, pr.
21	lun	s Thomas, ap.
22	mar	s Honorat.
23	mer	ste Victoire.
24	jeu	s Delphin.
25	ven	Noel.
26	sam	s Etienne, m.
27	D	s Jean, évang.
28	lun	ss Innocents.
29	mar	s Trophime.
30	mer	s Sabin.
31	jeu	s Sylvestre.

JANVIER.

1	mer	Circoncision.
2	jeu	s Basile , év.
3	ven	ste Geneviève.
4	sam	s Tite , év.
5	D	s Siméon, solit.
6	lun	Epiphanie.
7	mar	Noces.
8	mer	s Lucien.
9	jeu	s Pierre, évêque.
10	ven	s Paul, ermite.
11	sam	s Théodore.
12	D	s. Arcade, martyr.
13	lun	Bap. de Jésus-Chr.
14	mar	s Hilaire, docteur.
15	mer	s Maur, abbé.
16	jeu	s Nom de Jésus.
17	ven	s Antoine, abbé.
18	sam	s Mélaine, évêque.
19	D	s Sulpice, év.
20	lun	s Sébastien, mart.
21	mar	ste Agnès, vierge.
22	mer	s Vincent, martyr.
23	jeu	s Fulgence, doct.
24	ven	s Timothée, mart.
25	sam	Conv. de St Paul.
26	D	s Polycarpe, év.
27	lun	s Jean Chris. doc.
28	mar	s Julien, év.
29	mer	s François de Sales.
30	jeu	ste Bathilde, reine.
31	ven	s Gaud, év.

FÉVRIER.

1	sam	s Ignace, évêque.
2	D	Purification.
3	lun	s Blaise, évêque.
4	mar	ste Jeanne de Val.
5	mer	ste Agathe.
6	jeu	s Vaast, év.
7	ven	s Jean de Matha, p.
8	sam	S. Cœur de Marie.
9	D	ste Apolline, v.
10	lun	ste Scholastique.
11	mar	s Séverin.
12	mer	ste Eulalie.
13	jeu	s Lezin.
14	ven	s Valentin, martyr.
15	sam	s Faustin.
16	D	*Septuagésime.*
17	lun	s Théodule.
18	mar	s Siméon, év.
19	mer	s Gabin.
20	jeu	s Eucher.
21	ven	s Pépin.
22	sam	ste Isabelle.
23	D	*Sexagésime.*
24	lun	s Matthias, ap.
25	mar	s Césaire.
26	mer	s Nestor.
27	jeu	ste Honorine.
28	ven	s Romain.
		s Dosithée.

MARS.			AVRIL.		
1	sam	s Léon de C., év.	1	mar	s Hugues, évêque.
2	D	*Quinquagésime.*	2	mer	s Franç. de Paule.
3	lun	ste Cunég., imp.	3	jeu	s Richard.
4	mar	*Mardi-Gras.*	4	ven	s Isidore.
5	mer	*Cendres.*	5	sam	s Vincent.
6	jeu	ste Colette, vierg.	6	D	*Passion.*
7	ven	stes Perpét. et Fél.	7	lun	s Epiphane.
8	sam	s Jean de D. J.	8	mar	s Denis, évêque.
9	D	*Quadragésime.*	9	mer	s Grégoire de N.
10	lun	Les 40 martyrs.	10	jeu	s Macaire, év.
11	mar	s Firmin, abbé.	11	ven	s Godbert.
12	mer	s Bernard, év.Q.T.	12	sam	s Jules.
13	jeu	ste Euphrasie.	13	D	*Rameaux.*
14	ven	s Lubin, évêque.	14	lun	s Lambert, évêque.
15	sam	s Longin.	15	mar	s Maxime.
16	D	*Reminiscere.*	16	mer	s Pair, évêque.
17	lun	s Patrice, évêque.	17	jeu	s Anicet.
18	mar	s Alexandre, év.	18	ven	Vendredi saint.
19	mer	s Joseph.	19	sam	s Vincent.
20	jeu	s Joachim.	20	D	PAQUES.
21	ven	s Benoît, abbé.	21	lun	s Anselme.
22	sam	s Emile.	22	mar	ste Opportune.
23	D	*Oculi.*	23	mer	s Georges, martyr.
24	lun	s Simon.	24	jeu	s Léger.
25	mar	Annonciation.	25	ven	s Marc, évangéliste.
26	mer	s Théodose, mart.	26	sam	s Clet, martyr.
27	jeu	s Rupert, évêque.	27	D	*Quasimodo.*
28	ven	s Gontran, roi.	28	lun	s Vital, m.
29	sam	s Frisque.	29	mar	ste Marie Égypt.
30	D	*Lætare.*	30	mer	s Eutrope, év.
31	lun	s Benjamin.			

MAI.

1	jeu	ss Jacq. et Ph., ap.
2	ven	s Marcouf, abbé.
3	sam	Inv. de la Ste Croix.
4	D	s Athanase, év.
5	lun	s Pie V, pape.
6	mar	s Jean P. L.
7	mer	s Jean Damasc.
8	jeu	s Cénéric, abbé.
9	ven	s Grégoire de Nys.
10	sam	s Antonin.
11	D	s Mammert, év
12	lun	s Épiphane, év.
13	mar	s Pancrace, mart.
14	mer	s Pacôme, abbé
15	jeu	s Achille.
16	ven	s Braudan, abbé.
17	sam	s Jean Népom.
18	D	s Claude, év.
19	lun	s Yves, prêtre.
20	mar	s Bernardin.
21	mer	s Ortaire, abbé.
22	jeu	ste Julie.
23	ven	ste Marie.
24	sam	ste Susanne.
25	D	s Philippe de N.
26	lun	*Rogations.*
27	mar	s Évroult, abbé.
28	mer	s Manvieu, év.
29	jeu	ASCENSION.
30	ven	s Félix, pape.
31	sam	ste Pétronille.

JUIN.

1	D	s Jouvin, abbé.
2	lun	s Pothin, évêque.
3	mar	ste Clotilde, reine.
4	mer	s Optat
5	jeu	s Boniface.
6	ven	s Norbert, évêque.
7	sam	s Lié.
8	D	PENTECÔTE.
9	lun	ste Pélagie.
10	mar	s Ebremond, abbé.
11	mer	s Barnabé, ap. Q.T.
12	jeu	s Basilide, martyr.
13	ven	s Antoine de P.
14	sam	s Ruffin.
15	1 D	*Trinité.*
16	lun	s Jean-F. Régis.
17	mar	s Ferréol, martyr.
18	mer	ste Marine.
19	jeu	*Fête-Dieu.*
20	ven	s Latuin, évêque.
21	sam	s Louis de Gonz.
22	2 D	s Paulin, évêque.
23	lun	s Alban, martyr.
24	mar	s Jean-Baptiste.
25	mer	s Prosper.
26	jeu	ss Jean et Paul.
27	ven	s Ladislas, roi.
28	sam	s Irénée, évêque.
29	3 D	ss Pierre et Paul.
30	lun	Com. de St Paul.

JUILLET.

1	mar	D. de S. Jean-B.
2	mer	V. de la Ste Vierg.
3	jeu	s Léonor, év.
4	ven	O. et T. de S. Mart.
5	sam	s Sever, év.
6	4 D	Ch. St Pierre.
7	lun	s Thomas, év.
8	mar	s Procope, m.
9	mer	ste Anatolie, v.
10	jeu	Les 7 fr. et Ste Fél.
11	ven	s Benoît, ab.
12	sam	s Gualbert.
13	5 D	s Anaclet, pr.
14	lun	s Bonaventure, év.
15	mar	s Thom. d'Aquin.
16	mer	s Hélier, m.
17	jeu	s Alexis, conf.
18	ven	s Clair, m.
19	sam	s Vincent de Paule
20	6 D	ste Marguerite, v.
21	lun	s Victor, m.
22	mar	ste Marie-Mad.
23	mer	s Apollinaire, év.
24	jeu	ste Christine.
25	ven	s Jacques, ap.
26	sam	s Joac. et Ste Anne.
27	7 D	s Pantaléon.
28	lun	s Samson, év.
29	mar	s Lazare.
30	mer	s Ignace, pr.
31	jeu	s Germain, év.

AOUT.

1	ven	s Pierre ès liens.
2	sam	s Etienne, pape.
3	8 D	Inv. de St Etienne.
4	lun	s Dominique.
5	mar	s Memmie, év.
6	mer	Transf. de J.-C.
7	jeu	s Victrice, év.
8	ven	s Justin.
9	sam	ste Radégonde.
10	9 D	s Laurent, m.
11	lun	T. de la Ste Croix.
12	mar	s Taurin, év.
13	mer	s Hippolyte.
14	jeu	s Eusèbe.
15	ven	ASSOMPTION.
16	sam	s Roch, conf.
17	10 D	s Mammès, m.
18	lun	ste Hélène.
19	mar	s Rufin, conf.
20	mer	s Bernard, ab.
21	jeu	s Maximien, m.
22	ven	s Symphorien.
23	sam	ste Jeanne-Franç.
24	11 D	s Barthélemy, ap.
25	lun	s Louis, roi.
26	mar	s Ouen, év.
27	mer	s Césaire, év.
28	jeu	s Augustin, év.
29	ven	s Méderic.
30	sam	s Fiacre, solit.
31	12 D	s Ovide.

SEPTEMBRE.

1	lun	s Gilles, ab.
2	mar	s Antonin, m.
3	mer	s Grégoire, pape.
4	jeu	ss Patriarches.
5	ven	s Victorin.
6	sam	s Vincent Ferrier.
7	13D	s Cloud, prêt.
8	lun	Nat. de la ste Vier.
9	mar	s Gorgon, m.
10	mer	s Aubert.
11	jeu	s Hyacinthe, m.
12	ven	s Sylvain, év.
13	sam	s Maurille, év.
14	14D	Ex. de la Ste Croix.
15	lun	s N. de Marie.
16	mar	s Corneille, m.
17	mer	s Flocel, m. Q. T.
18	jeu	s Senier, év.
19	ven	s Janvier, év.
20	sam	s Eustache.
21	15D	s Lo, év. de C.
22	lun	s Maurice, m.
23	mar	ste Thècle, v.
24	mer	s Lin, év.
25	jeu	s Firmin, év.
26	ven	s Cyprien, m.
27	sam	s Côme, m.
28	16D	s Céran
29	lun	s Michel.
30	mar	s Jérôme.

OCTOBRE.

1	mer	s Remi, év.
2	jeu	ss Anges Gard.
3	ven	s Denis Aréopag.
4	sam	s François d'Assise.
5	17D	s Placide.
6	lun	s Bruno, moine.
7	mar	s Serge, m.
8	mer	s Démètre, m.
9	jeu	s Denis, év.
10	ven	s François de B.
11	sam	s Nicaise, m
12	18D	s Florent, m.
13	lun	s Edouard.
14	mar	s Calixte, pape.
15	mer	ste Thérèse, v.
16	jeu	s Herbland.
17	ven	s Cerbouet.
18	sam	s Luc, ap.
19	19D	s Aquilin, év.
20	lun	s Hilarion, ab.
21	mar	ste Ursule.
22	mer	s Mellon, év.
23	jeu	s Amand, év.
24	ven	s Magloire, év.
25	sam	s Crespin, m.
26	20D	s Fromond.
27	lun	s Frumence, év.
28	mar	ss Simon et Jude.
29	mer	s Narcisse.
30	jeu	s Léon, pape.
31	ven	s Quentin, m.

NOVEMBRE.

1	sam	TOUSSAINT.
2	21 D	Les Trépassés.
3	lun	s Vigor.
4	mar	s Charles B.
5	mer	s Eustache, m.
6	jeu	s Léonard, solit.
7	ven	s Florent.
8	sam	stes Reliques.
9	22 D	*Dédicace.*
10	lun	s Juste.
11	mar	s Martin, év.
12	mer	s Martin, pape.
13	jeu	s Brice, év.
14	ven	s Stanislas K.
15	sam	s Malo, év.
16	23 D	s Edmond, év.
17	lun	s Grégoire Th.
18	mar	s Romphaire, év.
19	mer	ste Elisabeth.
20	jeu	s Bénigne, év.
21	ven	Présentation.
22	sam	ste Cécile, v.
23	24 D	s Clément, pape.
24	lun	s Jean de la Croix.
25	mar	ste Catherine, v.
26	mer	s Faust, m.
27	jeu	s Odilon, ab.
28	ven	s Valérien.
29	sam	s Saturnin, év.
30	D	*Avent.*

DÉCEMBRE.

1	lun	s Eloi, év.
2	mar	s Eloque.
3	mer	s François Xavier.
4	jeu	ste Barbe, v.
5	ven	s Athanase, m.
6	sam	s Nicolas, év.
7	D	s Ambroise.
8	lun	Conception.
9	mar	ste Gorgonie.
10	mer	ste Valérie, v.
11	jeu	s Damase, pape.
12	ven	ste Constance.
13	sam	ste Luce, v.
14	D	s Gatien, év.
15	lun	s Mesmin.
16	mar	s Valentin, m.
17	mer	s Ignace Q. T
18	jeu	s Auxence, év.
19	ven	s Némèse, m.
20	sam	s Eugène, pr.
21	D	s Thomas, ap.
22	lun	s Honorat.
23	mar	ste Victoire.
24	mer	s Delphin.
25	jeu	NOEL.
26	ven	s Etienne, m.
27	sam	s Jean, évang.
28	D	ss Innocents.
29	lun	s Trophime.
30	mar	s Sabin.
31	mer	s Sylvestre.

	JANVIER.			FÉVRIER.	
1	mar	Circoncision.	1	ven	s Ignace, évêque.
2	mer	s Basile , évêque.	2	sam	Purification.
3	jeu	ste Geneviève.	3	D	s Blaise, év.
4	ven	s Tite, évêque.	4	lun	ste Jeanne de V
5	sam	s Siméon , solit.	5	mar	ste Agathe.
6	D	Epiphanie.	6	mer	s Vaast, évêque.
7	lun	Noces.	7	jeu	s Jean de Matha, p.
8	mar	s Lucien.	8	ven	S. Cœur de Marie.
9	mer	s Pierre , évêque.	9	sam	ste Apolline, vierg.
10	jeu	s Paul , ermite.	10	D	ste Scholastique.
11	ven	s Théodore.	11	lun	s Séverin.
12	sam	s Arcade, martyr.	12	mar	ste Eulalie.
13	D	Bapt. de J.-C.	13	mer	s Lezin.
14	lun	s Hilaire, docteur.	14	jeu	s Valentin, martyr.
15	mar	s Maur, abbé.	15	ven	s Faustin.
16	mer	s Nom de Jésus.	16	sam	ste Julienne.
17	jeu	s Antoine, abbé.	17	D	*Septuagésime*.
18	ven	s Mélaine, évêque.	18	lun	s Siméon, évêque.
19	sam	s Sulpice, évêque.	19	mar	s Gabin.
20	D	s Sébastien, m.	20	mer	s Eucher.
21	lun	ste Agnès, vierge.	21	jeu	s Pépin.
22	mar	s Vincent, martyr.	22	ven	ste Isabelle.
23	mer	s Fulgence, doct.	23	sam	s Damien.
24	jeu	s Timothée, mart.	24	D	*Seragésime*.
25	ven	Conv. de St Paul.	25	lun	s Césaire.
26	sam	s Polycarpe.	26	mar	s Nestor.
27	D	s Jean Ch., doct.	27	mer	ste Honorine.
28	lun	s Julien, évêque.	28	jeu	s Romain.
29	mar	s François de Sales			s Dosithée.
30	mer	ste Bathilde, reine.			
31	jeu	s Gaud, évêque.			

MARS.			AVRIL.		
1	ven	s Léon de Car., év.	1	lun	s Hugues, évêque.
2	sam	s Aubin, év.	2	mar	s François de P.
3	D	*Quinquagésime.*	3	mer	s Richard.
4	lun	s Casimir.	4	jeu	s Isidore.
5	mar	*Mardi-Gras.*	5	ven	s Vincent.
6	mer	*Cendres.*	6	sam	s Sixte.
7	jeu	stes Perpét. et Féli.	7	D	*Passion.*
8	ven	s Jean de D. juste.	8	lun	s Denis, évêque.
9	sam	ste Françoise.	9	mar	s Grégoire de N.
10	D	*Quadragésime.*	10	mer	s Macaire, évêque.
11	lun	s Firmin, abbé.	11	jeu	s Godbert.
12	mar	s Bernard, évêque.	12	ven	s Jules.
13	mer	ste Euphrasie. Q.T.	13	sam	s Justin, martyr.
14	jeu	s Lubin, évêque.	14	D	*Rameaux.*
15	ven	s Longin.	15	lun	s Maxime.
16	sam	s Julien, martyr.	16	mar	s Pair, évêque.
17	D	*Reminiscere.*	17	mer	s Anicet.
18	lun	s Alexandre, év.	18	jeu	s Cyrille, évêque.
19	mar	s Joseph.	19	ven	Vendredi saint.
20	mer	s Joachim.	20	sam	s Théotime.
21	jeu	s Benoît, abbé.	21	D	PAQUES.
22	ven	s Emile.	22	lun	ste Opportune.
23	sam	s Victorin.	23	mar	s Georges.
24	D	*Oculi.*	24	mer	s Léger.
25	lun	Annonciation.	25	jeu	s Marc, évangél.
26	mar	s Théodose, mart.	26	ven	s Clet, martyr.
27	mer	s Rupert, évêque.	27	sam	s Frédéric.
28	jeu	s Gontran, roi.	28	D	*Quasimodo.*
29	ven	s Frisque.	29	lun	ste Marie Egypt.
30	sam	s Rieul.	30	mar	s Eutrope, év.
31	D	*Lætare.*			

	MAI.		**JUIN.**
1	mer	ss Jacq. et Ph. ap.	1	sam	s Jouvin, abbé.
2	jeu	s Marcouf, abbé.	2	D	s Pothin, évêque.
3	ven	Inv. de la Ste Croix.	3	lun	ste Clotilde, reine.
4	sam	s Athanase, év.	4	mar	s Optat.
5	D	s Pie V, pape.	5	mer	s Boniface.
6	lun	s Jean P. L.	6	jeu	s Norbert, évêque.
7	mar	s Jean Dam.	7	ven	s Lié.
8	mer	s Cénéric, abbé.	8	sam	s Gildard, év.
9	jeu	s Grégoire de N.	9	D	PENTECÔTE.
10	ven	s Antonin.	10	lun	s Ebremond, abbé.
11	sam	s Mammert, év.	11	mar	s Barnabé, ap.
12	D	s Epiphane, év.	12	mer	s Basilide, m. Q.T.
13	lun	s Pancrace, mart.	13	jeu	s Antoine de P.
14	mar	s Pacôme, abbé.	14	ven	s Ruffin.
15	mer	s Achille.	15	sam	s Modeste.
16	jeu	s Braudan, abbé.	16	1 D	*Trinité.*
17	ven	s Jean-Nép.	17	lun	s Ferréol, martyr.
18	sam	s Claude, évêque.	18	mar	ste Marine.
19	D	s Yves, pr.	19	mer	s Gervais, martyr.
20	lun	s Bernardin.	20	jeu	*Fête-Dieu.*
21	mar	s Ortaire, abbé.	21	ven	s Louis de Gonz.
22	mer	ste Julie.	22	sam	s Paulin, évêque.
23	jeu	ste Marie.	23	2 D	s Alban, martyr.
24	ven	ste Susanne.	24	lun	s Jean-Baptiste.
25	sam	s Philippe de N.	25	mar	s Prosper.
26	D	s Quadrat.	26	mer	ss Jean et Paul.
27	lun	*Rogations.*	27	jeu	s Ladislas, roi.
28	mar	s Manvieu, évêque.	28	ven	s Irénée, évêque.
29	mer	s Maximin.	29	sam	ss Pierre et P. ap.
30	jeu	ASCENSION.	30	3 D	Com. de St Paul.
31	ven	ste Pétronille.			

JUILLET.			AOUT.		
1	lun	D. de S. Jean-B.	1	jeu	s Pierre ès liens.
2	mar	V. de la ste Vierge.	2	ven	s Etienne, pape.
3	mer	s Léonor, év.	3	sam	Inv. de s Etienne.
4	jeu	O. et T. de S. Mart.	4	8 D	s Dominique.
5	ven	s Sever, év.	5	lun	s Memmie, év.
6	sam	Ch. S. Pierre.	6	mar	Transf. de J.-C.
7	4 D	s Thomas, év.	7	mer	s Victrice, év.
8	lun	s Procope, m.	8	jeu	s Justin.
9	mar	ste Anatolie, v.	9	ven	ste Radégonde
10	mer	Les 7 fr. et ste Fél.	10	sam	s Laurent, m.
11	jeu	s Benoît, abbé.	11	9 D	T. de la ste Croix.
12	ven	s Gualbert.	12	lun	s Taurin, év.
13	sam	s Anaclet, pr.	13	mar	s Hippolyte.
14	5 D	s Bonaventure, év.	14	mer	s Eusèbe.
15	lun	s Thomas d'Aquin.	15	jeu	ASSOMPTION.
16	mar	s Hélier, m.	16	ven	s Roch, conf.
17	mer	s Alexis, conf.	17	sam	s Mammès, m.
18	jeu	s Clair, m.	18	10D	ste Hélène.
19	ven	s Vincent de Paule.	19	lun	s Rufin, conf.
20	sam	ste Marguerite, v.	20	mar	s Bernard, abbé.
21	6 D	s Victor, m.	21	mer	s Maximien, m.
22	lun	ste Marie-Mad.	22	jeu	s Symphorien, m.
23	mar	s Apollinaire, év.	23	ven	ste Jeanne-Franç.
24	mer	ste Christine.	24	sam	s Barthélemy, ap.
25	jeu	s Jacques, ap.	25	11D	s Louis, roi.
26	ven	s Joac. et ste Anne.	26	lun	s Ouen, év.
27	sam	s Pantaléon.	27	mar	s Césaire, év.
28	7 D	s Samson, év.	28	mer	s Augustin, év.
29	lun	s Lazare.	29	jeu	s Méderic.
30	mar	s Ignace, pr.	30	ven	s Fiacre, solit.
31	mer	s Germain, év.	31	sam	s Ovide.

SEPTEMBRE.		OCTOBRE.	
1	12D s Gilles, abbé.	1	mar s Remi, év.
2	lun s Antoine, m.	2	mer ss Anges Gardiens.
3	mar s Grégoire, pape.	3	jeu s Denis Aréopagite.
4	mer ss Patriarches.	4	ven s François d'Assise.
5	jeu s Victorin.	5	sam s Placide.
6	ven s Vincent Ferrier.	6	17D s Bruno, moine.
7	sam s Cloud, prêtre.	7	lun s Serge, m.
8	13D Nativ. de la ste V.	8	mar s Démètre, m.
9	lun s Gorgon, m.	9	mer s Denis, év.
10	mar s Aubert.	10	jeu s François de B.
11	mer s Hyacinthe, m.	11	ven s Nicaise, m.
12	jeu s Sylvain, év.	12	sam s Florent, m
13	ven s Maurille, év.	13	18D s Edouard.
14	sam Ex. de la ste Croix.	14	lun s Calixte, pape.
15	14D s Nom de Marie.	15	mar ste Thérèse, v.
16	lun s Corneille, m.	16	mer s Herbland.
17	mar s Flocel, m.	17	jeu s Cerbouet.
18	mer s Senier, év. Q. T.	18	ven s Luc, ap.
19	jeu s Janvier, év.	19	sam s Aquilin, év.
20	ven s Eustache.	20	19D s Hilarion, ab.
21	sam s Lo, év. de C.	21	lun ste Ursule.
22	15D s Maurice, m.	22	mar s Mellon, év.
23	lun ste Thècle, v.	23	mer s Amand, év.
24	mar s Lin, év.	24	jeu s Magloire, év.
25	mer s Firmin, év.	25	ven s Crespin, m.
26	jeu s Cyprien, m.	26	sam s Fromond.
27	ven s Côme, m.	27	20D s Frumence, év.
28	sam s Céran.	28	lun ss Simon et Jude.
29	16D s Michel.	29	mar s Narcisse.
30	lun s Jérôme.	30	mer s Léon, pape.
		31	jeu s Quentin, m.

		NOVEMBRE.				**DÉCEMBRE.**
1	ven	Toussaint.		1	D	*Avent.*
2	sam	Les Trépassés.		2	lun	s Eloque.
3	21 D	s Vigor.		3	mar	s François Xav.
4	lun	s Charles B.		4	mer	ste Barbe, v.
5	mar	s Eustache, m.		5	jeu	s Athanase, m.
6	mer	s Léonard, solit.		6	ven	s Nicolas, év.
7	jeu	s Florent.		7	sam	s Ambroise.
8	ven	stes Reliques.		8	D	Conception.
9	sam	s Mathurin, pr.		9	lun	ste Gorgonie.
10	22 D	*Dédicace.*		10	mar	ste Valérie, v.
11	lun	s Martin, év.		11	mer	s Damase, pape.
12	mar	s Martin, pape.		12	jeu	ste Constance.
13	mer	s Brice, év.		13	ven	ste Luce, v.
14	jeu	s Stanislas K.		14	sam	s Gatien, év.
15	ven	s Malo, év.		15	D	s Mesmin.
16	sam	s Edmond, év.		16	lun	s Valentin, m.
17	23 D	s Grégoire Th.		17	mar	s Ignace.
18	lun	s Romphaire, év.		18	mer	s Auxence, év. Q.T.
19	mar	ste Elisabeth.		19	jeu	s Némèse, m.
20	mer	s Bénigne, év.		20	ven	s Eugène, pr.
21	jeu	Présentation.		21	sam	s Thomas, ap.
22	ven	ste Cécile, v.		22	D	s Honorat.
23	sam	s Clément, pape.		23	lun	ste Victoire.
24	24 D	s Jean de la Croix.		24	mar	s Delphin.
25	lun	ste Catherine, v.		25	mer	Noel.
26	mar	s Faust, m.		26	jeu	s Etienne, m.
27	mer	s Odilon, ab.		27	ven	s Jean, évang.
28	jeu	s Valérien.		28	sam	ss Innocents.
29	ven	s Saturnin, év.		29	D	s Trophime.
30	sam	s André, ap.		30	lun	s Sabin.
				31	mar	s Sylvestre.

JANVIER.			FÉVRIER.		
1	lun	Circoncision.	1	jeu	s Ignace, év.
2	mar	s Basile, év.	2	ven	Purification.
3	mer	ste Geneviève.	3	sam	s Blaise, év.
4	jeu	s Tite. év.	4	D	ste Jeanne de Val.
5	ven	s Siméon, solit.	5	lun	ste Agathe.
6	sam	Epiphanie.	6	mar	s Vaast, évêque.
7	D	Noces.	7	mer	s Jean de Matha, p.
8	lun	s Lucien.	8	jeu	S. Cœur de Marie.
9	mar	s Pierre, év.	9	ven	ste Apolline, v.
10	mer	s Paul, erm.	10	sam	ste Scholastique.
11	jeu	s Théodore.	11	D	s Severin.
12	ven	s Arcade, m.	12	lun	ste Eulalie
13	sam	Bap. de J.-C.	13	mar	s Lezin.
14	D	s Hilaire, docteur.	14	mer	s Valentin, m.
15	lun	s Maur, abbé.	15	jeu	s Faustin.
16	mar	s Nom de Jésus.	16	ven	ste Julienne.
17	mer	s Antoine, ab.	17	sam	s Théodule.
18	jeu	s Mélaine, év.	18	D	*Septuagésime.*
19	ven	s Sulpice, év.	19	lun	s Gabin.
20	sam	s Sébastien, m.	20	mar	s Eucher.
21	D	ste Agnès, vierge	21	mer	s Pépin.
22	lun	s Vincent, m.	22	jeu	ste Isabelle.
23	mar	s Fulgence, doc.	23	ven	s Damien.
24	mer	s Timothée, m.	24	sam	s Matthias, ap.
25	jeu	Conv. de St Paul.	25	D	*Sexagésime.*
26	ven	s Polycarpe, m.	26	lun	s Nestor.
27	sam	s Jean Ch., doc.	27	mar	ste Honorine.
28	D	s Julien, évêque.	28	mer	s Romain.
29	lun	s Franç. de S., év.			s Dosithée.
30	mar	ste Bathilde, reine.			
31	mer	s Gaud, év.			

	MARS.			AVRIL.
1	jeu	s Léon de Car., év.	1	D	*Lætare.*
2	ven	s Aubin, évêque.	2	lun	s François de Paule.
3	sam	ste Cunégonde.	3	mar	s Richard.
4	D	*Quinquagésime.*	4	mer	s Isidore.
5	lun	s Adrien, martyr.	5	jeu	s Vincent.
6	mar	*Mardi-Gras.*	6	ven	s Sixte.
7	mer	*Cendres.*	7	sam	s Épiphane.
8	jeu	s Jean de D. juste.	8	D	*Passion.*
9	ven	ste Françoise.	9	lun	s Grégoire de N.
10	sam	Les 40 mart.	10	mar	s Macaire, év.
11	D	*Quadragésime.*	11	mer	s Godbert.
12	lun	s Bernard, év.	12	jeu	s Jules.
13	mar	ste Euphrasie.	13	ven	s Justin, m.
14	mer	s Lubin, év. Q. T.	14	sam	s Lambert, év.
15	jeu	s Longin.	15	D	*Rameaux.*
16	ven	s Julien, m.	16	lun	s Pair, év.
17	sam	s Patrice, év.	17	mar	s Anicet.
18	D	*Reminiscere.*	18	mer	s Cyrille, év.
19	lun	s Joseph.	19	jeu	s Vincent.
20	mar	s Joachim.	20	ven	Vendredi saint.
21	mer	s Benoît, ab.	21	sam	s Anselme, év.
22	jeu	s Emile.	22	D	PAQUES.
23	ven	s Victorin.	23	lun	s Georges, m.
24	sam	s Simon.	24	mar	s Léger.
25	D	*Oculi.*	25	mer	s Marc, évang.
26	lun	s Théodose, m.	26	jeu	s Clet, m.
27	mar	s Rupert, év.	27	ven	s Frédéric.
28	mer	s Gontran, roi.	28	sam	s Vital, m.
29	jeu	s Frisque.	29	D	*Quasimodo.*
30	ven	s Rieul.	30	lun	s Eutrope, év.
31	sam	s Benjamin.			

MAI.

1	mar	ss Jacq. et Ph., ap.
2	mer	s Marcouf, ab.
3	jeu	Inv. de la Ste Cr.
4	ven	s Athanase, év.
5	sam	s Pie V, pape.
6	D	s Jean P. L.
7	lun	s Jean Dam.
8	mar	s Cénéric, abbé.
9	mer	s Grégoire de N.
10	jeu	s Antonin.
11	ven	s Mammert, év.
12	sam	s Epiphane, év.
13	D	s Pancrace, m.
14	lun	s Pacôme, abbé.
15	mar	s Achille.
16	mer	s Braudan, ab.
17	jeu	s Jean Népom.
18	ven	s Claude, évêque.
19	sam	s Yves, prêtre.
20	D	s Bernardin.
21	lun	s Ortaire, abbé.
22	mar	ste Julie.
23	mer	ste Marie.
24	jeu	ste Susanne.
25	ven	s Philippe de N.
26	sam	s Quadrat.
27	D	s Évroult, ab.
28	lun	*Rogations*.
29	mar	s Maximin.
30	mer	s Félix, pape.
31	jeu	ASCENSION.

JUIN.

1	ven	s Jouvin, ab.
2	sam	s Pothin, évêque.
3	D	ste Clotilde, reine.
4	lun	s Optat.
5	mar	s Boniface.
6	mer	s Norbert, évêque.
7	jeu	s Lié.
8	ven	s Gildard, év.
9	sam	ste Pélagie.
10	D	PENTECÔTE.
11	lun	s Barnabé, apôtre.
12	mar	s Basilide, martyr.
13	mer	s Ant. de P. Q. T.
14	jeu	s Ruffin
15	ven	s Modeste
16	sam	s Jean-Franç. **Rég.**
17	1 D	*Trinité.*
18	lun	ste Marine.
19	mar	s Gervais, martyr.
20	mer	s Latuin, évêque.
21	jeu	*Fête-Dieu.*
22	ven	s Paulin, évêque.
23	sam	s Alban, martyr.
24	2 D	s Jean-Baptiste.
25	lun	s Prosper
26	mar	ss Jean et Paul
27	mer	s Ladislas, roi.
28	jeu	s Irénée, évêque.
29	ven	ss Pierre et P., **ap.**
30	sam	Com. de s Paul.

		JUILLET.			AOUT.
1	3 D	D. de St Jean-B.	1	mer	s Pierre ès liens.
2	lun	V. de la Ste Vierg.	2	jeu	s Etienne, pape.
3	mar	s Léonor, évêque.	3	ven	Inv. de St Etienne.
4	mer	O. et T. de St Mar.	4	sam	s Dominique.
5	jeu	s Sever, évêque.	5	8 D	s Memmie, évêque.
6	ven	Ch. St Pierre.	6	lun	Transf. de J.-C.
7	sam	s Thomas, évêque.	7	mar	s Victrice, évêque.
8	4 D	s Procope, martyr.	8	mer	s Justin.
9	lun	ste Anatolie, vierg.	9	jeu	ste Radégonde.
10	mar	Les 7 frè. et ste Fél.	10	ven	s Laurent, martyr.
11	mer	s Benoît, abbé.	11	sam	T. de la Ste Croix.
12	jeu	s Gualbert.	12	9 D	s Taurin, évêque
13	ven	s Anaclet, prêtre.	13	lun	s Hippolyte.
14	sam	s Bonaventure, év.	14	mar	s Eusèbe.
15	5 D	s Thomas d'Aquin	15	mer	ASSOMPTION.
16	lun	s Hélier, martyr.	16	jeu	s Roch, confesseur.
17	mar	s Alexis, confes.	17	ven	s Mammès, martyr.
18	mer	s Clair, martyr.	18	sam	ste Hélène.
19	jeu	s Vincent de P.	19	10 D	s Rufin, confesseur.
20	ven	ste Marguerite, v.	20	lun	s Bernard, abbé.
21	sam	s Victor, martyr.	21	mar	s Maximien, mart.
22	6 D	ste Marie-Madel.	22	mer	s Symphorien, m.
23	lun	s Apollinaire, év.	23	jeu	ste Jeanne-Franç.
24	mar	ste Christine.	24	ven	s Barthélemy, ap.
25	mer	s Jacques, apôtre.	25	sam	s Louis, roi.
26	jeu	s Joachim et ste A.	26	11 D	s Ouen, évêque.
27	ven	s Pantaléon.	27	lun	s Césaire. évêque.
28	sam	s Samson, évêque.	28	mar	s Augustin, évêq.
29	7 D	s Lazare.	29	mer	s Méderic.
30	lun	s Ignace, prêtre.	30	jeu	s Fiacre, solitaire.
31	mar	s Germain, évêq.	31	ven	s Ovide.

SEPTEMBRE.

1	sam	s Gilles, abbé.
2	12D	s Antonin, martyr.
3	lun	s Grégoire, pape.
4	mar	ss Patriarches.
5	mer	s Victorin.
6	jeu	s Vincent Ferrier.
7	ven	s Cloud, prêtre.
8	sam	Nat. de la Ste V.
9	13D	s Gorgon, martyr.
10	lun	s Aubert.
11	mar	s Hyacinthe, mart.
12	mer	s Sylvain, évêque.
13	jeu	s Maurille, évêque.
14	ven	Ex. de la Ste Croix.
15	sam	s N. de Marie.
16	14D	s Corneille, m.
17	lun	s Flocel, m.
18	mar	s Senier, év.
19	mer	s Janvier, év. Q. T.
20	jeu	s Eustache.
21	ven	s Lo, év. de C.
22	sam	s Maurice, martyr.
23	15D	ste Thècle, vierge.
24	lun	s Lin, évêque.
25	mar	s Firmin, évêque.
26	mer	s Cyprien, martyr.
27	jeu	s Côme, martyr.
28	ven	s Céran.
29	sam	s Michel.
30	16D	s Jérôme.

OCTOBRE.

1	lun	s Remi, évêque.
2	mar	ss Anges Gardiens.
3	mer	s Denis Aréop.
4	jeu	s François d'Assise.
5	ven	s Placide.
6	sam	s Bruno, moine.
7	17D	s Serge, martyr.
8	lun	s Démètre, mart.
9	mar	s Denis, évêque.
10	mer	s François de B.
11	jeu	s Nicaise, martyr.
12	ven	s Florent, martyr.
13	sam	s Édouard.
14	18D	s Calixte, pape.
15	lun	ste Thérèse, vierge.
16	mar	s Herbland.
17	mer	s Cerbouet.
18	jeu	s Luc, apôtre.
19	ven	s Aquilin, évêque.
20	sam	s Hilarion, abbé.
21	19D	ste Ursule.
22	lun	s Mellon, évêque.
23	mar	s Amand, évêque.
24	mer	s Magloire, évêque.
25	jeu	s Crespin, martyr.
26	ven	s Fromond.
27	sam	s Frumence, évêq.
28	20D	ss Sim. et Jude, ap.
29	lun	s Narcisse.
30	mar	s Léon, pape.
31	mer	s Quentin, martyr.

NOVEMBRE.			DÉCEMBRE.		
1	jeu	Toussaint	1	sam	s Eloi, évêque.
2	ven	Les Trépassés.	2	D	*Avent.*
3	sam	s Vigor.	3	lun	s François Xavier.
4	21 D	s Charles B.	4	mar	ste Barbe, vierge.
5	lun	s Eustache, martyr.	5	mer	s Athanase, martyr.
6	mar	s Léonard, solitai.	6	jeu	s Nicolas, évêque.
7	mer	s Florent.	7	ven	s Ambroise.
8	jeu	stes Reliques.	8	sam	Conception.
9	ven	s Mathurin, prêtre.	9	D	ste Gorgonie.
10	sam	s Juste.	10	lun	ste Valérie, vierge.
11	22 D	*Dédicace.*	11	mar	s Damase, pape.
12	lun	s Martin, pape.	12	mer	ste Constance.
13	mar	s Brice, évêque.	13	jeu	ste Luce, vierge.
14	mer	s Stanislas K.	14	ven	s Gatien, év.
15	jeu	s Malo, évêque.	15	sam	s Mesmin.
16	ven	s Edmond, évêque	16	D	s Valentin, m.
17	sam	s Grégoire Th.	17	lun	s Ignace.
18	23 D	s Romphaire, évêq.	18	mar	s Auxence, év.
19	lun	ste Elisabeth.	19	mer	s Némèse, m. Q. T.
20	mar	s Bénigne, évêque.	20	jeu	s Eugène, pr.
21	mer	Présentation.	21	ven	s Thomas, apôtre.
22	jeu	ste Cécile, vierge.	22	sam	s Honorat.
23	ven	s Clément, pape.	23	D	ste Victoire.
24	sam	s Jean de la Croix.	24	lun	s Delphin.
25	24 D	ste Catherine.	25	mar	Noel.
26	lun	s Faust, mart.	26	mer	s Etienne, martyr.
27	mar	s Odilon, abbé.	27	jeu	s Jean, évangéliste.
28	mer	s Valérien.	28	ven	ss Innocents.
29	jeu	s Saturnin, évêque.	29	sam	s Trophime.
30	ven	s André, apôtre.	30	D	s Sabin.
			31	lun	s Sylvestre.

JANVIER.

1	D	Circoncision.
2	lun	s Basile, évêque.
3	mar	ste Geneviève.
4	mer	s Tite, évêque.
5	jeu	s Siméon, solitaire.
6	ven	Épiphanie.
7	sam	Noces.
8	D	s Lucien.
9	lun	s Pierre, évêque.
10	mar	s Paul, ermite.
11	mer	s Théodore.
12	jeu	s Arcade, martyr.
13	ven	Bap. de J.-C.
14	sam	s Hilaire, docteur.
15	D	s Maur, abbé.
16	lun	s Nom de Jésus.
17	mar	s Antoine, abbé.
18	mer	s Mélaine, év.
19	jeu	s Sulpice, évêque.
20	ven	s Sébastien, m.
21	sam	ste Agnès, vierge.
22	D	s Vincent, martyr.
23	lun	s Fulgence, doc.
24	mar	s Timothée, m.
25	mer	Conv. de St Paul.
26	jeu	s Polycarpe, m.
27	ven	s Jean-Chr., doc.
28	sam	s Julien, évêque.
29	D	s François de Sales.
30	lun	ste Bathilde, reine.
31	mar	s Gaud, évêque.

FÉVRIER.

1	mer	s Ignace, év.
2	jeu	Purification.
3	ven	s Blaise, év.
4	sam	ste Jeanne de Val.
5	D	ste Agathe.
6	lun	s Vaast, évêque.
7	mar	s Jean de Matha, p.
8	mer	S. Cœur de Marie.
9	jeu	ste Apolline, v.
10	ven	ste Scholastique.
11	sam	s Séverin.
12	D	ste Eulalie.
13	lun	s Lezin.
14	mar	s Valentin, martyr.
15	mer	s Faustin.
16	jeu	ste Julienne.
17	ven	s Théodule.
18	sam	s Siméon, évêque.
19	D	*Septuagésime.*
20	lun	s Eucher.
21	mar	s Pépin.
22	mer	ste Isabelle.
23	jeu	s Damien.
24	ven	s Matthias, apôtre.
25	sam	s Césaire.
26	D	*Sexagésime.*
27	lun	ste Honorine.
28	mar	s Romain.
		s Dosithée.

MARS.			AVRIL.		
1	mer	s Léon de Car., év.	1	sam	s Hugues, évêque.
2	jeu	s Aubin, évêque.	2	D	*Lœtare.*
3	ven	ste Cunégonde.	3	lun	s Richard.
4	sam	s Casimir.	4	mar	s Isidore.
5	D	*Quinquagésime.*	5	mer	s Vincent.
6	lun	ste Colette, vierge.	6	jeu	3 Sixte.
7	mar	*Mardi-Gras.*	7	ven	s Epiphane.
8	mer	*Cendres.*	8	sam	s Denis, évêque.
9	jeu	ste Françoise.	9	D	*La Passion.*
10	ven	Les 40 martyrs.	10	lun	s Macaire, év.
11	sam	s Firmin, ab.	11	mar	s Godbert.
12	D	*Quadragésime.*	12	mer	s Jules.
13	lun	ste Euphrasie.	13	jeu	s Justin, martyr.
14	mar	s Lubin, évêque.	14	ven	s Lambert, év.
15	mer	s Longin. Q. T.	15	sam	s Maxime.
16	jeu	s Julien, martyr.	16	D	*Rameaux.*
17	ven	s Patrice, évêque.	17	lun	s Anicet.
18	sam	s Alexandre, év.	18	mar	s Cyrille, évêque.
19	D	*Reminiscere.*	19	mer	s Vincent.
20	lun	s Joachim.	20	jeu	s Théotime.
21	mar	s Benoît, abbé.	21	ven	Vendredi saint.
22	mer	s Emile.	22	sam	ste Opportune.
23	jeu	s Victorin.	23	D	PAQUES.
24	ven	s Simon.	24	lun	s Léger.
25	sam	Annonciation.	25	mar	s Marc, évang.
26	D	*Oculi.*	26	mer	s Clet, martyr.
27	lun	s Rupert, évêque.	27	jeu	s Frédéric.
28	mar	s Gontran, roi.	28	ven	s Vital, martyr.
29	mer	s Frisque.	29	sam	ste Marie Egyp.
30	jeu	s Rieul.	30	D	*Quasimodo.*
31	ven	s Benjamin.			

	MAI.				JUIN.	
1	lun	ss Jacq. et Ph., ap.		1	jeu	ASCENSION.
2	mar	s Marcouf, ab.		2	ven	s Pothin, év.
3	mer	Inv. de la Ste Croix.		3	sam	ste Clotilde, reine.
4	jeu	s Athanase, évêque.		4	D	s Optat.
5	ven	s Pie V, pape.		5	lun	s Boniface.
6	sam	s Jean P. L.		6	mar	s Norbert, év.
7	D	s Jean Damascène.		7	mer	s Lié.
8	lun	s Cénéric, abbé.		8	jeu	s Gildard, év.
9	mar	s Grégoire de N.		9	ven	ste Pélagie.
10	mer	s Antonin.		10	sam	s Ebremond.
11	jeu	s Mammert, év.		11	D	PENTECÔTE.
12	ven	s Epiphane, évêq.		12	lun	s Basilide, mart.
13	sam	s Pancrace, m.		13	mar	s Antoine de Pad.
14	D	s Pacôme, abbé.		14	mer	s Ruffin. Q. T.
15	lun	s Achille.		15	jeu	s Modeste.
16	mar	s Braudan, abbé.		16	ven	s Jean-Fr. Régis.
17	mer	s Jean Népom.		17	sam	s Ferréol, martyr.
18	jeu	s Claude, év.		18	1 D	*Trinité.*
19	ven	s Yves, prêtre.		19	lun	s Gervais, mart.
20	sam	s Bernardin.		20	mar	s Latuin, év.
21	D	s Ortaire, abbé.		21	mer	s Louis de Gonz.
22	lun	ste Julie.		22	jeu	*Fête-Dieu.*
23	mar	ste Marie.		23	ven	s Alban, martyr.
24	mer	ste Susanne.		24	sam	s Jean-Baptiste.
25	jeu	s Philippe de N.		25	2 D	s Prosper.
26	ven	s Quadrat.		26	lun	ss Jean et Paul.
27	sam	s Evroult, abbé.		27	mar	s Ladislas, roi.
28	D	s Manvieu, év.		28	mer	s Irénée, évêque.
29	lun	*Rogations.*		29	jeu	ss Pierre et Paul.
30	mar	s Félix, pape.		30	ven	Com. de St Paul.
31	mer	ste Pétronille.				

		JUILLET.				AOUT.
1	sam	D. de S. Jean-B.		1	mar	s Pierre ès liens.
2	3 D	Visit. de la Ste V.		2	mer	s Etienne, pape.
3	lun	s Léonor, év.		3	jeu	Inv. de S. Etienne.
4	mar	O. et T. de St Mart.		4	ven	s Dominique.
5	mer	s Sever, év.		5	sam	s Memmie, év.
6	jeu	Ch. St Pierre.		6	8 D	Transfig. de J.-C.
7	ven	s Thomas, év.		7	lun	s Victrice, év.
8	sam	s Procope, m.		8	mar	s Justin.
9	4 D	ste Anatolie, v.		9	mer	ste Radégonde.
10	lun	Les 7 fr. et Ste Fél.		10	jeu	s Laurent, m.
11	mar	s Benoît, ab.		11	ven	Trans. de la Ste C.
12	mer	s Gualbert.		12	sam	s Taurin, év.
13	jeu	s Anaclet, prêt.		13	9 D	s Hippolyte.
14	ven	s Bonaventure, év.		14	lun	s Eusèbe.
15	sam	s Thomas d'Aquin.		15	mar	ASSOMPTION.
16	5 D	s Hélier, m.		16	mer	s Roch, conf.
17	lun	s Alexis, conf.		17	jeu	s Mammès, m.
18	mar	s Clair, m.		18	ven	ste Hélène.
19	mer	s Vincent de Paule.		19	sam	s Rufin, conf.
20	jeu	ste Marguerite, v.		20	10D	s Bernard, ab.
21	ven	s Victor, m.		21	lun	s Maximien, m.
22	sam	ste Marie-Mad.		22	mar	s Symphorien, m.
23	6 D	s Apollinaire, év.		23	mer	ste Jeanne-Franç.
24	lun	ste Christine.		24	jeu	s Barthélemy, ap.
25	mar	s Jacques, ap.		25	ven	s Louis, roi.
26	mer	s Joac. et Ste Anne.		26	sam	s Ouen, év.
27	jeu	s Pantaléon.		27	11D	s Césaire, év.
28	ven	s Samson, év.		28	lun	s Augustin, év.
29	sam	s Lazare.		29	mar	s Méderic.
30	7 D	s Ignace, pr.		30	mer	s Fiacre, solit.
31	lun	s Germain, év.		31	jeu	s Ovide.

SEPTEMBRE.

1	ven	s Gilles, abbé.
2	sam	s Antonin, m.
3	12D	s Grégoire, pape.
4	lun	ss. Patriarches.
5	mar	s Victorin.
6	mer	s Vincent Ferrier.
7	jeu	s Cloud, pr.
8	ven	Nativ. de la ste V.
9	sam	s Gorgon, m.
10	13D	s Aubert.
11	lun	s Hyacinthe, m.
12	mar	s Sylvain, év.
13	mer	s Maurille, év.
14	jeu	Ex. de la Ste C.
15	ven	s N. de Marie.
16	sam	s Corneille, m.
17	14D	s Flocel, m.
18	lun	s Senier, év.
19	mar	s Janvier, év.
20	mer	s Eustache. Q. T.
21	jeu	s Lo, év. de C.
22	ven	s Maurice, m.
23	sam	ste Thècle, v.
24	15D	s Lin, év.
25	lun	s Firmin, év.
26	mar	s Cyprien, m.
27	mer	s Côme, m.
28	jeu	s Céran.
29	ven	s Michel.
30	sam	s Jérôme.

OCTOBRE.

1	16D	s Remi, év.
2	lun	ss Anges Gard.
3	mar	s Denis Aréop.
4	mer	s François d'As.
5	jeu	s Placide.
6	ven	s Bruno, moine.
7	sam	s Serge, m.
8	17D	s Démètre, m.
9	lun	s Denis, év.
10	mar	s François de Bor.
11	mer	s Nicaise, m.
12	jeu	s Florent, m.
13	ven	s Edouard.
14	sam	s Calixte, pape.
15	18D	ste Thérèse, v.
16	lun	s Herbland.
17	mar	s Cerbonet.
18	mer	s Luc, ap.
19	jeu	s Aquilin, év.
20	ven	s Hilarion, ab.
21	sam	ste Ursule.
22	19D	s Mellon, év.
23	lun	s Amand, év.
24	mar	s Magloire, év.
25	mer	s Crespin, m.
26	jeu	s Fromond.
27	ven	s Frumence, év.
28	sam	ss Sim. et Jude, ap.
29	20D	s Narcisse.
30	lun	s Léon, pape.
31	mar	s Quentin, m.

NOVEMBRE.		DÉCEMBRE.	
1	mer	TOUSSAINT.	1	ven	s Eloi, év.
2	jeu	Les Trépassés.	2	sam	s Eloque.
3	ven	s Vigor.	3	D	*Avent.*
4	sam	s Charles B.	4	lun	ste Barbe, v.
5	21 D	s Eustache, m.	5	mar	s Athanase, m.
6	lun	s Léonard, solit.	6	mer	s Nicolas, év.
7	mar	s Florent.	7	jeu	s Ambroise.
8	mer	stes Reliques.	8	ven	Conception.
9	jeu	s Mathurin, pr.	9	sam	ste Gorgonie.
10	ven	s Juste.	10	D	ste Valérie, v.
11	sam	s Martin, év.	11	lun	s Damase, pape
12	22 D	*Dédicace.*	12	mar	ste Constance.
13	lun	s Brice, év.	13	mer	ste Luce, v.
14	mar	s Stanislas K.	14	jeu	s Gatien, év.
15	mer	s Malo, év.	15	ven	s Mesmin.
16	jeu	s Edmond, év.	16	sam	s Valentin, m.
17	ven	s Grégoire Th.	17	D	s Ignace.
18	sam	s Romphaire, év.	18	lun	s Auxence, év.
19	23 D	ste Elisabeth.	19	mar	s Némèse, m.
20	lun	s Bénigne, év.	20	mer	s Eugène, pr. Q.T.
21	mar	Présentation.	21	jeu	s Thomas, ap.
22	mer	ste Cécile, v.	22	ven	s Honorat.
23	jeu	s Clément, pape.	23	sam	ste Victoire.
24	ven	s Jean de la Croix	24	D	s Delphin.
25	sam	ste Catherine, v.	25	lun	NOEL.
26	24 D	s Faust, m.	26	mar	s Etienne, m.
27	lun	s Odilon, ab.	27	mer	s Jean, évang.
28	mar	s Valérien.	28	jeu	ss Innocents
29	mer	s Saturnin, év.	29	ven	s Trophime.
30	jeu	s André, ap.	30	sam	s Sabin.
			31	D	s Sylvestre.

	JANVIER.			FÉVRIER.	
1	sam	Circoncision.	1	mar	s Ignace, évêque.
2	D	s Basile, év.	2	mer	Purification.
3	lun	ste Geneviève.	3	jeu	s Blaise, évêque.
4	mar	s Tite, év.	4	ven	ste Jeanne de Val.
5	mer	s Siméon, solit.	5	sam	ste Agathe.
6	jeu	Epiphanie.	6	D	s Vaast, év.
7	ven	Noces.	7	lun	s Jean de Matha, p.
8	sam	s Lucien.	8	mar	S Cœur de Marie.
9	D	s Pierre, évêque.	9	mer	ste Apolline, v.
10	lun	s Paul, ermite.	10	jeu	ste Scholastique.
11	mar	s Théodore.	11	ven	s Séverin.
12	mer	s. Arcade, martyr.	12	sam	ste Eulalie.
13	jeu	Bap. de Jésus-Chr.	13	D	s Lezin.
14	ven	s Hilaire, docteur.	14	lun	s Valentin, martyr.
15	sam	s Maur, abbé.	15	mar	s Faustin.
16	D	s Nom de Jésus.	16	mer	ste Julienne.
17	lun	s Antoine, abbé.	17	jeu	s Théodule.
18	mar	s Mélaine, évêque.	18	ven	s Siméon, év.
19	mer	s Sulpice, év.	19	sam	s Gabin.
20	jeu	s Sébastien, mart.	20	D	*Septuagésime.*
21	ven	ste Agnès, vierge.	21	lun	s Pépin.
22	sam	s Vincent, martyr.	22	mar	ste Isabelle.
23	D	s Fulgence, doct.	23	mer	s Damien.
24	lun	s Timothée, mart.	24	jeu	s Matthias, ap.
25	mar	Conv. de St Paul.	25	ven	s Césaire.
26	mer	s Polycarpe, év.	26	sam	s Nestor.
27	jeu	s Jean Chris. doc.	27	D	*Sexagésime.*
28	ven	s Julien, év.	28	lun	s Romain.
29	sam	s François de Sales.			s Dosithée.
30	D	ste Bathilde, reine.			
31	lun	s Gaud, év.			

MARS.			AVRIL.		
1	mar	s Léon de C., év.	1	ven	s Hugues, évêque.
2	mer	s Aubin, év.	2	sam	s Franç. de Paule.
3	jeu	ste Cunég., imp.	3	D	*Lœtare.*
4	ven	s Casimir.	4	lun	s Isidore.
5	sam	s Adrien, m.	5	mar	s Vincent.
6	D	*Quinquagésime.*	6	mer	s Sixte.
7	lun	stes Perpét. et Fél.	7	jeu	s Epiphane.
8	mar	*Mardi-Gras.*	8	ven	s Denis, évêque.
9	mer	*Cendres.*	9	sam	s Grégoire de N.
10	jeu	Les 40 martyrs.	10	D	*Passion.*
11	ven	s Firmin, abbé.	11	lun	s Godbert.
12	sam	s Bernard, év.	12	mar	s Jules.
13	D	*Quadragésime.*	13	mer	s Justin, martyr.
14	lun	s Lubin, évêque.	14	jeu	s Lambert, évêque.
15	mar	s Longin.	15	ven	s Maxime.
16	mer	s Julien, m. Q. T.	16	sam	s Pair, évêque.
17	jeu	s Patrice, évêque	17	D	*Rameaux.*
18	ven	s Alexandre, év.	18	lun	s Cyrille, évêque.
19	sam	s Joseph.	19	mar	s Vincent.
20	D	*Reminiscere.*	20	mer	s Théotime.
21	lun	s Benoît, abbé.	21	jeu	s Anselme.
22	mar	s Emile.	22	ven	Vendredi saint.
23	mer	s Victorin.	23	sam	s Georges, martyr.
24	jeu	s Simon.	24	D	PAQUES.
25	ven	Annonciation.	25	lun	s Marc, évangéliste.
26	sam	s Théodose, mart.	26	mar	s Clet, martyr.
27	D	*Oculi.*	27	mer	s Frédéric.
28	lun	s Gontran, roi.	28	jeu	s Vital, m.
29	mar	s Frisque.	29	ven	ste Marie Égypt.
30	mer	s Rieul.	30	sam	s Eutrope, év.
31	jeu	s Benjamin.			

MAI.

1	D	*Quasimodo*.
2	lun	s Marcouf, abbé.
3	mar	Inv. de la Ste Croix.
4	mer	s Athanase, év.
5	jeu	s Pie V, pape.
6	ven	s Jean P. L.
7	sam	s Jean Damasc.
8	D	s Cénéric, abbé.
9	lun	s Grégoire de Nys
10	mar	s Antonin.
11	mer	s Mammert, év
12	jeu	s Épiphane, év.
13	ven	s Pancrace, mart.
14	sam	s Pacôme, abbé
15	D	s Achille.
16	lun	s Brandan, abbé.
17	mar	s Jean Népom.
18	mer	s Claude, év.
19	jeu	s Yves, prêtre.
20	ven	s Bernardin.
21	sam	s Ortaire, abbé.
22	D	ste Julie.
23	lun	ste Marie.
24	mar	ste Susanne.
25	mer	s Philippe de N.
26	jeu	s Quadrat.
27	ven	s Évroult, abbé.
28	sam	s Manvieu, év.
29	D	s Maximin.
30	lun	*Rogations*.
31	mar	ste Pétronille.

JUIN.

1	mer	s Jouvin, abbé.
2	jeu	ASCENSION.
3	ven	ste Clotilde, reine.
4	sam	s Optat
5	D	s Boniface.
6	lun	s Norbert, évêque.
7	mar	s Lié.
8	mer	s Gildard, évêque.
9	jeu	ste Pélagie.
10	ven	s Ebremond, abbé.
11	sam	s Barnabé, ap.
12	D	PENTECÔTE.
13	lun	s Antoine de P.
14	mar	s Ruffin.
15	mer	s Modeste. Q. T.
16	jeu	s Jean-F. Régis
17	ven	s Ferréol, martyr.
18	sam	ste Marine.
19	1 D	*Trinité*.
20	lun	s Latuin, évêque.
21	mar	s Louis de Gonz.
22	mer	s Paulin, évêque.
23	jeu	*Fête-Dieu*.
24	ven	s Jean-Baptiste.
25	sam	s Prosper.
26	2 D	ss Jean et Paul.
27	lun	s Ladislas, roi.
28	mar	s Irénée, évêque.
29	mer	ss Pierre et Paul.
30	jeu	Com. de St Paul.

JUILLET.			AOUT.		
1	ven	D. de S. Jean-B.	1	lun	s Pierre ès liens.
2	sam	V. de la Ste Vierg.	2	mar	s Etienne, pape.
3	3 D	s Léonor, év.	3	mer	Inv. de St Etienne.
4	lun	O. et T. de S. Mart.	4	jeu	s Dominique.
5	mar	s Sever, év.	5	ven	s Memmie, év.
6	mer	Ch. St Pierre.	6	sam	Transf. de J.-C.
7	jeu	s Thomas, év.	7	8 D	s Victrice, év.
8	ven	s Procope, m.	8	lun	s Justin.
9	sam	ste Anatolie, v.	9	mar	ste Radégonde.
10	4 D	Les 7 fr. et Ste Fél.	10	mer	s Laurent, m.
11	lun	s Benoît, ab.	11	jeu	T. de la Ste Croix.
12	mar	s Gualbert.	12	ven	s Taurin, év.
13	mer	s Anaclet, pr.	13	sam	s Hippolyte.
14	jeu	s Bonaventure, év.	14	9 D	s Eusèbe.
15	ven	s -Thom. d'Aquin.	15	lun	ASSOMPTION.
16	sam	s Hélier, m.	16	mar	s Roch, conf.
17	5 D	s Alexis, conf.	17	mer	s Mammès, m.
18	lun	s Clair, m.	18	jeu	ste Hélène.
19	mar	s Vincent de Paule.	19	ven	s Rufin, conf.
20	mer	ste Marguerite, v.	20	sam	s Bernard, ab.
21	jeu	s Victor, m.	21	10 D	s Maximien, m.
22	ven	ste Marie-Mad.	22	lun	s Symphorien.
23	sam	s Apollinaire, év.	23	mar	ste Jeanne-Franç.
24	6 D	ste Christine.	24	mer	s Barthélemy, ap.
25	lun	s Jacques, ap.	25	jeu	s Louis, roi.
26	mar	s Joac. et Ste Anne.	26	ven	s Ouen, év.
27	mer	s Pantaléon.	27	sam	s Césaire, év.
28	jeu	s Samson, év.	28	11 D	s Augustin, év.
29	ven	s Lazare.	29	lun	s Méderic.
30	sam	s Ignace, pr.	30	mar	s Fiacre, solit.
31	7 D	s Germain, év.	31	mer	s Ovide.

SEPTEMBRE.			OCTOBRE.		
1	jeu	s Gilles, ab.	1	sam	s Remi, év.
2	ven	s Antonin, m.	2	16D	ss Anges Gard.
3	sam	s Grégoire, pape.	3	lun	s Denis Aréopag.
4	12D	ss Patriarches.	4	mar	s François d'Assise.
5	lun	s Victorin.	5	mer	s Placide.
6	mar	s Vincent Ferrier.	6	jeu	s Bruno, moine.
7	mer	s Cloud, prêt.	7	ven	s Serge, m.
8	jeu	Nat. de la ste Vier	8	sam	s Démètre, m.
9	ven	s Gorgon, m.	9	17D	s Denis, év.
10	sam	s Aubert.	10	lun	s François de B.
11	13D	s Hyacinthe, m.	11	mar	s Nicaise, m
12	lun	s Sylvain, év.	12	mer	s Florent, m.
13	mar	s Maurille, év.	13	jeu	s Edouard.
14	mer	Ex. de la Ste Croix.	14	ven	s Calixte, pape.
15	jeu	s N. de Marie.	15	sam	ste Thérèse, v.
16	ven	s Corneille, m.	16	18D	s Herbland.
17	sam	s Flocel, m.	17	lun	s Cerbouet.
18	14D	s Senier, év.	18	mar	s Luc, ap.
19	lun	s Janvier, év.	19	mer	s Aquilin, év.
20	mar	s Eustache.	20	jeu	s Hilarion, ab.
21	mer	s Lo, év de C.Q.T.	21	ven	ste Ursule
22	jeu	s Maurice, m.	22	sam	s Mellon, év.
23	ven	ste Thècle, v.	23	19D	s Amand, év.
24	sam	s Lin, év.	24	lun	s Magloire, év.
25	15D	s Firmin, év.	25	mar	s Crespin, m.
26	lun	s Cyprien, m.	26	mer	s Fromond.
27	mar	s Côme, m.	27	jeu	s Frumence, év.
28	mer	s Céran	28	ven	ss Simon et Jude.
29	jeu	s Michel.	29	sam	s Narcisse.
30	ven	s Jérôme.	30	20D	s Léon, pape.
			31	lun	s Quentin, m.

NOVEMBRE.			**DÉCEMBRE.**		
1	mar	TOUSSAINT.	1	jeu	s Eloi, év.
2	mer	Les Trépassés.	2	ven	s Eloque.
3	jeu	s Vigor.	3	sam	s François **Xavier**.
4	ven	s Charles B.	4	D	ste Barbe, v.
5	sam	s Eustache, m.	5	lun	s Athanase, **m**.
6	21 D	s Léonard, solit.	6	mar	s Nicolas, év.
7	lun	s Florent.	7	mer	s Ambroise.
8	mar	stes Reliques.	8	jeu	Conception.
9	mer	s Mathurin, pr.	9	ven	ste Gorgonie.
10	jeu	s Juste.	10	sam	ste Valérie, v.
11	ven	s Martin, év.	11	D	s Damase, pape.
12	sam	s Martin, pape.	12	lun	ste Constance.
13	22 D	*Dédicace.*	13	mar	ste Luce, v.
14	lun	s Stanislas K.	14	mer	s Gatien, év. Q. T.
15	mar	s Malo, év.	15	jeu	s Mesmin.
16	mer	s Edmond, év.	16	ven	s Valentin, m.
17	jeu	s Grégoire Th.	17	sam	s Ignace.
18	ven	s Romphaire, év.	18	D	s Auxence, év.
19	sam	ste Elisabeth.	19	lun	s Némèse, m.
20	23 D	s Bénigne, év.	20	mar	s Eugène, pr.
21	lun	Présentation.	21	mer	s Thomas, ap.
22	mar	ste Cécile, v.	22	jeu	s Honorat.
23	mer	s Clément, pape.	23	ven	ste Victoire.
24	jeu	s Jean de la Croix.	24	sam	s Delphin.
25	ven	ste Catherine, v.	25	D	NOEL.
26	sam	s Faust, m.	26	lun	s Etienne, m.
27	D	*Avent.*	27	mar	s Jean, évang.
28	lun	s Valérien.	28	mer	ss Innocents.
29	mar	s Saturnin, év.	29	jeu	s Trophime.
30	mer	s André, ap.	30	ven	s Sabin.
			31	sam	s Sylvestre.

JANVIER.			FÉVRIER.		
1	ven	Circoncision.	1	lun	s Ignace, évêque
2	sam	s Basile, évêque.	2	mar	Purification.
3	D	ste Geneviève.	3	mer	s Blaise, év.
4	lun	s Tite, évêque.	4	jeu	ste Jeanne de V
5	mar	s Siméon, solit.	5	ven	ste Agathe.
6	mer	Epiphanie.	6	sam	s Vaast, évêque.
7	jeu	Noces.	7	D	s Jean de Matha, p
8	ven	s Lucien.	8	lun	S. Cœur de Marie.
9	sam	s Pierre, évêque.	9	mar	ste Apolline, vierg.
10	D	s Paul, ermite.	10	mer	ste Scholastique.
11	lun	s Théodore.	11	jeu	s Séverin.
12	mar	s Arcade, martyr.	12	ven	ste Eulalie.
13	mer	Bapt. de J.-C.	13	sam	s Lezin.
14	jeu	s Hilaire, docteur.	14	D	s Valentin, martyr.
15	ven	s Maur, abbé.	15	lun	s Faustin.
16	sam	s Nom de Jésus.	16	mar	ste Julienne.
17	D	s Antoine, abbé.	17	mer	s Théodule.
18	lun	s Mélaine, évêque.	18	jeu	s Siméon, évêque.
19	mar	s Sulpice, évêque.	19	ven	s Gabin.
20	mer	s Sébastien, m.	20	sam	s Eucher.
21	jeu	ste Agnès, vierge.	21	D	*Septuagésime.*
22	ven	s Vincent, martyr.	22	lun	ste Isabelle.
23	sam	s Fulgence, doct.	23	mar	s Damien.
24	D	s Timothée, mart.	24	mer	s Matthias, ap.
25	lun	Conv. de St Paul.	25	jeu	s Césaire.
26	mar	s Polycarpe.	26	ven	s Nestor.
27	mer	s Jean Ch., doct.	27	sam	ste Honorine.
28	jeu	s Julien, évêque.	28	D	*Sexagésime.*
29	ven	s François de Sales			s Dosithée.
30	sam	ste Bathilde, reine.			
31	D	s Gaud, évêque.			

	MARS.			AVRIL.
1	lun	s Léon de Car., év.	1	jeu	s Hugues, évêque.
2	mar	s Aubin, év.	2	ven	s François de P.
3	mer	ste Cunég.	3	sam	s Richard.
4	jeu	s Casimir.	4	D	*Lætare.*
5	ven	s Adrien, martyr.	5	lun	s Vincent.
6	sam	ste Colette, vierge.	6	mar	s Sixte.
7	D	*Quinquagésime.*	7	mer	s Epiphane.
8	lun	s Jean de D. juste.	8	jeu	s Denis, évêque.
9	mar	*Mardi-Gras.*	9	ven	s Grégoire de N.
10	mer	*Cendres.*	10	sam	s Macaire, évêque.
11	jeu	s Firmin, abbé.	11	D	*Passion.*
12	ven	s Bernard, évêque.	12	lun	s Jules.
13	sam	ste Euphrasie.	13	mar	s Justin, martyr.
14	D	*Quadragésime.*	14	mer	s Lambert.
15	lun	s Longin.	15	jeu	s Maxime.
16	mar	s Julien, martyr.	16	ven	s Pair, évêque.
17	mer	s Patrice, év. Q.T.	17	sam	s Anicet.
18	jeu	s Alexandre, év.	18	D	*Rameaux.*
19	ven	s Joseph.	19	lun	s Vincent.
20	sam	s Joachim.	20	mar	s Théotime.
21	D	*Reminiscere.*	21	mer	s Anselme, évêque.
22	lun	s Emile.	22	jeu	ste Opportune.
23	mar	s Victorin.	23	ven	Vendredi saint.
24	mer	s Simon.	24	sam	s Léger.
25	jeu	Annonciation.	25	D	PAQUES.
26	ven	s Théodose, mart.	26	lun	s Clet, martyr.
27	sam	s Rupert, évêque.	27	mar	s Frédéric.
28	D	*Oculi.*	28	mer	s Vital, m.
29	lun	s Frisque.	29	jeu	ste Marie Egypt.
30	mar	s Rieul.	30	ven	s Eutrope, év.
31	mer	s Benjamin.			

	MAI.			JUIN.	
1	sam	ss Jacq. et Ph. ap.	1	mar	s Jouvin, abbé.
2	D	*Quasimodo.*	2	mer	s Pothin, évêque.
3	lun	Inv. de la Ste Croix	3	jeu	ASCENSION.
4	mar	s Athanase, év.	4	ven	s Optat.
5	mer	s Pie V, pape.	5	sam	s Boniface.
6	jeu	s Jean P. L.	6	D	s Norbert, évêque.
7	ven	s Jean Dam.	7	lun	s Lié.
8	sam	s Cénéric, abbé.	8	mar	s Gildard, év.
9	D	s Grégoire de N.	9	mer	ste Pélagie.
10	lun	s Antonin.	10	jeu	s Ebremond, abbé.
11	mar	s Mammert, év.	11	ven	s Barnabé, ap.
12	mer	s Epiphane, év.	12	sam	s Basilide, m.
13	jeu	s Pancrace, mart.	13	D	PENTECÔTE.
14	ven	s Pacôme, abbé.	14	lun	s Ruffin.
15	sam	s Achille.	15	mar	s Modeste.
16	D	s Brandan, abbé.	16	mer	s Jean-Fr. R. Q.T.
17	lun	s Jean Nép.	17	jeu	s Ferréol, martyr.
18	mar	s Claude, évêque.	18	ven	ste Marine.
19	mer	s Yves, pr.	19	sam	s Gervais, martyr.
20	jeu	s Bernardin.	20	1 D	*Trinité.*
21	ven	s Ortaire, abbé.	21	lun	s Louis de Gonz.
22	sam	ste Julie.	22	mar	s Paulin, évêque.
23	D	ste Marie.	23	mer	s Alban, martyr.
24	lun	ste Susanne.	24	jeu	*Fête-Dieu.*
25	mar	s Philippe de N.	25	ven	s Prosper.
26	mer	s Quadrat.	26	sam	ss Jean et Paul.
27	jeu	s Evroult, ab.	27	2 D	s Ladislas, roi.
28	ven	s Manvieu, évêque.	28	lun	s Irénée, évêque.
29	sam	s Maximin.	29	mar	ss Pierre et P. ap.
30	D	s Félix, pape.	30	mer	Com. de St Paul.
31	lun	*Rogations.*			

JUILLET.			AOUT.		
1	jeu	D. de S. Jean-B.	1	7 D	s Pierre ès liens.
2	ven	V. de la ste Vierge.	2	lun	s Etienne, pape.
3	sam	s Léonor. év.	3	mar	Inv. de s Etienne.
4	3 D	O. et T. de S. Mart.	4	mer	s Dominique.
5	lun	s Sever, év.	5	jeu	s Memmie, év.
6	mar	Ch. S. Pierre.	6	ven	Transf. de J.-C.
7	mer	s Thomas, év.	7	sam	s Victrice, év.
8	jeu	s Procope, m.	8	8 D	s Justin.
9	ven	ste Anatolie, v.	9	lun	ste Radégonde
10	sam	Les 7 fr. et ste Fél.	10	mar	s Laurent, m.
11	4 D	s Benoit, abbé.	11	mer	T. de la ste Croix
12	lun	s Gualbert.	12	jeu	s Taurin, év.
13	mar	s Anaclet, pr.	13	ven	s Hippolyte.
14	mer	s Bonaventure, év.	14	sam	s Eusèbe.
15	jeu	s Thomas d'Aquin.	15	9 D	ASSOMPTION.
16	ven	s Hélier, m.	16	lun	s Roch, conf.
17	sam	s Alexis, conf.	17	mar	s Mammès, m.
18	5 D	s Clair, m.	18	mer	ste Hélène.
19	lun	s Vincent de Paule.	19	jeu	s Rufin, conf.
20	mar	ste Marguerite, v.	20	ven	s Bernard, abbé.
21	mer	s Victor, m.	21	sam	s Maximien, m.
22	jeu	ste Marie-Mad.	22	10 D	s Symphorien, m.
23	ven	s Apollinaire, év.	23	lun	ste Jeanne-Franç.
24	sam	ste Christine.	24	mar	s Barthélemy, ap.
25	6 D	s Jacques, ap.	25	mer	s Louis, roi.
26	lun	s Joac. et ste Anne.	26	jeu	s Ouen, év.
27	mar	s Pantaléon.	27	ven	s Césaire, év.
28	mer	s Samson, év.	28	sam	s Augustin, év.
29	jeu	s Lazare.	29	11 D	s Méderic.
30	ven	s Ignace, pr.	30	lun	s Fiacre, solit.
31	sam	s Germain, év.	31	mar	s Ovide.

SEPTEMBRE.

1 mer s Gilles, abbé.
2 jeu s Antoine, m.
3 ven s Grégoire, pape.
4 sam ss Patriarches.
5 12D s Victorin.
6 lun s Vincent Ferrier.
7 mar s Cloud, prêtre.
8 mer Nativ. de la ste V.
9 jeu s Gorgon, m.
10 ven s Aubert.
11 sam s Hyacinthe, m.
12 13D s Sylvain, év.
13 lun s Maurille, év.
14 mar Ex. de la ste Croix.
15 mer s N. de Marie Q.T.
16 jeu s Corneille, m.
17 ven s Flocel, m.
18 sam s Senier, év.
19 14D s Janvier, év.
20 lun s Eustache.
21 mar s Lo, év. de C.
22 mer s Maurice, m.
23 jeu ste Thècle, v.
24 ven s Lin, év.
25 sam s Firmin, év.
26 15D s Cyprien, m.
27 lun s Côme, m.
28 mar s Céran.
29 mer s Michel.
30 jeu s Jérôme.

OCTOBRE.

1 ven s Remi, év.
2 sam ss Anges Gardiens.
3 16D s Denis Aréopagite.
4 lun s François d'Assise.
5 mar s Placide.
6 mer s Bruno, moine.
7 jeu s Serge, m.
8 ven s Démètre, m.
9 sam s Denis, év.
10 17D s François de B.
11 lun s Nicaise, m.
12 mar s Florent, m
13 mer s Edouard.
14 jeu s Calixte, pape.
15 ven ste Thérèse, v.
16 sam s Herbland.
17 18D s Cerbouet.
18 lun s Luc, ap.
19 mar s Aquilin, év.
20 mer s Hilarion, ab.
21 jeu ste Ursule.
22 ven s Mellon, év.
23 sam s Amand, év.
24 19D s Magloire, év.
25 lun s Crespin, m.
26 mar s Fromond.
27 mer s Frumence, év.
28 jeu ss Simon et Jude.
29 ven s Narcisse.
30 sam s Léon, pape.
31 20D s Quentin, m.

NOVEMBRE.

1	lun	TOUSSAINT.
2	mar	Les Trépassés.
3	mer	s Vigor.
4	jeu	s Charles B.
5	ven	s Eustache, m.
6	sam	s Léonard, solit.
7	21 D	s Florent.
8	lun	stes Reliques.
9	mar	s Mathurin, pr.
10	mer	s Juste.
11	jeu	s Martin, év.
12	ven	s Martin, pape.
13	sam	s Brice, év.
14	22 D	*Dédicace.*
15	lun	s Malo, év.
16	mar	s Edmond, év.
17	mer	s Grégoire Th.
18	jeu	s Romphaire, év.
19	ven	ste Elisabeth.
20	sam	s Bénigne, év.
21	23 D	Présentation.
22	lun	ste Cécile, v.
23	mar	s Clément, pape.
24	mer	s Jean de la Croix.
25	jeu	ste Catherine, v.
26	ven	s Faust, m.
27	sam	s Odilon, ab.
28	D	*Avent.*
29	lun	s Saturnin, év.
30	mar	s André, ap.

DÉCEMBRE.

1	mer	s Eloi, év.
2	jeu	s Eloque.
3	ven	s François Xav.
4	sam	ste Barbe, v.
5	D	s Athanase, m.
6	lun	s Nicolas, év.
7	mar	s Ambroise.
8	mer	Conception.
9	jeu	ste Gorgonie.
10	ven	ste Valérie, v.
11	sam	s Damase, pape.
12	D	ste Constance.
13	lun	ste Luce, v.
14	mar	s Gatien, év.
15	mer	s Mesmin. Q. T.
16	jeu	s Valentin, m.
17	ven	s Ignace.
18	sam	s Auxence, év.
19	D	s Némèse, m.
20	lun	s Eugène, pr.
21	mar	s Thomas, ap.
22	mer	s Honorat.
23	jeu	ste Victoire.
24	ven	s Delphin.
25	sam	NOEL.
26	D	s Etienne, m.
27	lun	s Jean, évang.
28	mar	ss Innocents.
29	mer	s Trophime.
30	jeu	s Sabin.
31	ven	s Sylvestre.

OBSERVATIONS

SUR LES

PRÉDICTIONS RELATIVES AU TEMPS

ET

SUR LES PRONOSTICS.

On annonce dans les almanachs les prédictions sur les variations du temps, et des prédictions politiques et morales; nous croirions faire injure à nos lecteurs en les entretenant de ces ridicules présages, qu'il faut rejeter parmi les absurdes rêveries de l'astrologie judiciaire. Dans notre siècle, ces prédictions sont reléguées avec raison parmi celles du grand Nostradamus, astronome clairvoyant et charlatan, et avec la croyance aux sorciers, aux loups-garous, aux lutins, aux devins, aux farfadets, aux sorts, et autres absurdités du

22

même genre, enfantées dans des siècles d'igno-rance et de stupidité, élevées et nourries par le fanatisme et la superstition.

J'aurais certainement pu prédire à ma guise, et selon mon bon plaisir, le froid, le chaud, la gelée, comme tant d'autres qui n'en savent pas plus que moi sur cette matière ; mais le temps ne se dit pas plus que la *bonne aventure ;* et d'ailleurs, mon but n'étant pas d'alimenter les abus, les préjugés, les sornettes et les baliver-nes, mais bien de les détruire, de saper leurs fondements et d'enseigner la vérité au peuple, je me suis donc appliqué à n'insérer dans mon livre que des choses utiles et propres à l'édu-cation du peuple.

En rejetant la croyance aux prédictions re-latives au temps, je ne veux pas dire cependant que les saisons n'obéissent pas à certaines règles générales. Le temps est, comme toutes les autres choses du monde, gouverné par certaines lois d'actions et de réactions ; mais les causes qui influent sur le temps sont si multipliées, il est si peu possible d'en prévoir les effets, et ces effets sont si peu uniformes, pris isolément, que l'observateur le plus attentif et le plus érudit ne saurait, sans être taxé de charlatanisme, prédire si l'année qui suivra doit être sèche ou humide, stérile ou fertile.

Il faudrait, pour cela, savoir quel effet produiront sur le temps la rotation de la terre autour de son axe, et les courants de la mer et de l'atmosphère qui en dépendent; ce que produiront les rayons solaires dans chaque endroit en l'échauffant, en faisant évaporer l'humidité et fondre les neiges et les glaces polaires, surtout celles du pôle arctique; il faudrait savoir quels gaz se développeront dans telle ou telle contrée, quel changement subira la surface du globe terrestre; il faudrait apprécier l'influence qu'exerceront sur l'atmosphère les montagnes, les plateaux, les plaines, les vallons, les gorges, les mers, les forêts, les lacs, les fleuves, les rivières, jusqu'aux moindres ruisseaux; quelles vapeurs s'élèveront de là dans l'air; quels corps se décomposeront et quels autres corps se produiront dans l'intérieur de la terre; et quand on serait encore arrivé à connaître toutes ces données et autres semblables, il faudrait non-seulement savoir calculer au juste les effets de chaleur des causes en particulier et toutes réunies, mais aussi se rendre raison pour chaque contrée, pour chaque canton, de quelle manière ces effets doivent s'y faire particulièrement sentir; car, bien que l'atmosphère soit comme un voile tout d'une pièce, chaque pays a cependant sa température particulière. Outre ces phénomènes prévus, il en est une foule d'autres, tels qu'un tremblement de terre, des éruptions volcaniques, des trombes de terre ou de mer, etc., qui peuvent, pour plus ou moins de temps, altérer l'état du ciel dans un pays, et par la même raison dans les pays voisins.

Par ce qui précède, on peut juger quel cas nous devons faire de nos almanachs qui nous indiquent la nature du temps jour par jour, par l'année précédente, et notamment des prophéties et des almanachs perpétuels.—Je ne crains pas d'ajouter que croire à l'influence des astres, des signes du zodiaque sur la naissance, sur la santé, la vie des hommes, est de la dernière folie.

Réhabilitation de la lune rousse.

On désigne généralement en France, sous le nom de *lune rousse*, la lune qui commence en avril et devient pleine soit à la fin du mois, soit plus ordinairement dans le courant de mai. La célébrité de cette lune lui vient de la funeste influence qu'on lui attribue sur la végétation; mais elle est moins coupable qu'on ne le pense, et elle ne doit sa fâcheuse renommée qu'à la coïncidence de sa venue avec l'époque où la vie renaît dans les plantes. Les jeunes pousses, alors aussi frêles que délicates, se trouvent en ce moment exposées à l'air libre, avant que la terre, refroidie par l'hiver, n'ait été suffisamment réchauffée par l'atmosphère tiède du printemps.

Tout le danger que courent les plantes provient de cette circonstance, et non de la présence de la lune rousse, pas plus que de toute autre. S'il se pouvait qu'il n'y eût pas de lune à cette époque, les jeunes feuilles et les bourgeons, dans le cas où la température se refroidirait suffisamment, n'en seraient pas moins exposés à être gelés ou *roussis*, selon l'expression consacrée. Le seul tort de la lune rousse, qui ne diffère en rien des autres, est de venir au moment où les jeunes pousses des plantes sont exposées à être roussies par les refroidissements qui s'opèrent pendant les fraîches nuits d'avril et de mai.

Disons maintenant quelques mots de la cause du refroidissement des plantes, afin de justifier la lune de l'influence qu'on lui attribue.

Le phénomène du refroidissement des plantes est dû à la propriété qu'ont les corps d'émettre ou d'envoyer de la chaleur tout autour d'eux, et quelle que soit leur température : on explique cela par un seul mot, en disant que les corps *rayonnent* de la chaleur. Les corps bruts, de même que les végétaux et le corps de l'homme et des animaux, émettent de la chaleur, par voie de rayonnement, dans tous les sens et à toutes les températures, mais en même temps ils en reçoivent de tous les corps environnants.

Ainsi, lorsque nous nous trouvons dans le voisinage de corps chauds, c'est-à-dire de corps dont la température est plus élevée que la nôtre, nous éprouvons une sensation de chaleur et nous nous échauffons, parce que, dans ce cas, le corps chaud nous envoie plus de chaleur que nous ne lui en envoyons ; nous gagnons plus que nous ne perdons, et la température de notre corps s'élève. Si, au contraire, nous sommes dans le voisinage de corps froids, nous éprouvons une sensation de froid, et nous nous refroidissons. Ce n'est pas qu'alors les corps nous envoient du froid, comme on dit par erreur; ils nous envoient encore de la chaleur; mais, comme ils sont à une température beaucoup plus basse que celle de notre corps, ils nous transmettent moins de chaleur que nous ne leur en transmettons nous-mêmes; nous perdons plus que nous ne gagnons, et la température de notre corps s'abaisse.

Cette simple explication suffit pour faire comprendre la cause du refroidissement des plantes, qui est souvent considérable, surtout lorsque les nuits sont sereines.

Pendant les nuits calmes et sereines, les plantes rayonnent leur chaleur vers le ciel, et elles n'en reçoivent rien en échange, l'absence de nuages empêchant qu'il leur soit rien renvoyé. Si le ciel, au contraire, est couvert, les nuages dont il est chargé font l'effet d'un écran ; ils envoient à la terre la chaleur qu'ils possèdent, et celle-ci compense les pertes que la terre et les corps qui sont à sa surface éprouvent par le rayonnement. Aussi remarque-t-on que la température de tous les corps placés à la surface de la terre s'abaisse d'autant plus pendant la nuit que le ciel est plus pur. Telle est la même raison pour laquelle on préserve les plantes à l'aide de toiles, de paillassons et autres corps dont on les recouvre et qui les empêchent de se refroidir autant.

Maintenant, si l'on remarque que la lune ne brille dans le ciel que par un temps serein, on voit que, toutes les fois que les plantes sont gelées ou *roussies*, la lune brille à l'horizon. On lui a donc attribué un phénomène qui coïncide avec son apparition : de là aussi le nom qu'on lui a donné, et qui en fait un épouvantail pour les agriculteurs et les jardiniers. Mais il est évident, d'après ce qui précède, que la lune n'est pour rien dans le tort causé aux plantes. Les plantes ne gèlent pas parce que la lune brille, mais la lune brille par la même raison que les plantes gèlent, c'est-à-dire parce que le ciel est serein. Si cet accident arrive plus souvent aux mois d'avril et de mai, c'est tout simplement parce qu'à cette époque les plantes sont plus délicates et la température moins élevée ; mais ce même phénomène peut se reproduire, et se reproduit, en effet, à d'autres époques.

Ce n'est donc pas la lune qui roussit les plantes ; l'influence de la lune rousse n'est rien ; elle ne fait qu'assister aux phénomènes météréologiques dont nous venons de parler. C'est, nous le répétons, le rayonnement de la chaleur qui, en avril et en mai, est trop actif, eu égard à la quantité de calorique reçu, qui fait geler les plantes pendant cette saison. La lune ne joue pas d'autre rôle que d'être le témoin involontaire d'un phénomène dont souvent, à tort, on la rend responsable.

TABLE DES MATIÈRES.

Poitiers. — Imp. de A. Dupré.